1

**Leben durchs Wort**

***Die Bibel als der Mystische Lebensweg***

Teile I bis III:

*Grundlage.*

*Erbauliches.*

*Überfluss.*

Jochanan Massorah

*2. Auflage, 2020, veröffentlicht via BoD*

*sämtliche Texte auch frei digital verfügbar unter
LaThalmidim.net*

*Herstellung und Verlag: BoD Books on
Demand, Norderstedt
ISBN: 978-3-7526-2926-2*

# Inhaltsverzeichnis

## Teil II: Erbauliches. ... 126

## Teil III: Überfluss. ... 281

'Läuterung', 'Erleuchtung' und 'Einswerdung' - so oder so ähnlich nennen verschiedene Traditionen von 'Mystik'[1] die drei Hauptphasen des 'Weges'. Mittelalterliche Alchemisten sprechen hier auch von 'Nigredo, Albedo und Rubedo', von 'Schwärzung, Weißung und Rötung' als den Stufen, die das 'Unedle' durchmacht, bis es zur höchsten Vollkommenheit, zum 'Stein der Weisen' verwandelt ist. Freimaurer sprechen vom 'Lehrlings-, Gesellen- und Meister-Grad', vom 'Schau in dich! - Schau um dich! - Schau über dich!'.

So oder so handelt es sich erstens um ein 'Klären der Seele', insbesondere vermittels des 'Gewissens' des Menschen. Zweitens um ein 'Erwärmen des Verstandes und des Gemüts für die Tugend', insbesondere vermittels der 'Vernunft' des Menschen. Und drittens um ein 'Erlangen von heiterer Gelassenheit hier unten im Tale des Todes', insbesondere vermittels des (wahren) 'Willens' des Menschen.

Welcher Tradition sich der Mensch nun auch - mehr oder weniger - verpflichtet fühlt ... in der Essenz wird er diese drei Abschnitte des Weges in irgendeiner Weise wiedererkennen - wie auch immer er sie dann genau nennen wird. Die Details werden sich durchaus mannigfaltig unterscheiden in den

---

1 ... also 'Varianten der menschheitlichen Suche nach einem Leben im Einklang mit dem Ewigen'

9

diversen Ausprägungen von Mystik und Religion; und vielleicht ergibt sich ja gerade aus dieser unüberblickbaren Mannigfaltigkeit der Natur- und Kultur-Welt erst die Schönheit des Ganzen - wie etwa der 'bunte Rock' des Josef, den ihm sein Vater Jakob schenkt, auch als Sinnbild für die leuchtende Pracht gedeutet wird, die aus jener 'Einheit in der Vielheit' für unser menschliches Wahrnehmen erst erwächst.

Die letztendliche Einheit jedenfalls wird immer bestehen bleiben. Und daher ist die Grunddynamik des Strebens zu(rück) zu Gott auch für einen jeden einzelnen Menschen von universalen Gesetzen geprägt.


So erlebt ein jeder Mensch, der sich als ein Suchender auf die Wanderung(en) begibt, jede Phase auf seine je ganz individuelle Art. Und es wird doch kein ernsthaft Strebender die grundsätzlichen Gemeinsamkeiten DES Weges ableugnen.

Angemerkt sei noch, dass diese drei 'Phasen', so sehr sie auch aufeinander aufbauen, doch nicht als völlig getrennt voneinander aufzufassen sind, also keineswegs strikt nacheinander, aufeinander folgen, indem die eine 'abgeschlossen' ist, wenn die nächste anfängt. Vielmehr durchdringen sie sich gegenseitig und bilden drei parallele Schichten der Existenz, die lediglich aufeinander aufbauend, bis zu einem gewissen Grad 'nacheinander' in den Fokus des Erlebens geraten, wo sich der Beharrliche auf dem besagten Weg befindet.

Und je intensiver diese 'Wanderung' zurück zum

Ursprung[2] nun gelebt, ER-lebt wird - desto deutlicher wird dem Reisenden der zyklische Charakter des Ganzen, desto mehr reift ihm die (manchmal durchaus leidvolle) Einsicht, dass der Prozess von Läuterung, Erleuchtung und Einswerdung hier auf Erden im Fleische niemals ganz abgeschlossen werden wird, sondern lediglich auf immer neuen, höheren Abschnitten eines 'Spiralrundes' den selben Kreislauf aufs Neue antritt. Dieses teils leidvolle 'ewige Rundherum' gilt es in aller Würde anzunehmen und gar als einzigartig MENSCHLICHES Geheimnis und Abenteuer wertzuschätzen.

In vorliegender Sammlung von Aufsätzen, die in erster Linie zur Veröffentlichung im Internet geschrieben worden sind (LaThalmidim.net), werden nun diese drei genannten Hauptphasen des Weges aus einer explizit biblischen, christlichen Sicht von verschiedenen Seiten her beleuchtet. Als Überschriften für die drei Rubriken werden hierbei drei Begriffe gewählt, die aufgrund ihrer Mehrdeutigkeit besonders geeignet erscheinen, in der Sprache von heute auszudrücken, was in ihnen liegt: 'Grundlage', 'Erbauliches' und 'Überfluss'.

Die 'Läuterung' also als die 'Grundlage' des ganzen aufgefasst; den Prozess der zunehmenden 'Erleuchtung' dann als das eigentlich 'Erbauliche' im Bezug auf das Leben des Strebenden begriffen; und

---

2 … und dann wieder von dort 'zurück ins Leben', nun die 'Kunde von der Quelle' mit sich bringend – sozusagen erst 'vom Westen gen Osten' und dann wieder 'von Osten zurück in den Westen', denn: 'Ex Oriente Lux' …

11

schließlich die letztliche 'Einswerdung' mit dem Ewigen als den überschäumenden 'Überfluss' erlebt, dessen Segensfülle kaum mehr in Worte gefasst werden kann - und so besteht dann auch diese letzte der drei Rubriken im Wesentlichen nur noch aus einer Übersetzung und Kommentierung von Bibeltext (namentlich der ersten zwölf Kapitel des Evangeliumberichts nach Johannes).

*'Grundlage':* Der Beginn, das Fundament des ganzen Weges in Gestalt der 'Läuterung', soll münden in die Einsicht, bzw. in die unerschütterliche Überzeugung, dass 'Gott mich erschaffen hat'.

*'Erbauliches':* Das auf diesem Fundament der Gotteskindschaft Aufbauende, und damit die eigentliche 'Erleuchtung' des Alltag(er-)lebens, führt dann mehr und mehr in das Bewusstsein, dass 'meine Kraft und Stärke (allein) in Gott liegt'.

*'Überfluss':* Der überfließende Segen des ganzen Prozesses, zeigt sich zuletzt in der immer innigeren 'Einswerdung' mit dem Göttlichen selbst, mit dem Ewigen - und deshalb manifestiert sich dieser Überfluss insbesondere als die Anerkenntnis der Notwendigkeit, dass, bildlich gesprochen, 'das Fleisch sich von den Knochen löse', dass also das Vergängliche sich vom Beständigen absondere, um so das eigentlich EWIGE (wieder) zu finden: Den, 'Der da war, Der da ist, und Der da sein wird'.

Und im vorliegenden Büchlein nun sind diesen drei Hauptrubriken jeweils einige Aufsätze, bzw. Texte, zugeordnet, die sich im weitesten Sinne mit Aspekten des jeweiligen 'Wegabschnittes' beschäftigen. Natürlich steht hierbei aufgrund des biblisch-christlichen Ansatzes des Ganzen stets die Heilige Schrift (samt daran anknüpfender Überlieferung) im Vordergrund. Das heißt also, dass, wenn die Rede von der Überzeugung ist, dass 'Gott mich erschaffen hat', damit auch die Überzeugung einhergeht, dass es sich dabei um denjenigen Gott handelt, den die Bibel als den Schöpfer von Himmel und Erde offenbart, und dass diese Bibel selbst also göttlicher Natur ist, welche sich wiederum 'Fleisch werdend' auch im MENSCHEN, im wahrhaftigen Mensch-SEIN ausdrückt, der durch sie als 'Kind Gottes' zu leben berufen ist - und dass diese 'Gotteskindschaft' uns im Besonderen in Gestalt unseres geliebten Christus Jesus vorgelebt wird.

So ist denn Er, Jesus[3], zunächst die weisheitsvolle, den Anfang machende GRUNDLAGE des wahren Menschtums, dann ist Er auch starkes, die eigentliche Arbeit bewältigendes ERBAULICHES und zuletzt ist Er schöner, krönender und schmückender ÜBERFLUSS des so errichteten neu(geboren-)en Wesens. Und die Worte 'Grundlage', 'Erbauliches' und 'Überfluss' sind in der Hebräischen Sprache und Überlieferung eng mit den Begriffen vom 'Herrn', vom 'Sohn' und vom 'Messias' verknüpft. Doch dies hier zunächst nur angemerkt als ein leiser Wink, der in manchem folgenden Aufsatz noch zur Entfaltung kommen möge.

---

3 ... dem Namen nach also ungefähr zu charakterisieren als der 'heilsame Beistand Gottes'

Alle Ehre unserem Herrn, dem Sohn und Messias des Ewiglebendigen!

## GRUNDLAGE

Die ‚Grundlage‘, das Fundament allen Glaubens[4] ist eines, EINER: Jesus Christus, oder mit seinem eigenen, hebräischen (= ‚jenseitigen‘) Namen benannt: Jeschua ha Maschiach, der fleischgewordene Beistand des lebendigen Gottes, der uns allezeit persönlich gegenüber tritt, wo wir ihn in unser Leben einladen. Diese erste Rubrik soll daher Texte sammeln, die recht unmittelbar die Rolle unseres Messias als die unersetzbare Grundlage für alles weitere behandeln. Es geht dabei deshalb mehr um die grundsätzlichen Dinge, als um allzu konkrete ‚Handlungsanweisungen/-empfehlungen‘; es geht um die allgemeine Haltung – was sind besonders fundamentale Überzeugungen für einen Nachfolger des Christus, was sind für ihn entscheidende Sichtweisen auf die Welt und das Leben? Sicherlich muss hierbei auch mit so einigen Vorurteilen aufgeräumt werden, die wohl die meisten Menschen unserer Zeit (und vielleicht aller Zeiten) durch ihre bisherigen Erfahrungen mit ‚Gläubigen‘, mit ‚Religion‘, mit ‚Kirchen/Sekten/Glaubensgemeinschaften‘ usw. angehäuft haben.

Ergebnis hiervon soll schließlich sein, 'die Seele zu klären, vermittels eines zunehmend erwachenden Gewissens', welches den Verstand auf eine ganz neue, bisher ungekannte Weise erleuchtet.

---

4 ... wohlgemerkt, in JEDER aufrichtigen ‚Religion‘ – egal, welche Wörter und äußerliche Formen sie dann auch immer zur Benennung und Annäherung der entscheidenden Dinge gebrauchen mag

Auf diesem Weg wandele man, um dadurch zu gegebener Zeit den kostbaren Lohn zu empfangen, von der eigenen 'Gotteskindschaft' vollends überzeugt zu sein. Und damit ist dann die 'Grundlage' gelegt für den eigentlichen Bau, dann sind die gröbsten Kanten des eigenen Wesens soweit geglättet, dass man sich als lebendiger Stein einfügen lassen kann in den geistigen Tempelbau des 'Leibes Christi'.

## Glaube
*‚Glaube‘: Vertrauen, Gewissheit, Treue.*

Kurz und knapp: ‚An die Bibel glauben‘ bedeutet nicht in erster Linie ‚die traditionell interpretierten wortwörtlichen Übersetzungen der ursprünglich hebräischen und griechischen Urtexte als historische Tatsachenberichte für WAHR in einem formal-logischen Sinn zu halten‘.

Dies ist lediglich eine ab einem gewissen Punkt natürliche Konsequenz, allerdings in erster Linie von ‚methodischer‘ Wichtigkeit. Was aber die ‚Überzeugung‘ angeht, nach der man sein ganzes Leben auszurichten gedenkt … da reicht kein abstraktes ‚Für-Wahr-Halten‘, da geht es vor allem um VERTRAUEN auf die unermessliche Fülle an geistig-seelischem (und durchaus auch das körperliche Wohlbefinden begünstigenden) Beistand, der aus den (Ur-)Schriften der Bibel quillt; da geht es außerdem um GEWISSHEIT, dass ein von Herzen kommendes Studium dieser Schriften einem selbst und den Mitmenschen zu Gute kommt, wie nichts

16

sonst einem selbst und den Mitmenschen zu Gute kommt; und da geht es zudem sehr um TREUE, auch in seinem Alltagshandeln und in seinem ganzen Lebensentwurf möglichst den Prinzipien entsprechend zu leben und zu wirken, die sich aus dem Bibelstudium für einen selbst individuell ergeben.

Ist ein derartiges ‚Glauben‘ an die Heilige Schrift vorhanden, so hat man die Bibel in der Tat zu seinem Fundament, als die Grundlage seines Lebens. Und das Wort ‚Grundlage, Fundament‘ wird im Althebräischen exakt identisch geschrieben, wie das Wort für ‚Herr‘[5]. Wenn also das eigene Leben im Fleische Zeugnis von einem Wandel nach der Bibel gibt, dann hat man als den ‚Herrn‘ seines Lebens ganz wortwörtlich das ‚Wort Gottes‘ angenommen; und ‚fleischgeworden‘, also nicht als bloß ‚toter Buchstabe‘, ist dieses ‚Wort Gottes‘: Jeschua, der Messias – Jesus Christus.


**Bekenntnis**
*Das Bekennen der Überzeugung, dass ‚Jesus der Christus‘ ist*

Ein bekanntes Beispiel aus der Schrift, was es mit dem ‚Christus-Bekenntnis‘ auf sich hat, findet sich im Brief des Paulus an die Römer (Kapitel 10, Verse 9+10): ‚Denn so du mit deinem Munde bekennst Jesum, daß er der HERR sei, und glaubst in deinem Herzen, daß ihn Gott von den Toten auferweckt hat,

---

5 … nämlich mit den 3 Buchstaben namens Aleph, Daleth und Nun; ‚Ädän‘, bzw. ‚Adon‘ ausgesprochen

so wirst du selig. Denn so man von Herzen glaubt, so wird man gerecht; und so man mit dem Munde bekennt, so wird man selig.' ... soweit eine gängige Übersetzung, die allerdings zu vielen Missverständnissen beigetragen haben dürfte. Nicht, dass es gänzlich falsch wäre, es so zu übersetzen. Doch für die meisten heutigen Leser gehen entscheidende Dimensionen der Botschaft dabei unter.

Deshalb hier einmal eine etwas wortwörtlichere Übersetzung der zwei Verse, samt Anmerkungen in eckigen Klammern, die den hebräischen Kontext der Begriffe berücksichtigen:

‚Denn wenn du [über den stillen entsprechenden Wandel hinaus sogar] mit deinem Munde (als) den Herrn [auch: (als) die Grundlage (deines Lebens)] Jeschua [= den Beistand des Ewigen] bekennst, und glaubst [auch: treu bist, und handelst im Bewusstsein] in deinem Herzen [auch: vermittels deines Herzens; vermittels deines Verstandes], daß ihn Gott [= der und das Ewige] von den Toten [= aus dem bereits vergangenen Geschehen] auferweckt [auch: wieder in Aktivität versetzt] hat, so wirst du [durch göttliches Eingreifen aus der Welt heraus] errettet (sein). Denn mit dem Herzen ist man gläubig [auch: treu] (bis) in das Gerecht-Sein hinein; und mit dem Munde ist man bekennend (bis) in das Errettet-Sein hinein.' (Römer 10,9-10)

All das hierin ausgesagte ist nur in seiner Fülle und Gewaltigkeit zu begreifen, wenn man ‚Jesus' in allen seinen Dimensionen (an) zu erkennen bereit ist. Daher hier zunächst eine Auflistung einiger seiner

‚Namen‘, ‚Titel‘ und Charakterisierungen: Christus/Messias/Gesalbter, Herr, König der Könige und Herr der Herren, (erstgeborener) Sohn (des lebendigen) Gottes, Wort Gottes, Sohn der Liebe (des Vaters im Himmel)/Sohn Davids, Ebenbild des unsichtbaren Gottes, Erstling der Schöpfung, Weisheit (Gottes), Richter der Lebenden und der Toten, Gesetzgeber, Friedefürst, Ewig(keits)vater, Heiland der Welt, Licht der Welt, Haupt der Versammlung/Gemeinde, Weg+Wahrheit+Leben, Brot vom Himmel, der Fels (des Heils), Hoherpriester im Himmlischen Heiligtum (nach der Ordnung MelkhiTzedeks, des Königs von Salem), der Prophet (der da kommen soll).

Versuchen wir nun, diese vielen Pinselstriche als ein Gesamtbild zu erfassen. Dazu müssen wir natürlich einen Schritt zurücktreten und die Bibel als ein vollkommenes, heiles Ganzes verstehen. Auf diesem Wege können wir uns den einzelnen Begrifflichkeiten nähern, um sie langsam in ihrer organischen Verbundenheit begreifen zu lernen.

Christus/Messias/Gesalbter: Durch die ‚Salbung‘ mit Öl werden in Israel dreierlei Funktionsträger in ihr Amt eingesetzt: Propheten, (Hohe-)Priester und Könige. Jeschua vereint alle diese drei Funktionen in sich. Ihn als den ‚Christus‘ zu bekennen, meint daher in erster Linie, dass man ihn als rechtmäßigen Herrscher anerkennt (Königtum), ihn zudem als einzige Autorität versteht, zwischen dem einzelnen Geschöpf und dem Schöpfer zu vermitteln (Priestertum), und darüber hinaus ihn als den letztgültigen Verkünder der göttlichen Wahrheit ansieht (Prophetentum).

(erstgeborener) Sohn (des lebendigen) Gottes: Als ‚Sohn‘ bezeichnet das Althebräische nicht nur den leiblichen männlichen Nachkommen, sondern auch ganz allgemein ein ‚einzelnes Exemplar eines Kollektivs‘[6]; und ‚Ben ha Elohim‘ (‚Sohn Gottes‘, oder ‚Sohn der Gottheit‘) kann somit auch als ‚ein einzelnes Exemplar der Mannigfaltigkeit des Göttlichen‘ verstanden werden. Zudem ist das Wort ‚ben‘ vom selben Stamm wie das Wort für ‚bauen, errichten‘ und für ‚Erbauer‘ und ‚Bauwerk‘ (‚banah‘; ‚boneh‘; ‚binjan‘). Der ‚Sohn Gottes‘ kann daher auch als das begriffen sein, das ‚Gott der Vater (hier in der Welt) von sich selbst erbaut‘.

Indem Jeschua nun der ‚Erstgeborene‘ von solcherlei Exemplaren ist, wird darauf verwiesen, dass er in Rang und Stellung einzigartig ist und bleibt, und dies schon seit ‚vor Grundlegung der Welt‘ so bestimmt ist (siehe Offenbarung 13,8); dass aber dennoch seine Nachfolger ebenfalls zu ‚Kindern Gottes‘ werden (sollen), also ihm ähnlich, bis sie letztlich sogar in der ‚Verherrlichung‘ ihm gänzlich gleich werden sollen[7].

Ebenbild des unsichtbaren Gottes: Auch hierin zeigt sich die Wesensidentität des ‚einzelnen und ersten Exemplares‘ der Gottheit innerhalb der Schöpfung (= des Sohnes Gottes) mit der Gottheit selbst, die diese

---

6 … ‚Ben Baqar‘, wörtlich ‚Sohn des Rindviehs‘, ist zum Beispiel schlichtweg ein einzelnes Rind, gegenüber dem Kollektiv-Wort ‚Baqar‘, das für ‚Rindvieh im Allgemeinen‘ steht

7 … von der Ursprache her kann ‚Herrlichkeit‘, hebr. ‚kawod‘, unter anderem auch als ‚Ehre‘ oder schlicht als ‚Gewicht(igkeit)‘ übersetzt werden; ‚Verherrlichung‘ kann so auch in der Dimension des ‚Wichtig-Werdens‘ verstanden sein

Schöpfung als ihr Schöpfer hervorgebracht hat; die Gottheit, die daher in und an sich selbst ‚unsichtbar‘ ist, nämlich als der ‚himmlische Vater‘ und Erzeuger ‚in unzugänglichem Licht wohnt‘.

Sohn der Liebe (des Vaters im Himmel)/Sohn Davids (wörtlich etwa: ‚Sohn des Gottgeliebten‘): Hiermit wird nun noch einmal näher die Art der Wesensgleichheit zwischen ‚Sohn‘ und ‚Vater‘ spezifiziert; es handelt sich bei dem ‚Sohn‘ um ein Exemplar der ‚Liebe‘ des Vaters, also um die Verkörperung dieser väterlichen Liebe selbst, die in Gestalt des ‚Sohnes‘ eine innerhalb der Schöpfung tätige Kraft des Schöpfers ist.

Wort Gottes: Diese ‚tätige Kraft des Schöpfers‘ ist seit dem ersten Kapitel der Bibel als ‚Wort Gottes‘ erkennbar, das alles in Erscheinung ruft.

Erstling der Schöpfung: Als ‚Wort Gottes‘, durch das erst alles weitere entsteht, ist diese ‚tätige Schöpferkraft‘, diese ‚Verkörperung der Liebe des himmlischen Vaters‘, der ‚Erstling der ganzen Schöpfung‘, nicht selbst ‚geschaffen‘, sondern ‚gezeugt‘.

Weisheit (Gottes): Als dieses zu Beginn von Allem Gezeugte ist die ‚Liebe Gottes‘ als ‚tätige Kraft des Schöpfers‘ gleichzeitig die ‚Weisheit Gottes‘, die ‚vor allem schon da war und durch die alles bemessen und geplant ist, was dann als Schöpfung in die Existenz tritt‘ (siehe etwa Sprüche Kapitel 8).

der Prophet (der da kommen soll): Nach all den bisherigen, eher ‚kosmischen‘ Aspekten des Christus, des Schöpferwortes, der Gottesliebe-Verkörperung, ist mit dem ‚Propheten, der da kommen soll' nun eine Bezeichnung[8] gegeben, die gerade auf die Mensch-gewordene Dimension abzielt und das Verkündende dabei in den Vordergrund rückt: das Wort Gottes, das sich innerhalb der Menschheitsgeschichte selbst offenbart[9] und letztlich sogar gänzlich ‚Fleisch wird', als Mensch unter Menschen auftritt.

Weg+Wahrheit+Leben: Gerade in seiner Menschwerdung nun zeigt sich dieses ‚Wort Gottes' als der einzige Weg für den Einzelnen hin zurück zum ‚Vater', aus dem er erzeugt worden, zur Quelle, aus der er geflossen ist; als die einzige Wahrheit mithin, die diesen einen Weg weisen kann und als das wahre Leben, das nur auf diesem Weg erreicht wird.

Brot vom Himmel: Damit also ist dieses Wort Gottes das wahre ‚Brot vom Himmel', das denjenigen, der sich Daraus speist, nicht mehr sterben lässt, sondern dem Es ewigwährendes Lebendigsein garantiert, also die Existenz gänzlich in die Sphäre des Ewigen versetzt, insofern sich von Ihm gespeist wird.

Ewig(keits)vater: Hiermit ist erneut verwiesen auf die Tatsache, dass die ‚Ewigkeit', das ‚ewige Leben(digsein)', allein IHN zur Quelle hat, dass Er allein es ist, der den ewiglebendigen Menschen zu zeugen vermag. Und zwar, wenn sich ‚von ihm genährt' wird, als vom ‚Brot des Himmels'.

Licht der Welt: Als das ‚Licht der Welt' tritt die

---

8 … siehe Deuteronomium 18,18; Johannes 1,21, Matthäus 21,11 u. a.
9 … zunächst nur durch den temporären ‚Geist Gottes' in einzelnen ‚gesalbten' Menschen wirkend

,Weisheit Gottes', die ,tätige Liebe des Vaters' als sein ,Schöpferwort', nun insbesondere wieder in seiner Gestalt als offenbarte Heilige Schrift auf[10], wenn diese nicht als ,toter Buchstabe' verkümmert, sondern im Optimalfall als kompletter fleischlicher Mensch auftritt, wie in Gestalt des Messias geschehen (Johannes 9,5). Und wer ,in diesem Licht bleibt, der wird nicht verlorengehen'[11] in der Dunkelheit der (gefallenen) Welt, sondern wird – indem er eben dieses Licht als Hilfe und Wegesleuchte annimmt, dadurch sich mit dem ,Brot vom Himmel' speist – ,ewiges Leben haben'.

Haupt der Versammlung/Gemeinde: Das Ziel dieses ,Weltenlichtes' besteht dann in der Erleuchtung desjenigen Teils der Welt, der dieses Licht annimmt; das ist die ,Gemeinde', bzw. die Versammlung aller ,Heiligen', als deren ,Haupt' das Licht fungiert[12]. Wiederum ist hier zu beachten, dass es sich bei dem ,Licht' als dem Haupt der Gesamtheit aller wahren Diener des Ewigen um nichts anderes handelt, als um das ,Wort Gottes' selbst, in seiner lebendigen Form, das sich in schriftlich-überlieferter Gestalt für uns Menschen konzentriert in der Thorah und in den darauf aufbauenden Schriften, und letztenendes dann in den Berichten über das leibliche Wirken des

---

10 … siehe z. B. Psalm 19,8; 119,105; Sprüche 6,23; auch 2. Petrus 1,19

11 … 1. Johannes 1,7; Johannes 12,35; siehe auch Johannes 3,21

12 … wunderschön in der Gestalt des siebenarmigen Leuchters versinnbildlicht, aus dessen mittlerem Stamm sich die äußeren Arme speisen; nicht umsonst ist in der Offenbarung des Johannes diese Menorah als Bild für die Gemeinde genutzt; Offenbarung 1,20

23

Messias, als der fleischgewordenen Thorah, die uns als bestmöglicher Leitfaden gegeben ist.

Hoherpriester im Himmlischen Heiligtum (nach der Ordnung MelkhiTzedeks, des Königs von Salem): ‚Melkhi Tzedek' kann sowohl als ‚König der Gerechtigkeit' als auch als ‚mein König ist gerecht/mein König ist (die) Gerechtigkeit' übersetzt werden. ‚Salem' entspricht ‚Schalom', dem Frieden, der Vergeltung, dem Ausgleich, der Harmonie, der Unversehrtheit, der Beschwichtigung. Eines solchen Herrschers Ordnung also ist es, nach der das fleischgewordene Gotteswort, die personifizierte Liebe des himmlischen Vaters, uns als erster und letzter und einziger Vermittler dient zwischen uns (als jeweils einzelnen Geschöpfen, und auch ‚uns' als der Gesamtheit der Schöpfung) auf der einen Seite, und dem ‚allesdurchdringenden'[13] Schöpfer auf der anderen. Diese Vermittlung also wird allein bewirkt durch Jeschua, die 'nach angewandter Gottesliebe' strebende Thorah in den Herzen all derjenigen Menschen, welche sich nach dieser Vermittlung sehnen und deshalb ‚in Christus bleiben' und ‚er in ihnen'. Die Thorah, die Weisung des ewigen Gottes muss IN den Menschen sein (Jeremia 31,33), damit diese auch IN dieser Weisung bleiben können. Und umgekehrt. Der Geist Gottes bewohnt keinen entweihten Tempel (1. Korinither 3,16f).

Richter der Lebenden und der Toten: Wir wissen, dass der Richter am Ende der Zeit auch derjenige ist,

---

13 ... dies eine altgriechische Nebenbedeutung von der Wortwurzel ‚pantokratein', für den ‚allesbeherrschenden, allmächtigen'; hierauf weist Alfred Liebezahl hin, sein Andenken sei zum Segen

der das Gesetz gegeben hat (Jakobus 4,12), und dass er entsprechend nach diesem Gesetz richten, das heißt: die Zustände berichtigen wird. Der Gesetzgeber am Berg Sinai muss demnach Jeschua selbst gewesen sein, der auch als der ‚Bote‘[14] auftritt, ‚in dem der Name des Ewigen ist‘ (Exodus 23,20f). Und da das ‚Gesetz‘ wiederum die Thorah, das Wort Gottes selbst meint, hat Jeschua (als der ‚Engel, in dem der Name des Ewigen ist‘) auf dem Berg Sinai nicht weniger als SICH SELBST gegeben als das Wort Gottes, und damit den Segen, der es uns ermöglicht, das (wahrhaftige) Leben zu wählen anstatt den Tod (Deuteronomium 30,15+19). Nichts desto trotz hat er uns gleichzeitig dadurch den Fluch vorgelegt, den wir wählen können, indem wir seinen Segen verwerfen und so dem Tod statt dem Leben dienen (siehe Deuteronomium das ganze Kapitel 28). Doch wie Paulus ausführlich darlegt, ist selbst im Fluch Gottes noch Segen enthalten, indem die Heiden erst durch die göttliche Verwerfung derer, die den Fluch wählten, zum Heil gelangen (siehe konkret etwa Römer 11,11+15).

Heiland/Erretter der Welt: Das lebendige Wort Gottes, die tätige Liebe des Vaters im Himmel – sie ist es, die das Potential zur Errettung der ganzen Welt in sich birgt: die Wiederherstellung der eigentlich ursprünglich vorgesehenen göttlichen Ordnung, die durch die Entscheidung der Schöpfung, diesem göttlichen Willen zu widerstehen, am Anfang unserer Weltzeit zerstört worden ist[15].

---

14 ... auch als ‚Engel‘ übersetzt

15 ... der sogenannte ‚Fall‘, erst des ‚Erzrebellen‘, jenes einst schönsten Engels, des ‚gesalbten Cherubs‘, der Gott ersetzen

Friedefürst: Auch als ‚Mächtiger Kämpfer des harmonischen Ausgleichs' könnte man das hebräische Wort aus Jesaja 9,6 übersetzen; der Bezug zur richtenden, berichtigenden Funktion des Gottessohnes und -wortes steht wieder im Vordergrund, sowie sein Recht, endgültig zu herrschen.

der Fels (des Heils): Der ‚Fels (des Heils)' ist gleichzeitig auch[16] die ‚Bedrängnis des Heils'; denn der Beistand Gottes, Jeschua, zeigt sich all den Söhnen, die vom Vater geliebt sind, auch als Züchtigung (Sprüche 3,12; Hebräer 12,6), als Bedrängnis mithin, die die abirrenden Kinder wieder auf den rechten Weg zu bringen schafft. Und so ist gerade derjenige Aspekt unseres Messias, auf den wir als unsere Grundlage unser ‚Haus bauen sollen', anstatt auf 'sandigen Boden' (Matthäus 7,24ff), der Aspekt der Bedrängnis, in die Er uns zwangsläufig bringt, um uns endgültig entscheiden zu müssen. Wie spricht Jeschua von sich selbst (Matthäus 21,44): Der Fels, an dem zerschellt, wer auf Ihn fällt; und der den zerschmettert, auf den Er fällt. Wir haben also die Wahl, die Bedrängnis uns dienstbar sein zu lassen, oder an ihr zerstört zu werden. Denn das Wort Gottes ist bekanntlich ‚ein zweischneidiges (auch: zwei-mündiges) Schwert' (Hebräer 4,12; Offenbarung 1,16; 19,15) …

---

wollte, erzählt in Jesaja 14,12ff und Ezechiel 28,13ff; dann auch der Fall des Menschen, der sich von selbigem Gefallenen in Gestalt der ‚Schlange' im ‚Wonne-Garten' zur selben Sünde verführen lässt; Genesis Kapitel 3

16 … wegen einer althebräischen Doppeldeutigkeit des Wortes für ‚Fels'

Herr, Herr der Herren und König der Könige: Das althebräische Wort für ‚Herr‘[17] lautet ‚Adon‘ und wird im Urtext exakt gleichgeschrieben wie das Wort ‚Ädän‘, was ‚Grundlage, Fundament‘ bedeutet. Mit der Bekenntnis Jesu als ‚Herrn‘ ist also immer auch gemeint, dass man ihn zur ‚Grundlage‘ hat, zum ‚Fundament‘ seines Handelns und Wandels. ‚Herr der Herren‘ könnte man demnach als Steigerung dieser Bezeichnung auffassen, als ‚Fundament aller Fundamente‘, das Grundlegendste, auf dem alles aufbaut. Und ‚König der Könige‘ oder ‚Herrscher der Herrscher‘ ist demgegenüber das Höchste in einem hierarchischen Bau, der ‚Oberste Souverän‘, der das Bauwerk bewohnt, das auf besagter ‚fundamentalster aller Grundlagen‘ erbaut ist, welche also wiederum Er selbst ist – Basis und Krönung in einem ist der ‚Herr der Herren und König der Könige‘ damit, und sein Haus auferbaut aus den ‚lebendigen Steinen‘ (1. Petrus 2,5), die als die Versammlung der Heiligen ’sein Leib‘ sind (1. Korinther 12,27; Epheser 1,22f; Kolosser 1,24; u. v. a.). Auch kann das Hebräische Wort für ‚König‘ vom Verb ‚ernähren, versorgen‘ abgeleitet verstanden werden, sodass ‚König der Könige‘ auch ‚Ernährer der Ernährer‘ bedeutet.

Jeschua/Jehoschua/Jesus: Die konzentrierteste Zusammenfassung aller Eigenschaften und Charakterlichkeiten des nun ausführlich umrissenen Gotteswortes, das gleichzeitig ‚Sohn‘ des Allerhöchsten selbst ist, lässt sich am besten geben als: Jeschua, bzw. Jesus, der Name des tatsächlich

---

17 … dort, wo es auch tatsächlich in der Heiligen Schrift steht, und nicht dort, wo es die traditionellen Bibelübersetzungen auch noch hinsetzen, wo aber eigentlich der Gottesname J-H-W-H steht

fleischgewordenen Wortes, wie die Evangelienberichte von ihm berichten. Vom Hebräischen ‚Jehoschua' kommend (eine Kurzform desselben), bedeutet der Name ursprünglich so etwas wie ‚der Ewige (Jah/Jahwah) errettet/leistet Beistand', oder eben ‚der errettende Beistand des Ewigen'. Die Kurzform ‚Jeschua' ist dann sogar gleichlautend mit dem Wort ‚Errettung; Heil' selbst. Die leibhaftige Verkörperung des Gottessohnes im tätigen Leben eines Menschen offenbart sich also ihrem Wesen nach als der ‚heilsame Beistand des Ewigen' schlechthin. Auch beachtenswert scheint, dass der ‚Heilige Geist', der ‚Geist der Heiligkeit', das heißt: der Geist des für-Gott-aus-der-profanen-Welt-heraus-abgesondert-Seins, neben seiner schlichten Charakterisierung als ‚Geist Gottes' überhaupt, und als ‚Geist der Wahrheit', auch als ‚Beistand'[18] bezeichnet wird, der vom Vater im Himmel herabgesandt wird. ‚Wort', ‚Geist' und ‚Liebe' Gottes sind also eins in der Wirksamkeit innerhalb der Schöpfung, als der ‚Sohn' der ansich unbeschreibbaren Mannigfaltigkeit Gottes (= ‚Elohim' auf Hebräisch); und als ein leibhaftiger Mensch auftretend, bzw. in einem leibhaftigen Menschen zumindest partiell wirkend, sind ‚Wort, Geist und Liebe' des Ewiglebendigen der direkte, errettende Beistand dieses Ewiglebendigen selbst, wie er in seine Schöpfung eingreift, wie er als ‚Person' einem jeden entgegenzutreten vermag.

‚Person' – das Wort kommt von Lateinisch ‚per-sonare', dem ‚Hindurch-Tönen', und zwar speziell das Hindurch-Tönen der Stimme eines Charakters im

---

18 ... griechisch: parakleitos; siehe Johannes 14,16f+26

Theaterstück, die durch die ‚Maske des Schauspielers‘ (ebenfalls als ‚persona‘ bezeichnet) ‚hindurchtönt‘ und sich vermittels ihrer erst dem Betrachter und Zuhörer zu erkennen gibt. Im Hebräischen kommt unserem Wort der ‚Person‘ noch dasjenige am nächsten, was man als ‚Angesicht(er)‘ zu übersetzen gewohnt ist[19]. Dieses Wort ‚Panijm‘ kommt von einer Verbwurzel ‚P-N‘, die als ‚(hin-/ab-)wenden‘ übersetzt werden kann; das ‚Angesicht‘, die ‚Person‘ also ist dem hebräischen Verständnis nach etwas, das sich einem zu- und/oder abwendet. Wie der Beistand des Ewigen eben auch sich uns zuwendet, oder sich von uns abwendet, je nach Wahl, die wir in jedem neuen Moment unserer individuellen Existenz treffen.

Zum Bibelwort zurückkommend, das zu Beginn dieses Artikels steht, können wir nun das Ganze sehr viel tiefer verstehen. Mit dem ‚Lippenbekenntnis‘, dass ‚Jesus der Herr‘ ist, und dem ‚Herzensglauben‘, dass dieser Herr von den Toten auferweckt, also trotz seinem physischen Vergangen-Sein in die lebendige Aktivität (zurück) gesetzt worden ist, muss sehr viel mehr gemeint sein, als das wohl allgemein darunter vermutete.

‚Lippenbekenntnis‘ klingt heute sehr flach und oberflächlich, weil kaum mehr jemand ernsthaft jedes einzelne Wort für gewichtig hält, das er selbst oder ein Mitmensch im Laufe seines Lebens so von sich gibt. Aber in einer Zeit, da man für die Verweigerung eines Treueschwurs auf den herrschenden Kaiser zum

---

19 … Hebräisch: ‚Panijm‘, beispielsweise bei den ‚Schaubroten‘ in der Stiftshütte, auch als ‚Brote des Angesichts‘ übersetzt; hebräisch ‚Lechem Panijm‘

ganz handfesten Tode verurteilt wird, da wird das ‚Bekenntnis mit den eigenen Lippen' etwas durchaus schwerwiegendes sein, etwas, das geradezu logischerweise auch mit sich bringt, dass man sein gesamtes Handeln nach einem solchen Bekenntnis ausrichtet – weshalb sonst hätte man ein solch großes Risiko eingehen sollen, dieses gesamte Handeln (das vielleicht für sich genommen noch unauffällig bleiben könnte, um Strafe auszuweichen) so wortwörtlich ‚ausdrücklich' vor sich her zu tragen? Da aber in unserer Zeit und Gesellschaft ein 'nur' in Worten ausgedrücktes Bekenntnis leicht nicht ernst genommen wird, sollte die Betonung heute vielleicht eher auf gerade den Begleitumständen dieses Lippenbekenntnisses liegen, die damals ganz selbstverständlich mit besagtem Lippenbekenntnis einhergingen, heute aber wohl GERADE dasjenige am Bekenntnis erst ausmachen, das es auch wahrgenommen und vor allem ERNSTgenommen werden lässt: nämlich der auch äußerlich gelebte, demonstrativ verkörperte Wandel, der sich in dem Lippenbekenntnis dann 'nur' konzentriert, in einen sprachlichen Begriff fassen lässt, den wir Menschen zur inneren Einordnung des Wahrgenommenen eben brauchen. Sofern dieses Lippenbekenntnis also keine Heuchelei ist, bringt es zwangsläufig auch den entsprechenden Wandel mit sich. Und dieser tatsächliche Wandel ist es dann, der laut den zwei Paulus-Versen ‚zum Heil' führt, der den ‚Bekennenden in das Errettet-Sein hinein bringt'. Denn dieses besteht im Frei-Sein von der ‚Sünde', welche definiert ist als ‚Gesetzlosigkeit', also als die Übertretung des Gesetzes, der Thorah, der Weisung des Ewigen (siehe 1. Johannes 3,4).

Und der im Eingangsvers erwähnte ‚Herzensglaube‘ ist ebenfalls aus dem ursprünglichen Denken zu begreifen; er ist nicht als bloßes 'naives Für-wahr-Halten‘ zu verstehen, sondern als Vertrauen, Gefestigt-Sein und Treue des ‚Herzens‘; und mit dem ‚Herz‘ meinte sowohl alter Hebräer als auch alter Grieche stets mehr als die heute damit assoziierten ‚Gefühle und Emotionen‘ … vielmehr war das Herz begriffen als der Sitz des Verstandes und des Empfindens, ungefähr im Sinne dessen, was wir heute als ‚gesunder Menschenverstand‘ bezeichnen würden. Nichts unfehlbares, aber doch etwas, das des Menschen Denken und Handeln zwangsläufig bestimmt, mehr als jedes vollbewusste Resümieren. Also nicht das reine ‚Kopfdenken‘ findet sich im ‚Herz‘ des Hebräers und Griechen, nicht das Kopfdenken von uns heutzutage, das sich in jedem Gedankengang selbst Zeugnis über die vollzogene Logik ablegt; sondern im Herz angesiedelt ist für den Menschen des Altertums ein natürliches Ab- und Einschätzen, geleitet von gemachten Lebenserfahrungen und der natürlichen Weltverbundenheit des Menschen, das niemals losgelöst von der erlebten Wirklichkeit, völlig ‚abstrakt‘ vonstatten geht.

Der ‚Herzensglaube an etwas bestimmtes‘ ist deshalb in diesem Sinne zu verstehen als ‚das unerschütterliche Gefestigt-Sein in und Vertrauen auf eine bestimmte Tatsache, die sich dem Betreffenden aus einem natürlichen Verstehen der erlebten Wirklichkeit für schlichtweg gegeben erweist, woraus sich dann ein treues Handeln ergibt, das diese erfahrene Tatsache möglichst in jeder Hinsicht berücksichtigt'[20].

Und DIESER Herzensglaube ist es dann, der laut Paulus ‚in die Gerechtigkeit hinein' führt denjenigen, der ihn hat. Denn allein das Bekenntnis der Herrschaft Jesu im eigenen Leben, des ‚Wortes Gottes', als des lebendigen Beistands durch den und das Ewige; dieses Bekenntnis durch den eigenen Wandel bis hinein ins wortwörtliche ‚Lippen'-Bekenntnis – das allein KANN den Menschen nicht tatsächlich erfolgreich diesen Wandel bestreiten lassen, so sehr er es auch aufrichtig versuchen mag, da der Mensch ‚von Natur aus', ‚in seinem angeborenen Herzen' einfach SCHLECHT ist, als das gefallene Wesen, das er nun mal ist[21]. Deshalb muss, um auch tatsächlich in Gerechtigkeit wandeln zu können, bis in das so sündhafte 'natürliche, angeborene' menschliche Herz hinein erkannt sein und darauf vertraut werden, dass das Ewige seinen ‚persönlichen' Beistand für jeden Einzelnen bereits vollständig ‚zur Aktivität' gebracht hat, ‚von den Toten auferweckt' hat. Dass mithin das einzige, das diesen Beistand individuell noch nicht in Vollendung wahrnehmen lässt, besagtes ‚Böses im menschlichen Herzen' sein muss. Und dieser Prozess, durch den dann dieses Böse mehr und mehr ausgetrieben und ausgetilgt wird im einzelnen Herzen, durch den ‚das

---

20 … wie etwa das lebenslange Erfahren von dem physikalischen ‚Gesetz der Schwerkraft' dazu führt, dass ein gesunder Mensch ganz unbewusst, wie von selbst, dieses Gesetz in seinem Handeln berücksichtigt, weil sein gesunder Menschenverstand, sein ‚Herz' ihn so führt

21 … siehe exemplarisch etwa Römer Kapitel 3, im Besonderen Verse 10-20 und Vers 23

steinerne Herz durch ein fleischernes ersetzt' wird[22], und also 'das Gesetz Gottes' direkt 'ins Herz geschrieben' wird[23], dieser Prozess entfaltet sich als die eigentliche 'Apokalypse Jesu Christi', zu deutsch: 'die Aufdeckung/Offenbarwerdung des zur Königsherrschaft (über alle individuellen Lebens- und Seelenkräfte) gesalbten Beistandes durch das Ewige' im persönlichen Leben des Gläubigen. Wobei insbesondere an einem entscheidenden Punkt offenbar wird, dass die Anwesenheit, die Präsenz[24] Jesu Christi niemals aufgehört hat, seit er eben 'von den Toten auferweckt worden ist'. Hat er nicht selbst versprochen: 'Ich bleibe bei euch bis ans Ende aller Tage'[25]?! Nur fällt es uns Menschen sooo schwer, so eine Frohe Botschaft, dieses Evangelium des Reiches Gottes, einfach zu glauben und auf seine Unumstößlichkeit zu vertrauen. Wir wollen immer erst irgendetwas Wundersames 'sehen, um glauben zu können' – nicht in Betracht ziehend, dass wir vielmehr 'glauben müssen, um (all das Wunderhafte um uns herum) sehen zu können', das längst da ist … als das 'Hindurch-Tönen' der Stimme, als die 'Hinwendung' des Angesichts jenes lebendigen Beistandes unseres Schöpfers, des Ewigen Gottes.

---

22 … Ezechiel 11,19; 36,26

23 … Jeremia 31,33

24 … griechisch: paraousia; siehe besonders 1. Thessalonicher 2,19; 3,13; 4,15; 5,23; 2. Thessalonicher 2,1+8; 2. Petrus 1,16; 3,4+12

25 … letzter Vers bei Matthäus

## Taufe
### *Die Wassertaufe als Symbol und Bekenntnisakt*

Die ‚Taufe im Namen Jesu Christi' ist einer der wohl bekanntesten äußerlichen Bekenntnisakte, und gilt nicht unverdient als wohl wichtigster Bekenntnisakt. In wie fern dies auch aus der Schrift zu rechtfertigen ist, soll im Folgenden geprüft werden, anhand unterschiedlicher Betrachtungsweisen.

Zuerst: Schon in der Apostelgeschichte, den Berichten von den Erlebnissen und Gepflogenheiten der ersten ‚christlichen' Gemeinschaften, ist von der Wassertaufe als einem äußerlichen Bekenntnisakt die Rede. Statt findet diese Taufe in der Regel dann konkret zu Beginn der Beteiligung an der Gemeinschaft derjenigen, die sich als die ‚Nachfolger des neuen Weges', bzw. als Nachfolger des Messias Jesus begreifen. Beispiele in den Berichten der Taten der Apostel finden sich an den Stellen Apostelgeschichte 2,38; 8,16; 8,31; 10,48; und in besonderer Akzentuierung in Kapitel 19,1-7, wo der Unterschied zwischen der ‚Taufe des Johannes'[26] und der ‚Taufe auf den Namen Jesu Christi'[27].

Die Symbolik des ‚Getauftwerdens' wird dann auch in den Briefen des Paulus mehrmals angesprochen und näher ausgeführt. In Römer 6,3-6 heißt es besonders ausführlich (in der recht wörtlich

---

26 … als ein Ritual zur äußeren Begleitung der innerlich erfolgenden ‚Umkehr'

27 … zur Teilhabe, oder als Symbol dieser Teilhabe, am ‚Geist der Heiligkeit', nach der bereits erfolgten Umkehr; im Optimalfall aber fallen diese ‚beiden Taufen' im Äußerlichen schlicht zusammen

gehaltenen Elberfelder Übersetzung): ‚Oder wisst ihr nicht, dass wir, so viele auf Christus Jesus getauft wurden, auf seinen Tod getauft worden sind? So sind wir nun mit ihm begraben worden durch die Taufe in den Tod, damit, wie Christus aus den Toten auferweckt worden ist durch die Herrlichkeit des Vaters, so werden auch wir in Neuheit des Lebens wandeln. Denn wenn wir verwachsen sind mit der Gleichheit seines Todes, so werden wir es auch mit der seiner Auferstehung sein; da wir dies erkennen, dass unser alter Mensch mitgekreuzigt worden ist, damit der Leib der Sünde abgetan sei, dass wir der Sünde nicht mehr dienen.‘

Und in seinem Schreiben an die Christusgläubigen in Galatien: ‚Denn ihr alle, die ihr auf Christus getauft worden seid, ihr habt Christus angezogen.‘ (Galater 3,27) Und noch einmal nimmt er auf die Tauf-Symbolik Bezug im ersten Korintherbrief: ‚Denn in EINEM Geist sind wir alle zu EINEM Leib getauft worden, es seien Juden oder Griechen, es seien Sklaven oder Freie, und sind alle mit EINEM Geist getränkt worden.‘ (1. Kor 12,13)

Die entscheidenden Aspekte, die aus den Paulus-Zitaten hervorgehen, sind also: Identifizierung des Getauften mit dem Tod Christi, um dadurch auch mit Ihm ein ganz neues Leben zu führen; mit Christus ‚bekleidet zu werden‘, wodurch man also dann ‚in Christus‘ ist, in der lebendigen Thorah wandelt; Einfügung des Getauften in die Gemeinschaft der Gläubigen, die von dem EINEN gemeinsamen Geist erfüllt sind, wodurch der Einzelne also in den ‚EINEN Leib‘ integriert wird, von nun an lebendiges Glied dessen ist.

35

Als ein archetypisches Bild ist nun Wasser allgemein mit dem Begriff von ‚Zeitlichkeit' verknüpft. Besonders fließendes Wasser erinnert den Menschen scheinbar instinktiv an den ständigen (Ver-)Fluss seiner Lebenszeit, den ständigen Wandel der Verhältnisse und an die Unumkehrbarkeit dessen, was bereits ‚verflossen' ist. Dieser Gesichtspunkt des Wassers kann auch im Bezug auf die Taufe gesehen werden: In der Welt der Zeitlichkeit ist es, wo der Gläubig-Gewordene[28] sterben muss, um dann aus dieser Zeitlichkeit heraus aufzutauchen, sich über diese Zeitlichkeit zu erheben in Richtung der Ewigkeit.

Ein weiterer wichtiger, in der Schrift auch gut belegter Aspekt der Wasser-Symbolik liegt in der Rede vom ‚lebendigen Wasser' als der Lehre des Messias und als der Trank, der ewiges Leben verleiht (Johannes 4,6-15; 7,38; siehe aber auch Jeremia 2,13; 17,13).

Typischerweise wird eine Wassertaufe nun auch in ‚lebendigem' Wasser[29] vollzogen; oft mit der Assoziation, dass durch den Fluss des Wassers erst ‚das alte Leben', bzw. ‚die Sünden' abgewaschen, mitgerissen und somit fortgespült werden.

Ein damit zusammenhängendes Motiv kann man in der biblischen Sintflutgeschichte erkennen, wo ebenfalls durch flutendes Wasser das ‚Böse' von der Erde vertilgt wird. Hierzu schreibt entsprechend auch

---

28 … wie sein Messias auch, der extra dafür in die Zeitlichkeit getreten ist

29 … dies die alttestamentliche Formulierung für ‚fließendes' Wasser

Petrus in seinem ersten Brief: ‚[…] als die Langmut Gottes in den Tagen Noahs abwartete, während die Arche gebaut wurde, in die wenige, das sind acht Seelen, durchs Wasser hindurchgerettet wurden. Das Abbild davon errettet jetzt auch euch, das ist die Taufe – nicht ein Ablegen der Unreinheit des Fleisches, sondern die Bitte an Gott um ein gutes Gewissen – durch die Auferstehung Jesu Christi.‘ (1. Petrus 3,20f) Man legt also nicht selbst, aus eigener Kraft die ‚Unreinheit des Fleisches‘ ab, sondern bittet Gott darum, sie einem zu nehmen. Und er wird es tun, wie er es mit der Sintflut für die ganze Erde getan hat.

In der Lebensgeschichte der sogenannten ‚Patriarchen‘ des Volkes Israel – Abraham, Isaak und Jakob – findet sich dann ein weiterer Vorschatten des Tauf-Geschehens des Erneuerten Bundes: Der Kampf des Jakob mit ‚dem Mann‘ an der Jabbok-Furt[30], in dessen Folge unser Vater Jakob erst seinen neuen Namen ‚Israel‘ verliehen bekommt und damit die ‚Patriarchen-Erzählungen‘ erst zu dem werden können, was sie heute sind; zur Lebensgeschichte der Erzväter des Volkes ISRAEL. Dieses Geschehen am Fluss Jabbok gestaltet sich bekanntlich derart, dass Jakob allein zurückbleibt, nachdem er seine Familie mitsamt seiner Habe bereits über den Fluss geleitet hatte. Und wie ‚aus heiterem Himmel‘ geschieht es dann, dass ‚ein Mann mit ihm am ringen ist bis zur Morgenröte‘ (Vers 32). Und das Ergebnis dieses Kampfes, der mit einer Art ‚Unentschieden‘ ausgeht, ist dann, dass der ‚Mann‘[31] Jakob segnet und ihm den

---

30 … Genesis 32,24ff

31 … offensichtlich kein ‚Mann‘ aus Fleisch und Blut, sondern

37

Namen ‚Israel' verleiht (Vers 28) mit der Begründung, dass Jakob ‚mit Göttern (oder ‚mit der Gottheit') und mit Menschen gekämpft und bestanden' habe[32]. Außerdem ’schlägt er Jakob auf die Hüfte', wodurch Jakob dann ‚hinkt' (siehe Verse 25 und 31). Zusammenfassend lässt sich vor dem Hintergrund der Tauf-Symbolik nun also sagen: Jakob überquert ein fließendes Gewässer, bringt zunächst sein weltliches Gut hinüber, und bleibt allein zurück, gerät dann in einen Kampf mit einer himmlischen Gestalt, im Verlaufe dessen er an seiner ‚Hüfte'[33] geschlagen wird, wodurch diese Stelle seines Fleisches (also symbolisch sein Fleisch insgesamt) geschwächt wird, was sich bis in seinen Wandel hinein sichtbar ausdrückt (‚hinken'[34]). Und dadurch wird er mit einem ’neuen Namen', also einem neuen WESEN ausgestattet und legt damit die Grundlage für das ‚Eigentumsvolk Gottes', dessen Urvater er sein wird. In ähnlicher Weise wird für uns heute die Taufe Jesu Christi ein Hinüberschreiten

eine Art himmlisches Botenwesen, über dessen genaue Natur und Identität in der Tradition immer wieder spekuliert wird

32 … offensichtlich eine Anspielung auf eine der vielen Bedeutungsnuancen des Hebräischen Wortes ‚Jissrael' oder ‚Jischrael', bzw. J-Sch-R-A-L; ~ ‚er bekämpft die Gotteskraft', aber auch ‚es kämpft [für ihn] Gott', oder ‚(er ist ein) Fürst Gottes'

33 … häufig ein Euphemismus für den ‚fleischlichsten' Teil des menschlichen, besonders des männlichen Körpers …

34 … zum 'hinken' (das häufig in der Mythologie mit dem 'Teufel' assoziiert ist) und zum Zahlenwert des Wortes 'Israel' (541) gegenüber dem Zahlenwert des Namens 'Jakob' (182) ließe sich noch einiges sagen, das mit dem 'Integrieren des Satans (Zahlenwert 359) ins eigene Selbst' umschrieben werden könnte. Details hierzu finden sich bspw. in den Schriften und Vorträgen Friedrich Weinrebs

über das ‚Fließen des Wassers'[35] sein, um auf die andere Seite ans ‚Trockene'[36] zu gelangen; diesen Weg 'allein gehend'[37], dabei ‚einen Kampf kämpfen' müssend, der in der ‚Schwächung des eigenen Fleisches' endet und uns bereit macht, ein 'neues innerstes Wesen' zu empfangen, das uns ‚zu einem Teil des Volkes Gottes' (Israels) macht.

Den Geschichtsberichten der Thorah nach der Sintflut und den Patriarchen-Erzählungen weiter folgend, gelangt man im zweiten Buch Mosis dann an die Erzählung des Passah-Ereignisses (ab Kapitel 12), also an den Bericht von der Befreiung der Kinder Israels aus dem sie knechtenden Ägyptenland durch die mächtige Hand ihres Gottes. An die erste Flucht aus dem Reich Ägyptens schließt sich dann eine Verfolgungsjagd in der Wüste an, im Verlauf derer die Israeliten auf wundersame Weise im Trockenen durch das sogenannte ‚Schilfmeer' ziehen, die ihnen nachjagenden ägyptischen Streitwagen aber in den wieder zurückkehrenden Fluten zu Tode kommen (Kapitel 14+15). Auch in dieser Begebenheit also trennt eine reißende Wasserflut das ‚Böse' vom Guten ab und vernichtet es, um dem Guten ein neues Leben, frei von dem Bösen, zu ermöglichen. Interessant zu erwähnen ist hierbei noch, dass das ‚Schilfmeer' im Hebräischen der Bibel ‚Jam Suph' genannt wird, was identisch geschrieben ist, wie ‚Jam Soph', was ‚Meer des Endes' bedeuten würde.

---

35 … Verfließen der Zeitlichkeit des materiellen Lebens

36 … in die ‚Ewigkeit'

37 … ohne unsere weltliche Habe, ein jeder für sich selbst

Ein weiterer Reflex dieser Symbolik des ‚Durchs-Wasser-Gehens' zeigt sich dann bezeichnende '40 Jahre' später[38], beim Zug der Kinder Israels durch den Jordan-Fluss[39] unter Jehoschua[40], als sie ‚gegenüber von Jericho' erstmals das ‚Verheißene Land' erreichen. Diesmal müssen keine (äußeren) Feinde mehr abgeschüttelt werden, sondern es muss lediglich das Vertrauen bewiesen werden, dass die ‚Lade des Bundes', mit dem Zeugnis der Worte Gottes darin, die Wasser (also die ‚Zeitlichkeit') so lange aufhält, bis die Israeliten ‚im Trockenen' (= vermittels des Ewigen) diese Grenze zum ‚Gelobten Land' überquert haben. Und direkt im Anschluss kommt es dann (in Kapitel 5 des Buches Josua) zur kollektiven Beschneidung der Kinder Israels; also wird nun im Anschluss an diese Art der Taufe ‚das eigene Fleisch' beschnitten, das heißt: das eigene Fleischliche wird nun auch ‚tatkräftig' begrenzt, zurückgedrängt.

Bekannt ist das Untertauchen in Wasser dem Volk Israel auch schon als rituelles Bad (heute genannt eine ‚Miqweh') im levitischen Ritus, das als ein Reinigungsritual dient, wenn sich ein Mensch ‚kultisch verunreinigt' hat, bzw. wenn er unverschuldet verunreinigt wurde[41].

---

38 … die 40 ist immer mit ‚Zeit an sich' assoziiert

39 … Hebräisch ‚Jarden', ‚Hinabsteigendes'

40 … siehe das Buch Josua Kapitel 3 und 4

41 … zum Beispiel im Falle der Berührung eines Toten, nach der monatlichen Ausschwemmungs-Blutung der Frau und nach einem (speziell ‚außer-verkehrlichen') Samenerguss des Mannes; letztere beide sind körperliche Vorgänge, die jeweils mit einem ‚ins-Nichts-Gehen' von Reproduktions-/Lebenskraft einhergehen, und

Und da der Mensch als gefallenes Wesen in einer gefallenen Schöpfung ständig in Kontakt mit dem Tod kommt, welcher aus göttlicher Perspektive das Leben grundsätzlich bedroht und das Lebendige ‚verunreinigt‘, ist es wohl naheliegend, dass das Untertauchen in Wasser, die ‚Miqweh‘ oder ‚Taufe‘, auch für denjenigen Propheten, den wir heute ‚Johannes den Täufer‘ nennen, bildhaftes Mittel seiner Berufung ist, um die Menschen in ihrer Umkehr aus ihren toten Werken zurück zum göttlichen Leben zu unterstützen. So gipfelt Israels Bekanntschaft mit dem Prinzip der Taufe also in der berühmten Jordan-Taufe des Messias Jeschua durch besagten ‚Täufer‘.

Und wie sich da der Geist Gottes, ‚wie eine Taube‘ auf ihm niederlässt, so sollen auch wir als seine ‚Jünger‘ (= Lehrlinge) in möglichst jeder Hinsicht seinem Beispiel folgen – also sollen auch wir ‚im Wasser getauft‘ werden und ‚den Geist Gottes empfangen‘. Nur folgerichtig deshalb, dass dies auch noch einmal als ausdrückliches Gebot vom Messias an seine engsten Vertrauten gerichtet wird: als der sogenannte ‚Taufbefehl‘[42], der dann im Wirken der Apostel zur ersten Entfaltung gelangt. Und das tatsächliche Unter-Wasser-Tauchen der ‚Neubekehrten‘ ist dabei selbstverständlich ’nur‘ die allerletzte Besiegelung im äußerlichen Ritual – das eigentlich Entscheidende findet, wie in diesem Artikel umrissen, schon vorher, auf dem Weg dorthin statt, im Inneren des Einzelnen in Gestalt der geistigen Prozesse, welche durch die Taufe selbst

---

dadurch ebenfalls mit dem Tod assoziiert sind

42 … siehe Matthäus 28,18-20; Markus 16,15f

dann nur noch 'nach Außen' symbolisiert werden, als
,Zeugnis für alles Fleisch' (nicht zuletzt auch für das
eigene).


**Formales**
*Äußerlichkeiten im Glaubensleben*

,Äußerliches' steht teils zu Recht im Verruf, weniger
wichtig als das ,Innerliche', als das ,Wesentliche' zu
sein. Insbesondere in Fragen des Glaubenslebens.
Und zweifellos ist REINE Äußerlichkeit, die von gar
keiner inneren Aufrichtigkeit belebt wird, tatsächlich
der Inbegriff von Heuchelei.

Dennoch: Wenn sich ,Innerliches' überhaupt nicht in
,Äußerlichem' niederschlägt, kann dieses Innerliche
nicht besonders stark sein – und es kann sich vor
allem so gut wie gar nicht ,fortpflanzen', indem es
Zeugnis nach Außen ist, das die Mitmenschen sehen
lässt, was da ,im Inneren lebt' und so gut,
rechtschaffen und ehrenhaft ist.

Also erfüllt auch im ,Glaubensleben' das äußerliche
Verhalten und Gebaren einen wichtigen Zweck: Es
trägt das Innerliche, Wesentliche des Glaubens, als
lebendiges, tätiges Zeugnis tatsächlich[43] nach Außen.
Es ist in diesem Sinne erst ,die Sprache des
Glaubens', die von anderen (insbesondere auch
,Nicht-Gläubigen') verstanden wird.

Dass die innere Haltung eines Gläubigen
zwangsläufig auch in handfesten TATEN ausgelebt

---

43 ... mit Betonung der wortwörtlichen Bedeutung dieses Wortes
,tatsächlich': ,vermittels von harten Tatsachen'

werden muss, um nicht ein Selbstwiderspruch zu sein, werden die meisten Menschen leicht einsehen. Zu solchen ‚handfesten Taten' (bzw. allgemeiner: Verhaltensweisen, Charaktereigenschaften, etc.) gehören dann im Verständnis der wohl allermeisten Menschen etwa: Ehrlichkeit, Hilfsbereitschaft, Treue, Freundlichkeit, Selbstbeherrschtheit, und vieles mehr; an dieser Stelle sollte jedem, der sich in eigenem Brainstorming zu dem Thema versucht, vielleicht einmal, freundlich aber bestimmt, Galater 5,22-23a vorgetragen werden: ‚Die Frucht des Geistes [...] ist Liebe, Freude, Friede, Langmut, Freundlichkeit, Güte, Treue, Sanftmut und Selbstbeherrschung'.

Unbestritten sind diese Charakterlichkeiten und die hieraus zu erwartenden Taten das Gewichtigste im Alltagsleben eines Nachfolgers des Messias, eines Dieners des lebendigen Gottes. Und doch: Ab einem gewissen Punkt stellt sich die Frage, was diese Dinge denn im ganz Konkreten hier und da so alles bedeuten können. Und nun lohnt es sich, den zitierten Passus von Paulus an die Galater noch ein Stück weiter zu lesen: ‚... dem allem widerspricht das Gesetz nicht' (Vers 23b). Im Gegenteil: Dies alles wird durch ebendieses ‚Gesetz' erst im Detail ausgeführt, wie es in unterschiedlichen Situationen und Lebensbereichen angewandt werden kann. Und mit ‚Gesetz' meint Paulus[44] natürlich die Thorah, die Weisung Gottes an sein ‚Eigentumsvolk' Israel, in welches auch ein jeder Gläubig-Gewordene aus den

---

[44] ... der Jude aus dem Stamm Benjamin, dessen Messias Jeschua, der Jude aus dem Stamm Juda, sich selbst als das ganze ‚Gesetz' erfüllend bezeichnet, siehe Matthäus 5,17

sogenannten ‚Heidennationen' als ein neuer Zweig ‚eingepfropft' wird, wie in einen kultivierten Ölbaum (siehe Römerbrief Kapitel 9-11).

Dieses Prinzip des ‚Eingepfropft-Werdens' übrigens gilt nicht erst seit dem fleischlichen Erscheinen des Messias auf Erden vor rund 2000 Jahren, sondern spätestens seit Vergabe der Thorah am Berg Sinai; als nämlich ALLE, die auf den Ewigen vertrauen[45], aus ‚Ägypten', dem Haus der Knechtschaft, befreit worden sind, nun für das neue Leben in Freiheit, durch eine mächtige Gottesoffenbarung, die genauen Richtlinien erläutert bekommen, durch welche ein wahrhaft gott- und menschen-gemäßes Leben gelebt werden kann. Und ab hier ist das besagte ‚Mischvolk' dann bereits zu einem nicht mehr näher unterschiedenen Teil des ganzen Volkes Israel geworden. Denn: ‚Einerlei Gesetz sei dem Einheimischen und dem Fremdling, der unter euch wohnt.' (Exodus 12,49; aber z. B. auch ähnlich formuliert in Levitikus 24,22 und Numeri 15,15)

Und wenn wir als Gläubig-Gewordene nun dieses ‚Gesetz' auch in seinen Details betrachten, zeigt sich, dass einiges davon erst einmal befremdlich auf den ‚modernen Menschen' wirkt. Sei es, weil es offensichtlich von Gesellschaftszuständen ausgeht, in denen noch ‚mit Ochs und Esel gearbeitet und gewirtschaftet wird', sei es, weil es Dinge vorschreibt, die so unnötig strikt erscheinen, dass es unmöglich als das ‚Gesetz der Freiheit' bezeichnet werden kann, als das es Jakobus aber doch bezeichnet (Jakobus 2,12).

---

45 ... das sind die Israeliten ‚SAMT viel Mischvolk', Exodus 12,38

44

Trotzdem bleibt das Wort des Messias als Wegweiser, auf die Frage nach dem Großen/Größten der Gebote: ‚Du sollst den Herrn, deinen Gott, lieben mit ganzem Herzen, mit ganzer Seele und mit ganzem Vermögen […] und […] du sollst deinen Nächsten lieben wie dich selbst […] An diesen zwei Worten hängt das ganze Gesetz und die Propheten‘ (Matthäus 22,36-40); das ‚ganze Gesetz und die Propheten‘ erscheinen in diesem Verständnis Jeschuas also als die detaillierte Ausführung nur dieser zwei ‚Großen‘ der Gebote[46].

So muss uns also ein Gebot Gottes, das uns zunächst widersinnig oder ‚unzeitgemäß‘ erscheint, bei Betrachtung mit dem wirklichen Geist des Messias[47] in neuem Lichte erscheinen: Das Gebot zeigt uns gefallenen Wesen dann schlicht, wie die himmlische Ordnung die WAHRE Liebe zu Schöpfer und Mitgeschöpf vorsieht. Es ist dies eine einzige, immer gleiche Liebe, nämlich die ureigene Liebe Gottes, des Schöpfers und Ewigen selbst, die in seinen aus dem Geist wieder-geborenen ‚Kindern‘ wirkt, deren Erstgeborenes eben unser geliebter Messias ist. Und das ist keine ‚Liebe‘, die sich Menschen in ihrer eigenen vermeintlichen Weisheit und Philosophie erdichtet haben, geschweige denn eine solche ‚Liebe‘, die die Menschen aus ihrem natürlich-fleischlichen Ur-Zustand heraus ohne Gottes Beistand ‚erfühlen‘ könnten. Und ‚Gottes Beistand‘

---

46 … die eigentlich auch nur EINES sind – denn der Dienst am Nächsten ist gleichzeitig immer auch Dienst am Ewigen; und umgekehrt: Verfehlungen gegen den Nächsten sind immer auch Verfehlungen gegen den Ewigen selbst, gegen DAS Ewige selbst

47 … das ist der ‚Geist der Heiligkeit‘ auch übersetzbar als: ‚Geist der (ganz für den Ewigen) Abgesondertheit‘

45

ist nichts und niemand sonst als der, den man dereinst ‚Jeschua' nannte, eine Namensform, von der sich unser heutiges ‚Jesus' über die altgriechische Vermittlung ergeben hat, und die in sich bereits eine Kurzform des biblisch-hebräischen ‚Jehoschua' ist, was bedeutet: ‚Gottes Beistand' …

Wenn wir nun weiter bedenken, dass es sich bei Jesus um ‚das Wort Gottes' handelt, das ‚Fleisch geworden' ist (Johannes 1,14), und dass die gesamte Heilige Schrift das ‚Wort Gottes' ist – dann bleibt kein anderer Schluss, als dass Jesus selbst ‚die fleischgewordene Bibel' ist, die ganze erfüllte Thorah samt Propheten (Matthäus 5,17), und allem, was darüber hinaus ‚von Gott eingehaucht' ist und zur Belehrung und Zurechtweisung dient (2. Timotheus 3,16); all das verkörpert sich in der Existenz dieses Erstgeborenen der Gotteskinder, jenes ‚Sohnes der Liebe' des himmlischen Vaters (Kolosser 1,13), des Erben seines Reiches, des CHRISTUS JESUS, wortwörtlich also des ‚(zum die Wahrheit verkündenden Propheten, zum den Weg zum Vater vermittelnden Hohepriester und zum die Herrschaft über alles Lebendige ausübenden König) gesalbten Beistandes des Ewigen' (oder hebräisch: ‚Jehoschua ha Maschiach').

Und wenn wir unsere tatsächliche Liebe zu Ihm, als unserem Erlöser, ‚Liebe' im göttlichen Sinne, auf diejenige Weise ausdrücken wollen, wie Er selbst es uns empfiehlt … dann gilt Johannes 14,15: ‚Wer mich liebt, der hält meine Gebote.' Ganz einfach zu verstehen eigentlich.

So wollen wir uns doch vor diesem Hintergrund

einmal anschauen, was es mit manchen scheinbar so bloß ‚äußerlichen' Geboten auf sich hat …

## Gesetz
### *Gebote, Rechte, Satzungen Gottes*

Grundsätzlich sei betont: ‚Gebote Gottes' ist eine fragwürdige Übersetzung für das Bezeichnete; ‚Empfehlungen des Ewigen' trifft es schon viel besser. Diese Empfehlungen sind grundsätzlich zu UNSEREM Besten, und nicht die Voraussetzung, ‚dass Gott glücklich ist' oder dergleichen.

Überhaupt: ‚Thorah' ist weniger ‚das Gesetz' im Sinne eines Staatsgesetzes, als vielmehr die ‚Weisung' eines rechten Weges, die ‚Richtlinie', nach der ein fruchtbringendes Handeln ausgerichtet sei.

‚Mitzwoth, Mischpatim, Chukkoth' wird traditionell häufig als ‚Gebote, Rechte/Richtsprüche und Satzungen' übersetzt; wörtlicher allerdings wäre in etwa ‚Hinweise, Berichtigungen und (Vor-)Prägungen'. ‚Hinweise', die einen auf grundsätzlich angeratene Verhaltensweisen hinweisen, auf die man von alleine nicht ganz einfach kommt[48]. ‚Berichtigungen', die einem Ratschläge sind bei ganz konkreten Situationen, die aus Verfehlungen von Menschen entstehen; die also einen dauerhaften Schaden der zwischenmenschlichen Beziehungen erstens minimieren und oft sogar noch in gewisser Weise zu etwas Gutem umformen, aus dem die Betroffenen

---

48 … in unserer gefallenen Welt jedenfalls, und ohne die direkte Rechtleitung durch den Geist der Heiligkeit

47

wachsen können. ‚Vor-Prägungen', die als Muster für spezielle Vorgehensweisen dienen, um im materiellen Leben ein formvollendetes Abbild von geistigen Wahrheiten darzustellen, von ‚Ewigem' innerhalb des ‚Zeitlichen'.

Wenn man ‚Thorah' unbedingt als ‚Gesetz' übersetzt wissen will, dann sollte man es im Sinne dessen verstehen, was heutzutage zum Beispiel ein ‚Naturgesetz' ist. Denn die in der Thorah dargebotenen Gesetzmäßigkeiten stellen genaugenommen etwas dar, das GAR NICHT GEBROCHEN werden KANN. Selbst, wenn jemand das wollte. Nicht einmal der Ewige selbst ‚bricht' seine eigene Thorah, weil er über seine vollständige Souveränität und Allmacht im Bezug auf seine Schöpfung noch eine ganz bestimmte andere, edlere Eigenschaft stellt, die ihm selbst offenbar gewichtiger [49]ist: Treue. Was er einmal sagt, das geschieht (siehe z. B. Jesaja 55,10f). Allein aus diesem Grund lässt er sogar zu, dass die ganze Welt derzeit ‚in dem Bösen dahingestreckt ist' (1. Johannes 5,19b); weil der Schöpfung in entscheidenden Fragen die freie Wahl gegeben ist, sich FÜR oder GEGEN ihren Schöpfer zu entscheiden[50]. Alle Konsequenzen dieser möglichen für-oder-gegen-Entscheidungen sind ausführlich in der als Heilige Schrift offenbarten ‚Bibel' dargelegt;

---

49 … im Hebräischen ist ‚gewichtiger' das gleiche Wort wie ‚herrlicher'

50 … den Menschen betreffend, siehe die sogenannte ‚Sündenfall-Geschichte', Genesis Kapitel 2-3; die ganze Schöpfung betreffend, siehe etwa die biblischen Hinweise auf den Fall des ‚gesalbten Cherubs' aus Stolz und dem Wunsch, ‚gottgleich' zu sein, Jesaja 14,12ff; Ezechiel 28,12-15

‚Fluch und Segen sind uns vorgelegt'
(Deuteronomium 11,26) und wir sollen bitte ‚das
Leben wählen' (Deuteronomium 30,19). So war es
von Anfang an im ‚Garten (innerhalb) der
Wonne/Wollust' (meist ‚Garten Eden' genannt), wo
unsere einzige Aufgabe ('gewesen') ist: ‚Bewahrt sie
(die Wonne) und dient ihr!' (Genesis 2,15, wenn
wörtlich übersetzt). Ein Gebot, das im Rahmen eines
jeden ‚Umhegten der Wonne' weiterhin
Gesetzescharakter innehat – wo wir denn in einem
solchen ‚Umhegten', in einem solchen ‚Garten'
dieser Wonne leben dürfen[51]. Ansonsten greift dieses
spezifische Gebot, ‚der Wonne zu dienen', schlicht
ins Leere, wie es viele Gesetze tun, wenn sie gerade
nicht anwendbar sind aufgrund von äußeren
Umständen.

Die ‚Gesetze Gottes' sind also ewige ‚Wenn-Dann-
Verhältnisse', die der Schöpfer in seiner Schöpfung
verankert hat, anhand denen man das Wesen und
Werden dieser Schöpfung erkennen kann. Und mit
dem Wissen über diese ‚Gesetze' hat man es leichter,
mit den Reaktionen der einen umgebenden
Schöpfung samt der Mitmenschen
zurechtzukommen, weil man diese Reaktionen besser
abschätzen kann, weil man weiß, welche Konsequenz
ein bestimmtes Verhalten mit sich bringt[52].

---

51 … dieses ‚Umhegte' ist wohlgemerkt NIEMALS eine
ungeschützte Öffentlichkeit … und im Optimalfall ist es der intime
Raum einer Ehe zwischen EINEM Mann und EINER Frau, als
dem irdischen Abbild der himmlischen ‚Hochzeit des Lammes mit
seiner Braut', siehe Offenbarung 19,7ff; auch zu verstehen als die
‚Vereinigung von Himmel und Erde'
52 … dies ist eben das große Wunder der ‚Offenbarung der
Heiligen Thora vom Berg Sinai'; dennoch sollte man hier freilich
nicht in einen mechanischen Magie-Aberglauben abgleiten … die

49

Die besagten Konsequenzen manifestieren sich dann spätestens am ‚Ende der Zeit‘, wenn ‚alles gerichtet‘ (= berichtigt) wird, was bisher nicht diesem ‚Gesetz‘ entsprechend von statten gegangen ist. Dieses ‚Ende der Zeit‘ allerdings kann sich individuell für ein jedes Geschöpf aus dem Geistigen heraus ereignen, wenn für dieses Geschöpf die immerwährende Präsenz ‚Jesu Christi‘ offenbar wird, der da seinem Wesen nach ist ‚der alles berichtigende Beistand des Ewigen‘, oder anders (und zwar ‚traditioneller‘) übersetzt: ‚der das Gericht über die ganze Welt haltende Jesus, wenn er dann am Ende der Zeit wiederkommt‘.

So sind die ’10 Gebote‘[53] folgendermaßen zu verstehen: ‚WENN du zu denjenigen menschlichen Wesen gehörst, die WIRKLICH durch den Ewigen aus der Knechtschaft der Welt (symbolisiert in ‚Ägypten‘) befreit worden sind, DANN wirst du die folgenden Verhaltensweisen zeigen (bzw. nicht zeigen). Daran nämlich erkennst du und erkennen deine Mitmenschen, in wie weit du TATSÄCHLICH von besagter Knechtschaft durch die Welt (und durch ihre weltlich-fleischlichen Zwänge und Versuchungen) befreit bist.‘ (freie Übersetzung der ‚Präambel‘ der ’10 Gebote‘, Exodus 20,2)


**Sünde**
*‚Sünde‘; Getrennt-Sein vom Ewigen*

---

Souveränität des Ewigen nämlich zeigt sich durch Seine Barmherzigkeit jedem, der sich nach ihr sehnt

53 ... eigentlich: ’10 Worte‘ oder ’10 Sachen/Sachverhalte‘

‚Sünde' ist kein Thema, über das (vor dem Hintergrund der Bibel) im Grundsatz lange debattiert werden muss. Die Herkunft des deutschen Wortes ‚Sünde' findet sich in der selben Wortwurzel, von der auch das Wort ‚Absonderung' abstammt; Sünde ist in diesem Sinne die Absonderung des Sünders von der göttlichen Ordnung. Allein diese Erklärung, die allein von der deutschen Sprache ausgeht, ist schon sehr eindeutig. Biblisch findet sich ein Hinweis auf ebendiese ‚Absonderung' zum Beispiel in Jesaja 59,2: ‚[…] eure Missetaten haben eine Scheidung gemacht zwischen euch und eurem Gott, und eure Sünden haben Sein Angesicht vor euch verhüllt, dass Er nicht hört.' Die Frage ist also nun nur noch, was genau solcherlei Absonderung von der göttlichen Ordnung im Konkreten dann ist, woran sie für den einzelnen erkannt werden kann.

Hierzu finden wir die glasklare Definition der Bibel im 1. Johannesbrief, in Kapitel 3, Vers 4: ‚Jeder, der die Sünde [= Absonderung vom Ewigen] tut [= bewirkt], tut [= bewirkt] auch die Gesetzlosigkeit. Und die Sünde ist (selbst) die Gesetzlosigkeit.' Viele Übersetzungen geben dabei das griechische ‚anomia' (‚Gesetzlosigkeit, Ungesetzlichkeit') bereits leicht interpretiert, aber durchaus zutreffend, als ‚Übertretung des Gesetzes' wieder. ‚Sünde' besteht also in nichts anderem, als in der Abweichung von dem, was gemeinhin ‚Thorah' genannt wird – wohlgemerkt die Thorah ausgelegt und ausgelebt, wie sie der Messias Jeschua ausgelebt hat, als die fleischgewordene Thorah.

So ist also in erster Linie das Vorbild des Christus vor Augen zu stellen, wenn der Mensch die Sünde, das

51

Abgesondert-Sein vom Ewigen, weit-möglichst vermeiden und in der göttlichen Ordnung wandeln möchte. Im Allgemeinen übertrifft nichts diese Anleitung. Im Konkreten dann lohnt sich aber auch immer wieder ein Blick in die schriftliche Thorah, deren Verkörperung Jesus Christus ist. Mit diesem Verständnis nämlich ist die schriftliche Thorah zu betrachten als die Richtlinie für den ‚Wandel mit Gott'. Jener Wandel, welcher genau das ist, was aus dem Mund des Messias selbst und besonders im ersten Johannesbrief auch das ‚Sein und Bleiben in Christus' genannt wird (z. B. Johannes 14,20; 15,4-7; 1. Johannes 2,6; 2,28; 3,6).

## Sabbat
### Der wöchentliche Ruhetag als Bündniszeichen

Eines der grundlegendsten ‚äußerlichen' Zeichen des Bundes eines (und aller) Menschen mit dem Gott Israels, dem Schöpfer von Himmel und Erde, ist das Heiligen des (vor allem wöchentlichen) Sabbat-Tages (Exodus 20,8-11; Deuteronomium 5,12-15). Das Sabbat-Gebot ist mit vier Versen das ausführlichste der sogenannten '10 Gebote', und verweist ausdrücklich auf seinen Ursprung ganz zu Beginn der Schöpfung, als der Schöpfer selbst sechs Tage lang sein Werk verrichtete (Genesis Kapitel 1) und ‚am siebenten Tag ruhte' (Genesis 2,2f).

Auch jenseits der Schöpfungsgeschichte und der Zehn Worte auf den steinernen Tafeln, die Moscheh am Berg Sinai/Choreb für uns empfangen durfte, findet sich der Verweis auf den Sabbat-Tag und die

Betonung der Gewichtigkeit dieses Bundeszeichens immer und immer wieder in der Thorah[54].

Der Tradition des jüdischen Volkes nach[55] ist mit dem biblischen ‚Sabbat-Tag‘ ganz eindeutig derjenige Abschnitt der Woche gemeint, der gemeinhin heute ‚Samstag‘ genannt wird. Oder um genau zu sein: der Zeitabschnitt von ‚Freitag‘-Sonnenuntergang bis ‚Samstag‘-Sonnenuntergang[56].

Dennoch hat es die ‚kirchliche‘ Tradition des sogenannten ‚Christentums‘ fertiggebracht, die breite Masse davon zu überzeugen, dass es für einen Christenmenschen angemessen sei, statt dieses so verstandenen Sabbat-Tages lieber einen ‚Sonntag‘ für den von Gott verordneten wöchentlichen Feiertag zu halten. Die argumentativen Begründungen dafür verdienen ob ihrer Lächerlichkeit an dieser Stelle keinen Platz erwähnt zu werden. Lediglich sei gesagt, dass die katholische Kirche selbst einmal (nicht ohne geradezu hämischen Stolz) festgestellt haben soll, dass die Verlegung des Sabbats auf den Sonntag in keiner Weise durch die Heilige Schrift selbst zu rechtfertigen sei, und diese Verlegung deshalb ein schlagender Beweis für die ‚Autorität der Kirche‘, als die noch wichtigere der zwei Säulen der ‚Wahrheit‘

---

54 ... z. B. Exodus 31,14-16; Levitikus 23,3; und auch immer und immer wieder in den Propheten, z. B. Jesaja 58,13

55 ... und eigentlich auch der gesamten ‚westlichen‘ Tradition nach, wenn auch meist unausgesprochen oder nur in den sprachlichen Ursprüngen der Wochentagsbezeichnungen verschiedenster europäischer und vorderasiatischer Sprachen mehr oder weniger tief verborgen

56 ... da schon in der Schöpfungsgeschichte die Tage jeweils mit dem Abend beginnen; Genesis 1,5

(neben der Heiligen Schrift), sei. Natürlich kann so viel Ehrlichkeit den einfachen Menschen aus Sicht der Weltbeherrscher nicht zugemutet werden, sodass zum Beispiel im Wikipedia-Eintrag zum ‚Sonntag‘ diese Begründung nicht zu finden ist.

Jedenfalls besteht kein Zweifel daran, dass unser Messias selbst den Sabbat nach herkömmlichem Verständnis datiert hat und ihn entsprechend der schriftlichen Thorah bewahrt und geheiligt hat, als er auf Erden im Fleisch wandelte (z. B. Lukas 4,16; 4,31). Abgegrenzt hat er sich dabei von damaligen (und vermutlich auch manch heutigen) jüdischen Gelehrtenmeinungen betreffend die genaue Art der Heiligung dieses Tages. Ihm war besonders wichtig, den Tag als ‚für die Menschen‘ geschaffen zu begehen, und ihn nicht als eine Bürde den Menschen auferlegt zu begreifen (wie es ja auch eindeutig aus dem Sabbat-Gebot in den Zehn Worten hervorgeht).

Auch die Apostel haben offenkundig den Sabbat mit einer Versammlung der Gläubigen geheiligt, und dabei auch insbesondere mindestens eine bestimmte jüdische Tradition für geradezu essentiell erachtet: nämlich die Gepflogenheit, in der Versammlung einen Abschnitt der Thorah vorzulesen und zu lehren[57], auch, um dadurch den Heidenchristen zu ermöglichen, nach und nach alle Details der Richtlinien eines göttlichen Wandels kennenzulernen, nachdem zu Beginn ihres Glaubenslebens ihnen ‚keine unnötigen Lasten auferlegt‘ werden sollten (Apostelgeschichte 15,28f). Den Evangelienberichten ist zudem zu entnehmen, dass auch damals schon

---

57 … siehe Apostelgeschichte 15,21

zusätzlich zu diesem Thorah-Abschnitt ein Abschnitt aus den Prophetenbüchern vorgelesen wurde, wie es Christus in der Synagoge von Nazareth tat (Lukas 4,16ff).

Entsprechend ist es naheliegend, auch für uns heute die Empfehlung anzunehmen, der jüdischen Tradition folgend jeden Sabbat die sogenannte ,Paraschah'[58] und gegebenenfalls auch die zugehörige ,Haphtarah'[59] zu lesen und sich mit diesen Texten näher auseinanderzusetzen – am besten auch vor dem Hintergrund der Worte des Messias und der Apostelbriefe, und nicht zuletzt vor dem Hintergrund des Messias als Demjenigen, wovon die ganze Thorah spricht, laut seiner eigenen Aussage (Johannes 5,39; 5,46). Schließlich sind die alten Hebräischen Schriften[60] so etwas wie die ,Theorie', zu der der Messias[61] dann die ,Praxis' verkörpert.

Kann es nun also ein Verständnis geben für das Festhalten heutiger ,Christen' an der ,Sonntags-Heiligung'? Wie immer gilt es, die Herzenshaltung dahinter als entscheidenden Faktor zu erkennen. Und wie diese Herzenshaltung im Konkreten aussieht, kann kein Mensch von Außen mit letzter Gewissheit beurteilen. So bleibt es also Sache des Einzelnen und seines Verhältnisses zu seinem Schöpfer, zu dem, der ,Herzen und Nieren prüft' (z. B. Jeremia 17,10). Wer

---

58 ... Abschnitt [der Thorah]

59 ... Ergänzung [des Thorahabschnitts durch einen Abschnitt aus den Propheten]

60 ... das ,Israel offenbarte Wort Gottes'

61 ... das ,fleischgewordene Wort Gottes'

guten Gewissens behaupten kann, dass für ihn der Sonntag dasjenige ist, was mit dem ‚Feiertag‘[62] in den ‚Zehn Geboten‘ gemeint ist, der liegt zwar aus Sicht des hier Schreibenden immer noch falsch – doch selbst falls dies so ist: er kann eines Tages angesichts seines Herrn dann zumindest ‚Unwissenheit geltend machen‘ (siehe etwa Lukas 12,48). Jedoch zumindest sollte er dann vielleicht seinen Sonntag möglichst so heiligen, wie der Messias den Sabbat geheiligt hat, als er auf Erden wandelte, entsprechend der Thorah des Moscheh; und nicht entsprechend der Tradition allzuvieler heutiger Christen, die vermutlich nicht selten nach dem Kirchbesuch wortwörtlich ‚den Gottesdienst (also den Dienst an Gott) für beendet‘ halten …

Einige weitere praktische Stichpunkte zur Gestaltung des biblischen Sabbat-Tages wären[63]: kein Arbeiten, kein Erledigen der persönlichen Geschäfte, keine nichtigen Worte reden. Allein mit diesen drei Ansprüchen an sich selbst sieht sich der heutige Mensch in der Regel schon einer recht großen Herausforderung ausgesetzt. Aber einer Herausforderung, die einem oft das erste Mal im (Glaubens-)Leben aufzeigt, was es mit der ‚Anfechtung‘, der ‚Drangsal‘ für jeden wahren Diener des Messias eigentlich auf sich hat; auch im sogenannten ‚christlichen Abendland‘ schon … Und hat man dann erst mal angefangen damit,

---

62 … eine durchaus richtige Übersetzung des Hebräischen ‚Jom ha Schabbath‘, wenn man unter ‚Feiern‘ das ursprünglich damit gemeinte ‚Ruhen‘ versteht, vgl. etwa das Wort ‚Feierabend‘

63 … neben dem Bemühen, sich mit anderen Gläubigen auch physisch ‚zu versammeln‘ und die Heiligen Schriften zu studieren

wöchentlich mindestens einmal die Thorah zu studieren, wird man mit der Zeit auch noch die geistigen Dimensionen von Details wie ‚am Sabbat kein Feuer anzuzünden in seiner Wohnstätte' zu verstehen lernen. Aber eins nach dem anderen, die Grundlage des Sabbats ist erst einmal das ‚bloße' Bemühen darum, ihn als solchen wahrzunehmen und ihn also zu heiligen[64].

Zuletzt sei noch darauf hingewiesen, dass auch die biblischen Feste des Jahreszyklus[65] als ‚Sabbate' bezeichnet werden (siehe etwa Levitikus 23,32 in Bezug auf den ‚Versöhnungstag'). Ein jeder, der sein Leben nach der Heiligen Schrift auszurichten gedenkt, möge also auch einmal über diejenigen Feste und anderweitigen Ruhetage nachsinnen, die er selbst bisher so in jährlicher Regelmäßigkeit begangen hat, und wie er sich diesbezüglich für sein zukünftiges Leben hier auf Erden ausrichten möchte!

Vielleicht sei auch noch angemerkt, dass die Entscheidung, den ‚Samstag' als den eigentlichen wöchentlichen Ruhetag, also als denjenigen ‚Sabbat' zu betrachten und zu begehen, welcher in den '10 Geboten' ausdrücklich erwähnt wird, keineswegs mit sich bringt (bzw. mit sich bringen muss), den Sonntag demgegenüber zu einem ‚völlig bedeutungslosen' Wochentag zu degradieren ... Der erste Tag der Woche bleibt schließlich immer eine Art ‚Vorschatten' auf den großen ‚Achten Tag', der durch

---

[64] ... zur tieferen, mehr ‚prinzipiellen' Bedeutung des Sabbat-Haltens siehe auch den Artikel ‚Der sehr gute Siebte Tag' in der Rubrik ‚Erbauliches'

[65] ... ‚Passah', ‚Pfingsten', ‚Laubhüttenfest' und andere, siehe insbesondere Levitikus 23

ihn auch symbolisiert wird: der Tag der Auferstehung Christi, der Tag des Gesalbten schlechthin, der Tag der ERLÖSUNG[66]!

## Das KREUZ
### *Von der Bereitschaft eines Jüngers Jesu Christi, dem Meister bis zum Tod am Kreuz zu folgen*

Gewichtiger als alle Lehre, als alles Bekenntnis und als alles Für-Wahr-Halten biblischer Inhalte und Aussagen … ist das KREUZ. Die Pflicht eines jeden Nachfolgers des Messias, Ihm insbesondere in derjenigen Hinsicht ähnlich zu werden, den Weg zum Kreuz – zum TOD am Kreuz – freiwillig anzutreten. Was aber bedeutet dieser ‚Tod am Kreuz‘?

Die ehrlichste Antwort: Ich weiß es nicht. Am eigenen Leib kann ich es zwar mit Gottes Beistand erleben, es bis zu einem gewissen Grad daher auch in Worte fassen, die mir selbst etwas bedeuten – aber verallgemeinern kann ich es deshalb noch lange nicht. Für jeden einzelnen muss sich das Kreuz ganz individuell ausleben dürfen. Ich kann theoretisch darüber philosophieren, spekulieren; gar recht geistreiche Argumente für diese oder jene Betrachtungsmöglichkeit hervorbringen. Doch am Ende steht wieder das ‚ich weiß es nicht‘, wenn ich mich nicht selbst täuschen will. Das ‚Kreuz‘, auch wenn seine Wirkung immer gleich ist, der Tod des Gekreuzigten, das Kreuz ist für jeden ein ganz eigenes Erleben. So wie eben sterben, auch im

---

66 … siehe dazu auch den Artikel ‚Salbung und Achter Tag‘ in der Rubrik ‚Erbauliches‘

Leiblichen, jeder ganz für sich alleine muss. Wie also das Kreuz des Christus dem einzelnen Jünger den fleischlich-seelischen Tod bringt, das wird allein dieser einzelne Jünger erfahren können, wenn er denn den Gang zum Kreuz antritt und zu Ende geht.

Trotzdem kann ich versuchen, mich einer Antwort wenigstens anzunähern, so weit ich das zu diesem Zeitpunkt vermag, an dem ich eben selbst noch auf dem Weg bin, den ich hiermit zu beschreiben gedenke. Und während bei allen anderen Thematiken rund um den Wandel in Christus, dem Leben nach den Empfehlungen des Ewigen, dem zunehmenden Einswerden mit unserer aller Quelle, mir eine Art der Sprache angemessen scheint, die möglichst ‚überpersönlich‘, nicht-subjektiv formuliert – so ist bei diesem Zentral-Thema gerade das Gegenteil das einzig angemessene: ein schonungslos subjektives, am eigenen Leben als Beispiel orientiertes Beschreiben des (hier im Zeitlichen wohl endlosen) Prozesses, der mit dem eigenen Absterben kämpft, der FÜR dieses Absterben kämpft, nicht dagegen an.

Behauptung: Jeder, der ehrlich ist zu sich selbst, weiß es vielleicht ja immer schon, dass ‚er selbst‘ besser Absterben sollte ‚in sich‘, anstatt sich selbst weiter im Weg zu stehen … Aber es sich wirklich bewusst einzugestehen, das ist eine andere Dimension. Und den Weg dann auch tatsächlich ANZUTRETEN … wieder eine höhere Ebene der Selbstüberwindung. Aber auch eine, in der die erlösende DANKBARKEIT erst eintritt. Dankbarkeit dafür, dass man in sich den Entschluss zu fassen schaffte, ‚umzukehren‘ aus dem immer weiter Verstrickt-Werden in die Welt hinein. So hart dieser Weg dann

59

auch werden wird, man weiß: es wird sich lohnen, ihn anzutreten. Und es ist vor allem das einzig RICHTIGE, das man vor dem Hintergrund besagter Dankbarkeit noch tun kann, ohne sich selbst völlig dem ‚Bösen' hinzugeben, sich ganz der Welt auszuliefern, von der einem zu diesem Zeitpunkt klar ist, dass sie einen am Ende verschlingen wird, ja: verschlingen MUSS, es ist quasi ihre Aufgabe.

Bei mir jedenfalls hat es lange, lange gedauert, bis ich mir die erwähnte ‚Erbärmlichkeit' wirklich OFFEN eingestanden habe, und in der Folge endlich auch den Weg angetreten habe, jenes mir daraufhin angebotene Erbarmen anzunehmen und in mir wirken zu lassen.

Und weit bin ich auf diesem Weg nun wirklich noch nicht gekommen. Immerhin, DASS ich ihn endlich tatsächlich angetreten habe, kann ich seit einiger Zeit guten Gewissens bezeugen[67].

Obwohl wohlgemerkt die theoretische Einsicht in die eigene Erbärmlichkeit schon längst auch vorher da war; je älter man halt so wurde.

‚Erbärmlichkeit', das ist also vom Wort her ein Zustand, über den 'sich erbarmt' werden muss, soll dieser Zustand nicht so jämmerlich, wie er ist, bleiben für immer. Und dieses ‚Erbarmen', das empfindet man ganz deutlich, das kann man keineswegs 'selbst' übernehmen, ja, nicht einmal ein anderer Mensch könnte dies übernehmen, oder gar alle anderen Menschen zusammen. Dies wäre auch

---

67 … wenigstens ‚mit den Lippen', bzw. mit der Feder; hoffentlich dem ein oder anderen auch ‚handfester', anhand meines beobachtbaren tatsächlichen Wandels da draußen

alles nur wieder Symptom-Behandlung, wenn überhaupt. Nein: Es muss schon die Quelle selbst sein, aus der man geflossen ist, die sich da über einen erbarmt, die sich wieder des Menschen annimmt, der sich von ihr offenbar einst mutwillig getrennt zu haben scheint irgendwann auf seinem besserwisserischen Weg des Eigenwillens, in Widerspenstigkeit ‚allem anderen‘ gegenüber.

Und dieses ‚Erbarmen‘ besteht dann in erster Linie darin, dass man endlich[68] STERBEN kann, dass dieses erbärmliche, über das weltlich-zeitliche Eingebundensein definierte ‚Selbst‘ im Menschen sich zumindest endlich WAGT, ’sich selbst aufzugeben‘.

Eigentlich weiß man ja längst, dass alles Festklammern am Bisherigen gar keinen Sinn haben KANN. Aber man hängt plötzlich auf so irrationale Weise an sich selbst … Da fängt man dann endlich an, all die eigenen ‚Dämonen‘ zu sehen, die einen auf diese Weise wieder einfangen wollen, betäuben wollen mit ihrer Zauberei; oder zumindest beginnt man, etwas derartiges dumpf zu empfinden[69].

Und einem wird klar, dass die ursprüngliche Dankbarkeit dafür, überhaupt erst mal dahin gekommen zu sein, sich selbst dem (noch nicht einmal wirklich erblickten, schon gar nicht

---

68 … als dieses Erbärmliche, dieses Widerspenstige, das sich doch nur selbst im Weg steht und dabei auch noch alle anderen um sich herum potentiell am mitreißen ist …

69 … welche Wörter auch immer man dann individuell dafür benutzen mag, um es für sich selbst oder anderen gegenüber zu beschreiben; Wörter hängen immer stark von der individuellen Sozialisation ab

ERLEBTEN) ‚Guten' zuliebe aufopfern zu WOLLEN, erst ein klitzekleiner erster Schritt gewesen sein kann. Die eigentliche Reise, es dann auch wirklich, tatsächlich durchzuführen, hat gerade erst begonnen.

Und die mächtige Hand, die einen bis hierhin schon gebracht hat, verdeckt vielleicht IMMER an diesem Punkt ‚aus Methode' fürs Erste all die steinigen Pfade, die da noch vor einem liegen; oder wenigstens zeigen sich einem solcherlei Hindernis-gespickte Strauchelpfade zu Beginn nur in soweit, wie der je individuelle Mensch es zu diesem jeweiligen Zeitpunkt auch verkraften kann, ohne direkt wieder völlig abgeschreckt zu werden. Aber all zu locker darf es wiederum wohl auch nie sein … immer hart an der Grenze zum Aufgeben wird man gehalten, oder zumindest immer mal an diese Grenze nah herangeführt, wenn man sich wieder zu überheben droht im Taumel des einen oder anderen kleinen Erfolges im Kampf mit sich selbst …

An dieser Stelle sollte wohl einmal betont werden: Es ist auf dem hier beschriebenen Weg der Selbstaufopferung (oder wenigstens des anfänglichen Versuches einer solchen) lange Zeit gar nicht nötig, jemals von der sogenannten ‚Bibel' gehört zu haben oder von ‚Christus', der ‚am Kreuz gestorben' ist. Im Gegenteil: Selbst WENN man von alldem gehört hat, kann man seinen selbst angetretenen Weg in Richtung ‚Tod am Kreuz' noch völlig losgelöst von diesem perfekten Vorbild unseres Messias verstehen. Zwar würde es wohl einem jeden unerschöpflich viel helfen, wenn er auf dieser seiner Reise von Anfang an den Gekreuzigten vor Augen hat, um sich aus dessen Kraft auch ganz bewusst zu speisen. Doch scheint es bei manch einem so bestimmt zu sein, dass diese Kraft einen erst einmal 'nur' unbewusst unterstützt. Aber wie dem auch sei: DA ist diese Kraft immer, wo ein Mensch sich (wenn auch erstmal vielleicht nur ,teilweise') zu diesem Pfad entschlossen hat. Christus ist nicht darauf angewiesen, dass an ihn ,geglaubt' wird, um seine Macht zu entfalten. Allein WIR sind auf diesen Glauben an IHN angewiesen, je bewusster, desto wirksamer wird er uns beistehen, wie sein Name es verspricht. Aber auch, wenn wir 'nur' indirekt an den ,Beistand des Ewigen' glauben, der in unserem Leben ,zur Herrschaft bestimmt' ist, wirkt dieser ,Jesus Christus' in uns. Mögen wir ab einem gewissen Punkt dann auch vollständig denjenigen Jesus Christus darin erkennen, den uns die sogenannte ,Bibel' vorstellt (und nicht bis zum Schluss an einem selbstgebastelten festhalten, wie es leider so viele von uns zu machen scheinen)!

Springen wir also zu dem Punkt auf dem Weg, wo der ihn Gehende endlich ganz bewusst Jesus Christus als sein Vorbild erkannt hat, dem es nachzustreben gilt. Bis zum Tod, zum Tod am KREUZ. Da wird dann Christus, als der leibhaftige Beistand des Ewigen in unserem individuellen (Er-)Leben, beginnen, uns immer direkter anzutreiben, uns den rechten Weg zu zeigen, auf dass wir nicht unnötig in fruchtlosen Ab- und Umwegen schreiten.

Spätestens dann werden sich daher, vermittels des Studierens seiner Worte und letztlich eben seiner gesamten Thorah, immer wieder ganz neue Baustellen in unserem Alltagswandel und Charakter zeigen, die wir bisher vielleicht aufgrund wichtigerer Projekte[70] außen vor gelassen haben.

An dieser Stelle ist dann eine bestimmte Gefahr zu beachten: das Abgleiten in einen all zu äußerlichen Ritus, also in RELIGION im schlimmsten Sinne des Wortes … Denn wenn man sich anhand der detaillierten Empfehlungen der Thorah mit allerlei Bereichen des Lebens beschäftigt, in denen man sich ‚verbessern' (lassen) kann, dann kann man dazu neigen, die viel wichtigeren Aspekte der Nachfolge zu übersehen, in den Hintergrund treten zu lassen; die Aspekte, die einem aber doch zu Beginn des Weges überhaupt erst den Anreiz gegeben hatten, die beschwerliche Reise zugunsten seiner Menschen-Geschwister anzutreten: Gerechtigkeit, Wahrhaftigkeit, Ehrlichkeit, Hilfsbereitschaft, Selbstbeschränkung, Freundlichkeit, Tatkraft, Geduld, Mitgefühl – gelebte Liebe zu allen Menschen eben, selbst den ausdrücklichen Feinden gegenüber.

Dann gilt es, den Blick wieder direkt auf unseren gekreuzigten Messias zu richten, überhaupt den Fokus wieder mehr auf Seinen ganz konkreten ‚Aufenthalt im Fleisch' zu legen, statt auf Sein eher allgemeines ‚Wirken aus dem Geistigen heraus'[71].

---

70 … vielleicht aber auch aus kleingläubigem Entmutigt-Sein, aus Furcht vor bestimmten lauernden Dämonen, oder wegen sonst etwas

71 … wie es etwa die gesamte Zeit des Alten Israels hindurch vorhanden ist, als der Beistand Gottes noch 'nur' stellenweise als ‚Geist Gottes', in Form der ‚Salbung' von Königen, Priestern und Propheten, und auch mal in Form von ‚mächtigen Wundertaten' eingreift

Letzteres Wirken wird zwar weiterhin eine Rolle spielen, doch ist das Wirken ‚als lebendiges Wort' im Fleisch des einzelnen Jüngers das eigentlich entscheidende, und auch dasjenige, das den Messias in den übrigen Kindern Gottes, seinen neu gezeugten Brüdern und Schwestern, erst ‚erhöht' und damit auch für alle anderen Menschen sichtbar werden lässt.

Wo wir nun einige dieser Grundlagen angesprochen haben, die eben ganz individuell im Leben des Einzelnen zu greifen beginnen müssen, können wir uns gerne auch einmal einigen eher ‚theoretischen' Aspekten des ‚Kreuzes' zuwenden.

Da wäre etwa die offensichtliche Symbolik der ‚grausamen Vierheit des Materiellen', die uns im Kreuz als einem Folterwerkzeug der herrschenden (damals wie heute RÖMISCHEN) Weltmacht vorgestellt ist. Mit der ‚Vier' ist seit alters her auf die ‚handfeste' Seite der Existenz hingewiesen, auf das äußerliche, ‚weibliche' Prinzip der Schöpfung, mit seinen vier Himmelsrichtungen, vier Elementen, oder heute eben ‚vier Raumzeitdimensionen'. Auch aber ist diese ‚Vierheit' seit jeher dasjenige Prinzip, das – befruchtet von der ‚Dreiheit', dem unsichtbaren, innerlichen, ‚männlichen' Prinzip, dem Geistigen – die neue Schöpfung, das ‚Kind' gebiert: die ‚Fünf', in der die Einheit der ursprünglichen Eins die äußerliche, raumzeitliche Vierheit wiederum zu einem Heilen, zu einem tatsächlich Ganzen ergänzt hat.

So ist auch jede Geburt in dieser gefallenen Welt einhergehend mit Wehen, mit den schrecklichen

Schmerzen des Alten an einem Neuen, das sich aus dem Alten erst ‚befreien' muss, und das dadurch nicht nur selbst in die offenbar-werdende Existenz tritt, sondern das dabei auch für das Alte die Erlösung vom Schmerz und die Erfüllung der Bestimmung dieses Alten verwirklicht, und das durch sein Hervorkommen überhaupt ALLEM rund herum ein lebendiges Bild der ‚Ewigkeit innerhalb des Vergänglichen' wird, eine ‚Verkörperung von Verheißung' gleichsam.

Die materielle Welt der Vierheit, jener abgefallene Teil der ursprünglichen Schöpfung also, der dem Fluch aus Genesis 3,14-19 unterliegt, muss in diesem Sinne durch die ‚Eins' ihr gegenüber, die sie zur Fünfheit ergänzt, ‚erlöst' werden. Das ist der ‚Sohn Gottes', der sich[72] an die Vierheit begibt[73], um dort zu sterben. Und um daraufhin wieder aufzuleben in ursprünglicher, ‚verherrlichter' Gestalt. Und einer teuflischen Illusion unterliegt der, der meint, dieser erlösende Aspekt könnte auch zur Geltung kommen, OHNE dass er zunächst fleischgeworden ‚am Kreuz stirbt'[74].

Und dieses ‚Absterben des Fleisches', das eben nur mithilfe des Gottesbeistands möglich wird, ist sich als lebenslanger Prozess vorzustellen. Wer hofft, in dem Moment, wo er ein Bekenntnis mit den Lippen aufsagt, oder im Herzen einen bestimmten

---

72 ... nach dem Willen des Vaters im Himmel

73 ... dabei zunächst dieser Vierheit gleich wird, eben auch ‚Fleisch wird'

74 ... siehe etwa Petrus, dem mit den Worten ‚Satan weiche!' gewehrt wird, als er diesen Gedanken auch nur äußert ... Matthäus 16,21ff

Glaubensartikel annimmt, sei sein Fleisch auch schon sofort abgestorben und der reine Geistesmensch allein sei nun vorhanden in ihm ... der ist einer der wohl erfolgreichsten Fallen des Feindes erlegen. Denn selbst unser geliebter Apostel Paulus spricht noch im Brief an die Philipper davon, wie er weiß, dass er 'noch nicht am Ziel ist', und an anderer Stelle, wie er fortwährend seinem Fleisch erbitterten Widerstand leisten muss. Auch unser Messias selbst hat nicht erst angefangen zu sterben, als er schon am physischen Kreuze hing. Vielmehr dürfte sein Absterben begonnen haben, als er diese Welt betreten hat, als er seine Herrlichkeit ablegte für diese verhältnismäßig kurze Zeit, als er es 'nicht für einen Raub erachtete', den Menschenkindern gleich zu werden. 'Das Kreuz auf sich nehmen' beginnt aus dieser göttlichen Perspektive bereits, wenn die göttliche Seele[75] sich mit dem Fleisch beladen muss, um in diese Weltzeit einzutreten als fleischlicher Mensch, als 'lebendige Seele'. Nur, können wir uns das in unserem gefallenen Zustand wirklich vorstellen? Welches Opfer es für unseren Schöpfer ist, uns immer und immer wieder aufs Neue, wenn einer von uns in diese Welt hinein geboren wird, mit einem Funken seiner Göttlichkeit auszustatten, uns seinen Odem einzuhauchen? Wenn auch wir dieses Göttliche in uns 'natürlicherweise' kaum bis nie als solches empfinden[76]. Das Göttliche selbst allerdings wird all dies immer genau so empfinden und erleben, wie es tatsächlich auch ist. Unser Vater im Himmel

---

75 ... die 'Neschamah', die uns in Genesis 2 eingehaucht wird

76 ... höchstens hier und da mal als 'quälendes Gewissen', oder im angenehmeren Fall, und dafür umso eher noch missverstanden, als 'geniale Kreativität'

erlebt und erleidet deshalb alles mit uns mit, lässt uns in keinem Bruchteil eines Augenblicks allein mit uns selbst, sondern ist immer anwesend. Nicht unbedeutend daher, dass sein hebräischer Name aus den vier Buchstaben (J-H-W-H) auch als ‚Er ist der Fall' übersetzt werden kann[77]; denn Er ist es, der den Fall bewirkt hat am Anfang der Tage, und der gleichzeitig diesen Fall in Gänze mitmacht – Er selbst IST also wirklich dieser Fall des Göttlichen in die verdorbene Schöpfung hinein. Oder noch ‚philosophischer' verstanden: Immer, wenn in der Thorah ‚(denn) Ich bin Jahweh'[78] geschrieben steht, kann das auch als ‚(denn) das (täuschbare) Ich[79] ist der Fall (ins Unheil)'[80] gelesen werden. Unser täuschbares, egoistisches Selbst ist es also, das diesen ursprünglichen Fall des Göttlichen in die verkommene Schöpfung hinab geradezu verkörpert. Und unsere Aufgabe besteht nun darin, uns von ‚uns selbst' in diesem Sinne wieder zu befreien; befreien zu LASSEN, und zwar durch denjenigen Aspekt des Göttlichen, der im Gegensatz zu unserem eigenen ‚göttlichen Seelenfunken' nie die Verbindung zu seiner himmlischen, unversehrten und unversehrbaren Quelle (dem ‚Vater im Himmel') eingebüßt hat, und dennoch bis zu uns hinunter gestiegen ist: Maschiach Jeschua.

ER wird uns bei unserem Feldzug gegen das eigene

---

77 … hierauf weist insbesondere Axel Nitzschke, sein Andenken zum Segen, in seinen Schriften desöfteren hin

78 … hebr. ‚(ki) Ani JHWH'

79 … wörtlich auch: ‚meine (eigene) Verdrehtheit'

80 … hebr. ‚ki oni jehowah'

Fleisch befehligen, rechtleiten. Den Kampf FÜHREN müssen wir selber. Aber ausgestattet sind wir durch ihn mit der ganzen ‚Waffenrüstung Gottes' (Epheser 6,13ff): ‚Gürtel der Wahrheit', ‚Bauchpanzer der Gerechtigkeit', ‚Schuhe der Bereitschaft zur Friedensverkündigung', ‚Schild des Glaubens', ‚Helm des Heils', ‚Schwert des Geistes' und 'stets ein Gebet auf den Lippen' für die Mitstreiter.

Die erlebte Wahrheit markiert an uns selbst die Mitte zwischen unterem und oberem Menschen, zwischen dem, das dem verfluchten Erdboden zugehört, und dem, das nach oben zum Himmlischen hin deutet. Die Gerechtigkeit, um die wir im Umgang mit jedem Mitmenschen bemüht sind, schützt unser Innerstes mitsamt unserem Gewissen und unserem so verletzlichen Fühlen vor Beschädigung vom ‚Außen' her. Die Bereitschaft, die frohe Botschaft des Friedens, des göttlichen Schalom, des ewigen Ausgleichs zu verkündigen, beschirmt und beflügelt unseren Wandel und trennt uns zumindest schon mal hauchdünn von dem verfluchten Erdboden, an den uns die Schwerkraft noch fesselt. Der Glaube[81] wehrt für uns alle Angriffe des Widersachers ab, die uns traumatisieren und somit in unsichtbare, uns schmerzhaft fesselnde Ketten legen wollen. Das Heil, das Hoffen auf und Wissen um die einstmalige Vervollständigung unserer Existenz durch die Einswerdung mit unserem Haupt (welches ist Christus), hält dieses unser Haupt für uns in Unverletzlichkeit, auf dass es uns ohne jede

---

81 ... das ist die Überzeugung vom Wohlwollen ades Ewigen, das unerschütterliche Vertrauen auf seine weise Rechtleitung und die Treue, danach auch zu handeln

Beeinträchtigung leiten kann. Das Schwert des Geistes, das Wort Gottes, ist uns einzige Angriffswaffe, mit der wir Mark von Bein scheiden können, Seelisches, Fleischliches von tatsächlich Geistigem zu unterscheiden vermögen, bei uns selbst wie bei anderen Menschen und deren Verhaltensweisen und Worten. Und das ständige Beten auch für unsere Mitstreiter, ob wir sie persönlich kennen oder nicht, bettet uns ein in die Ganzheit des Leibes Christi, in dem wir uns geborgen wissen, selbst wenn wir äußerlich auch mal ganz allein erscheinen mögen.

Jetzt wollen wir doch einmal auch die Spuren des Kreuzes in der Bibel verfolgen, wie sie sich schon so lange VOR dem Großen Werk unseres Königs zeigen, von welchem die Schriften des sogenannten ‚Neuen Testaments' berichten. Und anhand eines jeden hier näher betrachteten Beispiels soll ein bestimmter Aspekt aufgezeigt werden, der den tatsächlichen Gang zum Kreuz des Messias-Jüngers kennzeichnen wird.

Es beginnt mit dem ganz Grundsätzlichen bereits in der Schöpfungsgeschichte. Das Thema hier: Die ständige Wahl zwischen zwei Wegen, die eigentlich ein einziger sind, sobald man sich für den richtigen entscheidet. Die Wahl hat der Mensch von Anfang an zwischen dem ‚Baum des Lebens' und dem ‚Baum der Erkenntnis von Gut und Böse', den wir auch treffend als den ‚Baum des Todes' bezeichnen dürfen, indem er im Laufe der Erzählung zu ebendiesem wird, den Tod bringend, als direkter Gegensatz zum Baum des Lebens, den man ‚versehentlich' verworfen hat, als man stattdessen zum ‚Verbotenen' gegriffen hat.

Ein einziger Weg sind beide Bäume deshalb in Wahrheit, weil die ‚Erkenntnis von Gut und Böse' uns so oder so zu Teil wird. Am Ende nämlich, in der letzten Vision der sogenannten ‚Offenbarung des Johannes', haben wir den langen, beschwerlichen Weg über den Baum der Erkenntnis von Gut und Böse endlich bewältigt und dürfen uns dank dem Beistand des Ewigen nun zusätzlich vom Baum des Lebens speisen. Hätten wir anfänglich gar nicht vom Baum der Erkenntnis von Gut und Böse gegessen, sondern direkt vom Baum des Lebens, wäre uns zwar theoretisch der beschwerliche Weg erspart geblieben, doch wüssten wir von dessen Möglichkeit und von dessen detaillierter Gestalt für uns in gleichem Maße, da wir durch den Genuss der Früchte des Lebensbaumes ja letztlich ganz eins mit unserem Schöpfer geworden sind, mitsamt all seiner Einsicht auch in diejenigen Dinge, die in unserer jeweiligen Weltzeit nicht realisiert sein mögen.

Nun mag dies wie eine philosophische Spitzfindigkeit wirken, doch es sei darauf verwiesen, dass die jüdische Tradition schon immer davon berichtet, dass die beiden Bäume im Garten aus EINER Wurzel wachsen und die ‚Ursünde' Adams gerade darin besteht, die beiden Bäume voneinander zu trennen. Und zudem seien wir eingedenk, dass die eben umrissene THEORETISCHE Möglichkeit, direkt vom Baum des Lebens gegessen zu haben, den Abweg über den Baum des Todes uns also erspart zu haben, eben nur das ist: theoretisch. In der erlebten Wirklichkeit ist es eben so gekommen, dass wir uns für den Ungehorsam entschieden haben – und das hatte unser Schöpfer selbstverständlich auch vorher schon ,gewusst'. Unterm Strich also, war es von Anfang an ,Sein Plan', uns von beiden Bäumen essen zu lassen. Und weil Er als der Ewige eine jede Welt der Zeitlichkeit aus der Ewigkeit heraus gestaltet, ist von seiner Perspektive her auch die Unterscheidung in den langen, schmerzhaften Weg des Baumes des Todes, und den direkten Genuss vom Baum des Lebens nicht notwendig: Beide Wege sind Eins für die Ewigkeit, und führen letztlich beide zurück in die Ewigkeit zu Ihm. Jeschua als der Baum des Lebens errettet uns entweder aus unserem zwischenzeitlichen Abweg, oder Er ist ohnehin unser Ein und Alles von Anfang an und ohne Unterbrechung. Und eigentlich eben beides gleichzeitig.

Doch genug dieser abstrakten Abwägungen. Essentiell bei dieser Thematik ist für den Einzelnen, dass er in jedem Moment aufs Neue wählen darf, wählen MUSS: Baum des Lebens oder Baum des Todes? Der Baum des Todes glitzert und hat in der Welt viele Fürsprecher, die sich gerade selbst von ihm am speisen sind. Der Baum des Lebens schaut dagegen in unserer verzerrten Wahrnehmung des Alten Menschen aus, wie der Tod selbst: wie das KREUZ nämlich, an dem wir sterben sollen. Kein Wunder also, dass Adam ,damals im Garten' sich ,als seine Frau Eva verführen ließ', vom anderen Baum zu essen …

Ein nächster essentieller Punkt des ,Ans-Kreuz-Gehens', auf den man stößt, folgt man der Erzählung der Heiligen Schrift sozusagen ,chronologisch', lässt sich vielleicht folgendermaßen in eine Überschrift gießen: ,Das gelebte Gleichnis, das mehr Gewicht hat, als das Leben selbst'. Und hier handelt es sich um die Geschichte von Kain und Abel: Das Blut Abels, dessen Geschrei in den Himmel dringt, ist das ‚Gleichnis', das selbst nach dem Tod dessen, der es gelebt hat, noch Wirkung entfaltet, ja: Wirkung bis in das ‚Himmlische' hinauf, den starken Arm des Ewiglebendigen in Bewegung setzend! Denn ‚Blut', dieses Wort im Hebräischen (‚Dam') kann auch ‚Gleichendes' bedeuten. Und damit wird das Verständnis etabliert, dass die Lebenskraft eines Menschen sich nicht in seinem physischen Lebendigsein erschöpft, sondern eben auch nach dem ‚Sterben' des Geschöpfes ein Faktor für diese gesamte Schöpfung bleibt in dem Maße, wie sich während des physischen, fleischlichen Lebens diese Lebenskraft in der Weltzeit verwirklicht hat – und im Falle eines ‚gerechten' Lebens ist dieser Faktor gar so wirkmächtig, dass er seine Wirkung von da an aus der Ewigkeit heraus in diese Weltzeit hinein sendet, als das direkte Eingreifen des Ewigen zu Gunsten der (in dieser Weltzeit ‚von Innen betrachtet' nicht immer sofort sichtbaren) Gerechtigkeit: die letztendliche Berichtigung von allem Nicht-Ausgeglichenen, oder biblischer ausgedrückt, das ‚Letzte Gericht', das den ‚Schalom' herstellt für die Gerechten. Und hier heißt ‚zuletzt' nicht in erster Linie einen Zeitpunkt betreffend, der am Ende einer linearen Zeit steht, sondern dieses ‚zuletzt' ist IMMER der Abschluss eines subjektiven Erfassens, zu-Ende-Erlebens, ein Vollenden und Vervollständigen der bisher nur bruchstückhaften Sicht- und Erlebnisweise auf ein Verhältnis Seinerselbst zum Umfassenden.

Ebenso meint das ‚bald' im ersten Vers der Johannes-

Offenbarung kein bloß linear-zeitliches ‚gleich darauf‘, sondern eher so etwas wie ein immer gültiges ‚in jedem Moment, der als vervollständigend auf den vorherigen folgend erlebt wird‘. Wann genau finden also statt all die Ereignisse der sogenannten ‚Offenbarung‘, das heißt, der ‚Aufdeckung und Ent-Deckung Jesu Christi‘ (Offb. 1,1), genauer: das Entdecken der immer-während Anwesenheit Jesu Christi, des zur Herrschaft über alles Gesalbten Beistandes durch das Ewige selbst? In jedem Moment finden sie statt, wo das Individuum sein subjektives Erleben des eigenen Schicksals als nicht weniger empfinden darf als die heilende Vervollständigung der ohne ihn sinnlosen Welt. In diesem Erleben nämlich wird genau jener ‚Beistand des Ewigen‘ offenbar in der Weise, dass er als immer schon anwesend erkannt wird. Die sogenannte ‚Parousia‘, ‚Präsenz‘ Christi, wie Er selbst sie uns versprochen hat: ‚Ich bin bei euch alle Tage, bis zur Vollendung der Zeitalter‘ (Matthäus 28,20b). Hallelujah!

Die beiden bisher besprochenen Aspekte der Bereitschaft zum Gekreuzigt-Werden stellen eher grundlegende, aber noch nicht an sich herausfordernde Kriterien dar. Sie bereiten erst den geistigen Boden, um in diesen dann sich selbst als das Samenkorn hinein zu säen – als das Samenkorn, das eben erst sterben muss, um Frucht bringen zu können (vgl. Johannes 12,24). Der nun dritte Punkt, der angesprochen werden soll, behandelt aber jetzt diesen eigentlichen Akt des Loslassens, die tatsächliche Bereitschaft, den Tod auf sich zu nehmen, und er zeigt sich besonders klar in der sogenannten ‚Bindung des Isaak‘[82]. Hier geht es namentlich um das Vertrauen auf die (rechtzeitige) Errettung des Wesentlichen beim Aufopfern des Besten, was man hat, für seinen Gott. Vertraue ich wirklich darauf, dass es ’sich lohnen‘ wird, wenn ich alles aufgebe, was ich bis hierher an Werten in meinem Leben angehäuft habe[83]? Vertraue ich darauf, dass mein Gott es nicht zulassen wird, dass ich im Zuge dieser Opferbereitschaft etwas unwiederbringlich verschwinden lasse, das Ihm und damit auch meinem eigenen wahren Wesenskern noch dienlich sein kann? Oder stelle ich womöglich noch immer meine eigene, menschlich-beschränkte Perspektive über Seinen weisen Ratschluss und über das Vertrauen in Seinen besten Willen für mich? Hier entscheidet sich erst, ob ich wirklich bereit bin, das mir Wertvollste in der Welt[84] hinzugeben, um dafür etwas erhoffen zu dürfen, das sich zwar VIELLEICHT auch in der Welt ZEIGEN wird, wenn der Ewige das so bestimmt, das aber selbst essentiell ’nicht von dieser Welt‘ ist und das mir deshalb als solches auch nicht innerhalb dieser Welt zuteil werden kann (als ‚Teil dieser Welt‘ also), sondern nur DURCH diese Welt (also ‚vermittels dieser Welt‘). Aber dafür muss ich eben dieser Welt ganz absterben, trotzdem mein Fleisch weiter in ihr und an sie gebunden ist, wie Isaak auf das Holz gebunden ist, wie unser Messias auf das Kreuz geheftet ist. Und die

---

82 … oder ‚Opferung des Isaak‘, wobei aber ja die Opferung ISAAKs dann doch nicht stattfindet

83 … so viel oder wenig es individuell auch sei; es ist eben ‚Alles‘

84 … was es auch in diesem oder jenem Moment des Lebenslaufes gerade sei

Erlösung wird sich darin zeigen, dass das Fleisch stirbt, aber der Geist auflebt. So sieht Abraham dann auch rechtzeitig den ‚Widder‘, mit seinem ‚Geweih im Dornengestrüpp‘ verfangen; unschwer zu identifizieren als den Vorschatten des Messias, des ‚Lammes Gottes‘, mit seinem ‚Haupt von den Dornen des Spottes seiner Mörder gekrönt‘. Abraham und Isaak sehen hierdurch, wie heute auch wir es sehen dürfen, dass da ein Größerer sich stellvertretend selbst hingibt, und somit zu UNSEREM Besten denjenigen Tod unschuldig auf sich nimmt, als ‚Lamm zur Schlachtbank‘, den WIR eigentlich verdient haben, den wir eigentlich auf uns nehmen müssen, auf dass wir so durch dieses Opfer jenes Größeren, aus reiner Gnade unseres Königs also, DENNOCH leben dürfen. Könnten wir nach diesem Anblick dann etwa noch allein FÜR UNS SELBST leben wollen?

Nach den bisher behandelten drei Beispielen aus der biblischen Vorgeschichte, den Berichten des sogenannten Buches Genesis, gehen wir nun zur zweiten Buchrolle der Thorah über und befassen uns dort mit dem Pessach-Opfer, dem wahrscheinlich bekanntesten Vorschatten des Kreuzestodes unseres Messias, zu dem im Rahmen des ‚Exodus‘ der Kinder Israels wohl entscheidendsten Ereignis überhaupt, wird hier doch ihr ultimatives Vertrauen auf ihren Gott verlangt und todernst geprüft, um dann mit der Befreiung aus der Sklaverei Ägyptens belohnt zu werden.

Es sollte hier wohl einmal umrissen werden, was es mit ‚Ägypten‘ in der Bibel grundsätzlich auf sich hat, und besonders, was mit der ‚Befreiung der Kinder

76

Israels aus der Knechtschaft Ägyptens' auch heute noch für jeden Einzelnen gemeint ist, der sich die Bibel zu seiner individuellen Grundlage zu machen gedenkt.

‚Ägypten', das ist im Hebräischen ‚Mitzrajim', ein Wort, das man auf so vielfältige Weise übersetzen kann, dass hier nur anhand seiner Wort-Wurzel auf einige Aspekte verwiesen werden kann: ‚Tzar' ist die ‚Bedrängnis', aber auch die ‚Form' als ein Begrenzendes. Außerdem wird der ‚Fels' genauso geschrieben[85]. Die Endung ‚-ajim' deutet traditionell auf einen sogenannten ‚Dual' hin, also auf eine ‚Beidseitigkeit', etwa im Sinne des ‚von beiden Seiten in der Form eingezwängt sein's, oder noch allgemeiner auf das Prinzip von Dualität überhaupt, die Zweiheit, in die alles in der äußerlichen Welt zerfällt, will man es verstehen und analysieren. Für dies alles steht ‚Ägypten' in der Bibel. Und dass es außerdem mit ‚Knechtschaft', mit dem Gefangen-Halten des Gottesvolkes und mit Weltherrschaft assoziiert ist, macht es zu einem sehr prototypischen Bild für jegliche sogenannte ‚Hochkultur' oder ‚führende Zivilisation'. Nichtsdestotrotz ist Ägypten als der ‚Schmelzofen' auch von einer gewissen Nützlichkeit im großen Plan des Ewigen, indem wir als das zu formende Volk dort erst zu einem solchen werden, und indem wir im Zuge des immer mehr und heftiger Geknechtet-Werdens mit der Zeit uns erst unserer Situation bewusst werden und nach Beistand und Errettung durch das Ewige zu schreien beginnen. Auch nehmen wir am Ende bei unserem Auszug aus Ägypten von dort allerlei ‚Gold und Silber' mit, aus

---

85 … und auch die phönizische Stadt ‚Tyrus' gelegentlich

dem dann in der Wüste die erste Wohnung Gottes unter den Menschen nach Anweisung des Ewigen gebaut werden wird. Ägypten hat also trotz allem seine Berechtigung im sogenannten ‚Heilsplan'. Und trotzdem sollen wir Ägypten nicht dienen, nicht in Ägypten BLEIBEN (selbst wenn wir wie Abraham oder Josef zwischenzeitlich notwendigerweise von Gott selbst einmal dorthin geführt werden).

Allerdings, wenn wir erst mal ‚drin sind' in Ägypten, lässt uns Pharao nicht mehr freiwillig weg[86]. Und hier kommt dann das ‚Pessach-Opfer' zum Zuge, ohne das wir unmöglich dem endgültigen Gericht über Ägypten hätten entgehen können, nachdem dieses schon zuvor durch die vorangegangenen neun Schläge des Ewigen in Trümmer gelegt worden war.

Was lernen wir aus dem Pessach-Opfer? Für die Zwecke dieses Artikels wollen wir den Fokus auf einen bestimmten Aspekt legen. Das geforderte einjährige, makellose, männliche Lamm, Schaf oder Ziege, gibt Wolle und zeugt potentiell noch viele Nachkommen, von denen wiederum Wolle erzeugt wird und von den weiblichen sogar noch Milch. Das Opfertier hätte also lebendig einige Anreize, wäre wohl eine Quelle von materiellem Gut ein Leben lang: Nahrung und Kleidung würden direkt oder indirekt von ihm bezogen werden können, das sind die grundlegenden materiellen Bedürfnisse des Menschen. Dennoch hat dieses Tier nun in seinem

---

86 … Pharao ist natürlich ein Bild des Erzfeindes überhaupt, der die Gotteskinder erst – zu Josefs Zeiten – zu sich lockt und scheinbar gut versorgt, dann aber bald sein wahres Gesicht zeigt, wenn sich das Gottesvolk bereits all zu sehr in Ägypten ‚eingerichtet' hat und eigentlich schon gar nicht mehr weg will …

Tod einen noch größeren Wert, gar einen Wert auf einer völlig anderen Ebene, welche gar nicht mit materiellen Gütern aufzuwiegen ist. Das vergossene Blut des Tieres nämlich dient nach Gottes Willen als einzig mögliches Mittel zur Errettung vor dem ‚Verderber‘, der durch Ägyptenland gesandt wird, um alle Erstgeburt zu töten. Es verkörpert sich also im Pessach-Lamm und seiner Opferung das Wissen, dass im Tod mehr erreicht werden wird, als in jeglichem ganzen Leben möglich wäre. Ein ähnliches Bild bietet im Buch der Richter übrigens auch Simsons ‚Selbstmordattentat‘ (Richter 16,30).

Ein weiterer Vorschatten des Kreuzes, der sich ebenfalls schon in der Thorah findet, der aber leicht als vermeintliche Nebensächlichkeit in den Hintergrund treten kann, wenn man ihn eben nicht als einen solchen Vorschatten des Großen Werkes begreift, soll im Folgenden einmal näher beleuchtet werden. Es handelt sich dabei um die des Öfteren (im Buch Levitikus) anzutreffende Empfehlung im Rahmen von Opfergaben-Anweisungen, die darzubringenden Bestandteile des Opfers ‚auf dem Holz zuzurichten‘. Was sich hierin ausdrückt, ist die wichtige Einsicht, dass erst die materielle Verwirklichung eines Vorsatzes von solcher Wirkung sein kann, dass auch tatsächlich der ‚Rauch aufsteigt zum lieblichen Geruch für den Herrn‘, das Opfer also in den Himmel zum Ewigen vordringt und es dadurch zu einer Wechselwirkung mit dem Ewigen kommen kann.

Denn die Formulierung ‚auf dem Holz‘ meint natürlich, neben der zunächst oberflächlichen, plastisch-praktischen Bedeutung, das zu Opfernde

79

dem Feuer auszusetzen, welches mit besagtem Holz genährt wird, auch, dass das Dargebrachte eben in der Realität des ‚Holzes‘, des KREUZES, in der materiellen Welt mit all ihrer Schwere und Härte erscheinen muss. Es genügt niemals, ‚geistige Opfergaben‘ in einem abstrakten (und damit de facto illusionären) ‚Raum des Geistigen‘ darzubringen. Denn auch alles Geistige benötigt, wenn es mehr als ein flimmerndes Phantom sein will, das Materielle als Vehikel, in dem es erscheint. Der Zusammenhang von Geist und Materie war, ist und wird niemals ein oppositioneller sein, sondern stets ein ambivalenter, als eine Einheit bestehend aus ‚Innen‘ und ‚Außen‘, aus ‚männlich und weiblich‘. Und wer den Geist so verstehen will, dass dieser die Materie insgesamt überflüssig mache, der befindet sich bereits (bewusst oder unbewusst) auf einem unheiligen Feldzug gegen das Göttliche in dessen Dimension der Weiblichkeit, und in letzter Konsequenz dadurch im Krieg gegen die sogenannte ‚Shekhinah‘ selbst, gegen jede Art von göttlicher ‚Einwohnung‘ innerhalb der Schöpfung. Kein Wunder dann, wenn sich diese innere Haltung auch äußerlich in einer Verachtung des ‚biologisch-weiblichen‘ Geschlechtes niederschlägt.

Daher wird der getreue Jünger unseres Messias darum bemüht sein, insbesondere auch die Empfehlungen des Jakobus-Briefes ernstzunehmen, allen ausgesprochenen Segenswünschen immer auch segnende TATEN mitzugeben. Gleichermaßen wird er sich selbst, als das eigentliche Opfer, das er bringen kann, nicht nur im Abstrakten und in schönen Worten, sondern so konkret wie möglich, durch persönliche Hingabe, darbringen: nämlich ‚auf dem Holz zugerichtet', das heißt, wirklich bereit, den Flammen ausgeliefert zu werden, um verzehrt zu werden dort auf den ‚Brettern', die eben tatsächlich ‚die Welt bedeuten'. Die ganze eigene ‚Person', die Maske also, die man als diese Figur hier im Weltlich-Zeitlichen tragen muss, um wahrgenommen zu werden, gilt es wie in einem Theaterstück ganz den Wünschen des Regisseurs gemäß zu spielen; nicht irgendwelchen flüchtigen Gelüsten des Charakters entsprechend, den die Maske in dem gerade aufgeführten Stück am repräsentieren ist – sondern einzig und allein der ‚Story' dienend, wie sie dem Publikum zu vermitteln ist, um die ‚Katharsis' zu ermöglichen, die Läuterung als Ideal vor Augen zu stellen, das Erlösung verheißt. Und wir sind wieder beim Stichwort ‚gelebtes Gleichnis', das für den Himmel mehr wert ist, als der Lebenslauf selbst, der dieses Gleichnis am leben ist.

Kurzer Einschub: Für eine Menge von knapp gehaltenen, aber durchaus inhaltsschweren und oft sehr erbaulichen Untersuchungen alttestamentlicher Bezugnahmen auf das Kreuz Christi sei hier zuletzt mit einem Satz das Büchlein ‚Spuren zum Kreuz' vom Prediger Wilhelm Busch empfohlen[87].

So. Nun gilt es aber dringlichst eines klarzustellen: Alles bisherige war im Grunde nur Theorie. Diese kann zwar erstaunliche Hilfe beim innerlichen Verdauen gewisser Realitäten leisten, ist aber am Ende dennoch wertlos, wenn sie nicht die Praxis mit sich bringt, von der die Mitmenschen etwas haben.

---

87 … im Internet leicht als kostenloses PDF zu finden

Ohne die Liebe Gottes, die durch einen selbst an die Mitmenschen weitergegeben wird, bleibt das ‚Kreuz-auf-sich-Nehmen' eine sinnlose Selbstgeißelung, gar ein greulicher Götzendienst, bei dem wiederum nur das eigene Ego, und wenn auch in neuer, verzerrter Gestalt, auf den Thron gesetzt worden ist.

Bin ich also im Vertrauen auf meinen König und seine Kraft und Macht so weit gefestigt, dass ich hinreichend in mir selbst ruhe, dann habe ich die Kapazität, alle weitere Kraft, die mir von Ihm zufließt, da hinein zu leiten, nun wirklich an mir selbst arbeiten zu lassen. Das heißt, dass von da an keine Ausreden mehr greifen können, nach dem Motto ‚dieses oder jenes bindet meine Kräfte zu sehr, als dass ich hier und dort noch weiteres erreichen könnte'. Denn solches sind die Argumentationen des Alten Menschen, der ohnehin absterben muss, dem nicht mehr nachgegeben werden darf. Der Neue Mensch dagegen, der sich zunehmend Ausdruck verleiht in mir, stellt alle seine freien Ressourcen in den Kampf gegen diesen Alten Menschen, um auszutreiben, was dem Tempel des lebendigen Gottes nicht würdig ist, was nicht dem Wesen unseres Himmlischen Königs und geliebten Messias entspricht. Und genau DIESER Kampf des Neuen gegen den Alten Menschen ist es dann eigentlich erst, der das tatsächliche ‚Auf-sich-Nehmen des Kreuzes' kennzeichnet.

Was sind nun einige typische ‚alt-menschliche' Charakterzüge und Verhaltensweisen, die so dringend durch die Reinheit unseres Meisters ersetzt werden müssen?

Wenn auch wohl gemeinhin mit dem an sich freilich sehr fragwürdigen Katholizismus assoziiert, sind doch die sogenannten ‚7 Todsünden' als klassische Beispiele für solcherlei Charakterzüge unbedingt einmal zu nennen: Hochmut/Eitelkeit, Habsucht/Geiz, Lüsternheit/Genusssucht, Jähzorn/Rachsucht, Maßlosigkeit/Völlerei, Eifersucht/Missgunst, Faulheit/Trägheit. Allesamt die Entgleisungen (in die eine oder andere Richtung) von sieben göttlichen ‚Tugenden' oder Charakterzügen: Selbstzufriedenheit, Vorsicht, Wonnebereitschaft, Gerechtigkeitsempfinden, Hingabe, Eifer, Gelassenheit. Wer ehrlich zu sich selbst ist, sollte genug von den besagten Entgleisungen dieser Sieben bei sich in der Seele finden, sofern er noch nicht völlig der Welt abgestorben ist. Manch eine dieser krummen Eigenschaften mag sich geschickt zu tarnen schaffen, wenn ich nicht allzu ambitioniert nach derlei dunklen Flecken in mir Ausschau halte – aber bei eingehender Selbstbetrachtung werde ich mich nicht endlos täuschen können und früher oder später wahrscheinlich in jedem dieser sieben Bereiche etwas in mir finden, das eindeutig noch nicht mit den Wesenszügen des Christus übereinstimmt.

Weil nun aber diese sieben Begriffe so ideologisch vorbelastet und für viele wohl auch pseudo-moralisch aufgeladen sind, empfiehlt es sich vielleicht, einmal auch konkretere Beispiele anzusprechen, die letztlich alle irgendwie unter eine dieser sieben Kategorien untergeordnet werden könnten, wenn man ein Freund von schematischer Systematisierung ist.

Da wäre zum Beispiel: das Vergeben-Können. Wie

viele Menschen hadern ihr Leben lang mit Dingen, die an ihnen nagen, die sie zwar gar nicht 'selbst verschuldet' haben, sondern die ihnen widerfahren sind, die sie aber dann im Nachgang als unzulässige Ausreden für dieses oder jenes Verhalten, für diese oder jene wenig hilfreiche Angewohnheit oder Sichtweise auf die Welt und die Mitmenschen missbrauchen. Und wie vieles würde erlöst werden in uns selbst, könnten wir dann dem (wenn auch vielleicht nur vermeintlichen) Verursacher der betreffenden Geschehnisse vergeben?! Aber so einfach sich das abstrakt vermuten lässt, so schwer ist es dann oft in der Umsetzung. Was dabei dann die genauen Hindernisse sind, mag ganz unterschiedlich sein: falscher Stolz, Rachsucht, Selbstmitleid oder sogar bloße Trägheit, ein Thema endlich gedanklich anzugehen, Gewohnheiten zu hinterfragen und gegebenenfalls zu überwinden. Überhaupt: Gewohnheiten ändern zu wollen ist etwas, das uns (Alten) Menschen gar nicht leicht fällt. Wohlgemerkt: Erst einmal ist hier nur die Rede vom Ändern-WOLLEN! Der primäre Entschluss ist es oft schon, zu dem man sich nicht einmal hinreißen kann. Denn wir müssten dazu oft unsere bisherigen Fehleinsichten korrigieren – korrigieren LASSEN. Und das geht uns wiederum an den sogenannten Stolz, oder es scheitert einfach an der Trägheit unseres Herzens.

Grundsätzlich scheint uns sehr häufig einfach ein gewisser Antrieb zu fehlen, Dinge endlich anzugehen, die uns nicht von der Welt um uns herum abverlangt werden, sondern die uns eben unser Gott empfiehlt, und für die die besagte Welt um uns herum

84

oft im Gegenteil gar kein Verständnis hat, uns womöglich noch misstrauisch anguckt, wenn wir ihr in einer solchen Sache aufzufallen beginnen … ‚Einsatz zeigen' ist also etwas, das wir in Fragen unseres Wandels mit dem Messias jeden Tag aufs Neue WOLLEN müssen, aus uns selbst heraus. Die Umwelt wird uns dazu nicht sonderlich antreiben. Höchstens unser Vater im Himmel, VERMITTELS unserer Umwelt, wenn er uns aus Liebe züchtigt. Jedoch, leichter haben wir es eigentlich, wenn wir schon vorher dran denken …

Ein weiteres wichtiges Themenfeld in unserer hektischen Jetzt-Zeit ist sicherlich, sich in jeglicher Hinsicht in Geduld zu üben, sich auch nicht reizen oder gar provozieren zu lassen von Kräften, die uns aus der Reserve locken möchten, um uns wieder der Welt anzugleichen. Wie leicht fühlen wir uns doch ‚berechtigt', wütend zu werden, gehässig zu sein, sarkastisch oder zynisch zu reagieren … und merken dabei nicht, wie die Falle des Feindes wieder zugeschnappt hat. Denn der uns da gereizt und verführt hat, solches Verhalten zu zeigen, das war nur in seeehr begrenztem Maße der jeweilige Mensch, über den uns diese Prüfung in dem Moment dann erreicht hat, uns gestellt wurde … nein, wie immer war auch hier dieser Mensch nur das unwissende Handpüppchen des ewigen SCHLEIFSTEINES, des sogenannten ‚Feindes', dem wir uns selbst ausgesetzt haben, indem wir uns nicht voll und ganz an unseren Gott gehalten haben. So ließ dieser unser Gott uns in die Versuchung hinein rennen, uns zu prüfen und mal wieder vor Augen zu führen, wo wir erst stehen.

Machen wir uns solcherlei Situationen, wenn sie uns

85

auch immer mal wieder überrumpeln, dann aber konsequent bewusst, so können wir mit der Zeit und mit der Hilfe unseres Vaters im Himmel immer öfter von unserer kurzsichtigen und völlig unangebrachten Überheblichkeit ablassen, insbesondere auch von jener Überheblichkeit, die schon lange gar nicht mehr äußerlich ausgelebt wird, sondern sich um so geschickter und teuflischer innerlich verbarrikadiert hat, sich in Trotz und Stolz eingehüllt hat, und aus dem Verborgenen heraus in unser Verhalten und vor allem in unser Denken und Bewerten eingreift. Gestehen wir uns diese erbärmliche Überheblichkeit ein, und wenn auch wieder erst, nachdem wir hart vom Vater gezüchtigt worden sind wegen ihr, dann lernen wir von Christus nach und nach, wie wir diese unnütze Denkfalle von vorneherein vermeiden können. Hätte nicht Jeschua so viel mehr vermeintliche Gründe gehabt als wir, überheblich gegenüber der ganzen Mitmenschenwelt zu empfinden? Aber was tat sich in Ihm stattdessen? Mitgefühl, Er litt mit ihnen allen, die Ihn in ihrer Verblendung hassten und ablehnten, bat auch für sie um Vergebung. Und wenn Er etwas gegen jemanden vorzubringen hatte, dann tat Er es in eiferndem Zorn, ohne die Kontrolle zu verlieren, und dennoch mit Vollmacht und gewaltigen Worten und zeichenhaften Handlungen! In sich selbst hinein gefressen hat unser König nichts, im Zweifelsfall hat Er es in der Einsamkeit seiner Gebete dem Vater im Himmel vorgetragen und bei Ihm die Kraft getankt, die ihm die unverständigen Mitmenschen vielleicht ständig am entziehen waren. Aber diesen Menschen hätte Er das niemals vorgeworfen. Im Gegenteil: Es war ja seine Mission, sich selbst ganz hinzugeben – wieso hätte Er also mit irgendwem hadern sollen, der sich da so an Ihm labte, und wenn auch auf Seine Kosten?!

Am Ende gilt es deshalb, ein so umfassendes Wohlwollen allen unseren Mitmenschen gegenüber zu entfalten, wie es unser König vorgelebt hat, als Er hier mit uns auf Erden im Fleisch gewandelt ist. Ein Wohlwollen, das nicht mehr unterscheidet zwischen mir und ,den anderen', nur noch zwischen verschiedenen Perspektiven auf ein und das selbe: auf das Leben in dieser gefallenen Welt, als gefallene Menschen im Fleisch; ein Leben, das dem Untergang geweiht ist, insofern es nicht über sich selbst hinaus zu weisen schafft.

Abschließend seien nun am Beispiel des Kreuzestodes unseres Messias noch zwei sehr schwierige Prüfungen betrachtet, die uns jederzeit als Seine Jünger (in mehr oder weniger dramatischer Ausprägung) erwarten können, und die Er am Kreuz sterbend in so besonders erschütternder Weise gemeistert hat. Das ist erstens: die eigentlich verdiente Strafe für seine Geliebten an deren Stelle SELBST zu tragen, um ihnen diese Last abzunehmen; und zweitens: der kommenden Generation zuliebe, selbst im Fleisch das Ziel, für das man kämpft, nicht mehr erreicht sehen, sich selbst also völlig für die Sache aufzugeben, ohne Gewissheit, in dieser Welt noch den Sieg erleben zu dürfen - oder gar mit der ausdrücklichen Gewissheit, diesen Sieg *keinesfalls* mehr in dieser Welt erleben zu können.

Diese zwei Prüfungen verkörpern sich nun beim

87

Kreuzestod Jeschuas in zwei bestimmten Bezügen zur Heiligen Schrift.

Die erste Thematik entspricht dem sogenannten ‚Eifersuchtsfluch‘ aus der Thorah[88], einem Ritus, bei dem ein Kelch mit ‚bitterem, verfluchtem Wasser‘ ganz spezifischer Anmischung[89] einer mutmaßlich ehebrecherischen Frau zu trinken gegeben wird, um dadurch herauszufinden, ob der Fluch[90] sie aufgrund ihrer Schuld treffen wird, oder ob sie doch unschuldig ist und daher unbeschadet aus der Prüfung hervorgeht. Jeschua nimmt nun für uns die Rolle eines solch barmherzigen Ehemannes ein, der diesen Kelch ANSTELLE seiner Frau trinkt, und das trotz der Gewissheit, dass der besagte Fluch wirksam werden wird, weil seine Braut (= WIR, die Gemeinde, das Volk Israel) ganz offensichtlich (mit all den Götzen) 'herum gehurt' hat. Und so geschieht es dann am Kreuz in der Tat, dass Jeschua eben besagten ‚Kelch trinkt‘, da dieser nach dem Willen des Vaters nicht ‚an ihm vorüber gehen‘ soll[91], und dass ihn dadurch der Fluch im Zuge der Kreuzigung auch ganz anschaulich trifft: Denn durch einen bestimmten physiologischen Mechanismus kommt es dazu, dass im Laufe einer Kreuzigung der Bauch des Gekreuzigten scheinbar anschwillt, weil unter anderem seine Lunge sich mit Wasser, Blut und

---

88 ... Numeri 5,11-31

89 ... Verse 17-24

90 ... ‚Hüfte soll schwinden, Bauch soll anschwellen‘, siehe Vers 21

91 ... wie zunächst von Jesus erbeten im Garten Gethsemane, mit der Einschränkung, dass aber nicht Sein Wille, sondern allein der Wille des Vaters geschehe, siehe Lukas 22,42, Matthäus 26,39

sonstiger Körperflüssigkeit vollsaugt, und durch das hierdurch zunehmende Eigengewicht immer weiter absinkt im Brustkorb, und sich die Organe des Oberkörpers dadurch zunehmend zusammengedrückt im Bauchbereich bündeln und dort die Bauchhaut nach außen drücken, an dieser einzigen Stelle des Oberkörpers, wo keine Knochenstrukturen ein solches Anschwellen nach Außen verhindern können. Dass auch scheinbar ‚die Hüften schwinden' bei der Kreuzigung, ist vielleicht dadurch zu erklären, dass auf den Hüften alle Last liegt, um die Körperspannung so weit aufrecht zu erhalten, dass die Lunge noch ein wenig arbeiten kann. Und weil die mit einem Nagel durchbohrten Füße noch dazu durchgängig heftige Schmerzkrämpfe die Beine hoch senden, dürfte die Kontrolle über die Hüftmuskulatur zunehmend schwierig sein und letztlich vollkommen zusammenbrechen.

Bei der zweiten genannten Prüfungs-Thematik geht es dagegen um ein gewisses Naturgeschehen, das so faszinierend perfekt eine Analogie zur Selbstaufopferung des Messias am Kreuz für seine ‚Kinder' darstellt, dass es allem Anschein nach seinen Niederschlag auch schon im berühmten prophetischen Psalm 22 findet[92]: Nämlich der Lebensweg des Muttertieres der sogenannten Kermes-Schildlaus, eines kleinen rotfarbenen Wurmes, der sich an einen Baum (also an ein HOLZ) begibt, sich dort festmacht, dass er nicht mehr loskommt (also wie ‚festgenagelt' ist), und dort seine

---

92 … dies ein Zusammenhang, den der hier Schreibende beim Internet-Bibel-Dienst ‚The Way Biblical Fellowship' kennengelernt hat

89

Eier zwischen sich und den Baum legt, an den er nun untrennbar gekettet ist bis zu seinem Tod, und seine Kinder so quasi ‚in sich' schlüpfen lässt; und der dann auch tatsächlich SELBST diesem Nachwuchs als Nahrung dient, indem sich die Neugeschlüpften von der Körpersubstanz (quasi dem ‚Fleisch und Blut') des Muttertieres ernähren (sonst könnten sie nicht LEBEN), während dieses Muttertier irgendwann am Baum klebend stirbt, und die Kinder – in die charakteristische rote Farbausscheidung (also sozusagen in das ‚Blut') des Muttertieres getränkt – aus dem Leib ihres Muttertieres hervorgehen als die neue Generation, ‚das neue Geschlecht'.

Zusammenfassend können wir noch einmal über die Symbolik des Kreuzes festhalten: Für den Nachfolger des Messias, der wie Er sein Kreuz auf sich nehmen soll, geht es darum, die Grausamkeit dieses Kreuzes gerade dadurch zu einem Heil(en) werden zu lassen, dass er selbst das vervollständigende Fünfte ist, die Eins gegenüber der Vier und gleichzeitig als Einheit MIT der Vier. Denn alles Schlechte und Böse, das der Einzelne als solches wahrzunehmen vermag, ist 'nur' aus seiner beschränkten Sicht 'nicht gut'. Er selbst kann aus sich heraus nicht wissen, wie es sich vor dem Hintergrund des Ganzen darstellt. Doch im Bilde des Messias und des Großen Werkes am Kreuz haben wir den Hinweis, dass selbst das Grausamste in Gottes Plan ein Heilsgeschehen sein kann für die, die Seinen Empfehlungen folgen, die Seinen Zusagen vertrauen.

Die Essenz des individuellen Ganges zum Kreuz ist in jedem Fall: Der Kampf tobt, und zwar vom Moment des Entschlusses zur UMKEHR aus dem

Leben dieser Welt an, der Kampf zwischen Altem und Neuem Menschen, zwischen dem ‚Fleisch' und dem neu gezeugten Gotteskind, jenem erstmals wahrhaft Geistigen im Erdenmenschen. Und dieser Geist muss das ‚Fleisch', die alte Seele des gefallenen Menschen, Zug um Zug überwinden. Um jeden Preis. Denn Fleisch und Blut werden das Reich Gottes nicht erben. Aus diesem (Hin-)Einleben des frisch gezeugten Geistes zunächst in das Seelische und letztlich bis in das Leibliche des betreffenden Menschen hinein besteht der gesamte Rest des ‚Lebens im Fleisch' für ein jedes Kind Gottes. In diesem Kampf wird dann in der Tat der Messias in jedem einzelnen seiner Jünger mehr und mehr erhöht, indem Sein Wesen sichtbar und erfahrbar wird in seinen Brüdern und Schwestern, die Ihm mit allem, was sie haben, nachstreben.

Trotzdem man also ‚in der Welt' bleibt, in dieser Welt Wirkung zu entfalten gedenkt, ergibt sich die Freude und der innere Frieden NICHT (mehr) aus den (inneren) Verhältnissen dieser Welt, in welche wir eingespannt sind, sondern die Freude ergibt sich allein aus einem innerlichen Gefestigtsein in dem Bewusstsein des eigenen, individuellen Verhältnisses zur Welt, zur Schöpfung als einem Ganzen, und zur diese Welt hervorbringenden Ewigkeit, ‚Über-Zeitlichkeit', die eben auch in jedem kleinsten Teil dieser zeitlichen, vergehenden Welt mit-enthalten, anwesend ist für den, der diese Welt als solche ‚überwunden' hat, dadurch ‚durch sie hindurch schaut' – sie DURCHSCHAUT.

Deswegen: Immer wieder der Blick auf den Gekreuzigten, auf unseren König und Gott!

**Das Gericht**
*Das ‚Berichtigt-Werden' von aller gefallenen Schöpfung*

Das Wort ‚GERICHT', erst Recht in dem Begriff des berüchtigten ‚JÜNGSTEN Gerichts', ist wohl eines der am haarsträubendsten verzerrten Wörter des biblischen Gedankenkreises überhaupt[93]. Daher gebührt es sich in dieser Rubrik namens ‚Grundlage' natürlich, einmal den tatsächlichen KERN dieses Begriffs zu beleuchten. Dabei soll an dieser Stelle keine Tiefen-Analyse des jeweiligen Altgriechischen und/oder Hebräischen Wortes geboten werden. Lediglich die ganz einfachen ‚Basics' sollen umrissen werden.

Wie schon das deutsche Wort es in sich trägt: ‚Gericht' hat zu aller erst einmal etwas mit ‚richten', also mit ‚zurecht machen' zu tun; etwas, das nicht ‚recht' ist, wird ‚repariert', ein ‚heiler Zustand wird wiederhergestellt'.

‚Gericht' meint daher auch im biblischen Sprachgebrauch auf der äußerlichen Ebene insbesondere ein Wiederherstellen von ‚Gerechtigkeit' – oft dann zunächst auf den sozialen Bereich von Menschen und Menschengruppen beschränkt. Siehe als Beispiel hierfür etwa das ganze ‚Buch der Richter', wo die titelstiftenden ‚Richter' keineswegs als solche Richter gezeichnet werden, die

---

93 … vielleicht neben Wörtern wie ‚Hölle', ‚Kirche' und ‚Frömmigkeit', bzw. ‚Gehinnam', ‚Qahal' und ‚Chassiduth' auf Hebräisch oder ‚Gehenna', ‚Ekklesia' und ‚Eusebia' auf Griechisch

irgendwo herumsitzend beratschlagen, wie ein Verbrecher bestraft wird … Nein, es sind Männer, die durch ihr Handeln aktiv Gerechtigkeit im Sinne Gottes wieder herstellen, indem sie das Volk Gottes von ihren Bedrückern befreien.

Jedoch auf der tieferen Ebene geht ‚Gericht‘ freilich viel weiter: Alles, was in ‚dieser Welt‘, in unserer äußerlichen Welt von Zeit und Raum, in irgendeiner Weise den ewigen Verhältnissen der Thora widerstrebt, wird ganz zwangsläufig durch den Ewigen[94] – früher oder später – ‚gerichtet‘, das heißt also, ‚den ewigen Verhältnissen angepasst‘. Das betrifft die sich selbst verzehrende Natur in Form von Raub- und Beutetieren genauso[95], wie auch die schweren individuellen Schicksale von Menschen und Menschengruppen[96].

Auf unser je Inneres bezogen geht es beim ‚Gericht‘ aber eben auch ganz besonders um die ‚Korrektur‘ von Charakterzügen, bzw. Geisteshaltungen, wie Neid, Jähzorn, Trägheit, Heuchelei, Neigung zu Selbstbetäubung, Fahrlässigkeit, Gier, Trotz, Hochmut und vieles mehr, das im Menschenwesen typisch geworden ist durch unsern kollektiven ‚Fall‘ aus der Einheit Gottes heraus.

Der ‚Heilige Geist‘, besser vielleicht als der ‚Geist

---

94 … bzw. je nach Standpunkt, durch ‚DAS Ewige‘

95 … siehe hierzu etwa die prophetischen Beschreibungen des ‚messianischen Friedensreiches‘, wo kein Wolf mehr ein Lamm reißt (z. B. Jesaja 65,25), keine Natter mehr ein spielendes Kleinkind bedroht (Jesaja 11,8), etc.

96 … ‚Kein Volk wird sich mehr gegen das andere erheben‘, Jesaja 2,4; Micha 4,3; ‚Israel wird ruhig und sicher wohnen‘, ‚jeder unter seinem Weinstock und Feigenbaum‘ (Micha 4,4) etc.

der Heiligkeit' zu übersetzen, um den Verzerrungen des arg vorbelasteten Begriffs aus zweitausend Jahren Kirchengeschichte nicht zu erliegen, ist nun laut dem Messias[97] das ‚Instrument', das ‚Werkzeug', bzw. die ‚handelnde Person', die diesen Berichtigungsprozess bereits IN DIESER Welt zu vollziehen beginnt, indem dieser Geist der Wahrheit uns ‚in alle Wahrheit führt'. ‚Nach' (eigentlich einfach ‚jenseits') dieser Welt dann ist es ‚der Vater' selbst, der das dann ‚letzte, jüngste Gericht' vollstreckt, und damit also alle bis zum Schluss bestehen bleibende Falschheit korrigiert. Und ein Bild aus einem einflussreichen jüdisch-chassidischen Buch[98] weist darauf hin, dass für den ‚gerichtet-werdenden' Menschen der Unterschied zwischen einem ‚jetzt schon in dieser Welt' und einem ‚dann, in der kommenden Welt' vergleichbar ist mit dem Unterschied der Strecke der Bewegung eines Schattens auf der Sonnenuhr mit der Strecke der dazugehörigen Bewegung der Sonne am Firmament: hier auf Erden müssen wir ’nur' ein paar Zentimeter bewegt werden; aber im Himmel entspricht dem ein Weg von unvorstellbaren Weiten. Daher also die Motivation, sich nicht erst ‚im Jüngsten Gericht' richten zu lassen …

Nun ist das Bild vom ‚peinigenden Feuer' im Rahmen eines solchen ‚Gerichts' zwar völlig im falschen Sinne in den meisten Köpfen verankert

---

97 … siehe etwa Johannes 16,13; ‚Geist der Wahrheit'

98 … ‚Likkutej Amarim', meist genannt ‚Tanya', geschrieben von Schne’ur Zalman von Lladi, vom ‚Alten Rebbe' der ChaBaD-Chassiduth

94

worden[99]. Aber das Prinzip der ‚Läuterung durch das Feuer‘ ist dennoch nicht von der Hand zu weisen. Schließlich werden ‚alle unsere Werke im Feuer geprüft‘, wo sich ihre Beständigkeit oder Hinfälligkeit erweist[100]. Alles unbrauchbare, störende in uns wird dabei schlichtweg ‚verbrannt‘, getilgt. Auch bei den Propheten (und in den anderen Schriften des ‚Alten Testaments‘) schon taucht das Prinzip einer Läuterung im Feuer häufig auf[101]. Oft sind diese Vergleiche dann auch kombiniert mit dem Bild der ‚Lauge eines Wäschers‘, also einer anderen Art des ‚Reinigens durch brennende, ätzende Mittel‘, die sich zwar schmerzhaft anfühlen dürfte, aber umso ‚reinere‘ Ergebnisse verspricht.

Wie eben auch die ‚Entgiftung‘ bei einem Drogensüchtigen sehr schmerzhaft sein kann, obwohl sie zu einem (auch für den so Behandelten selbst) sehr wünschenswerten Ergebnis führen wird. So müssen wir uns manchmal eben unsere lästigen, hartnäckigen Gewohnheiten durch einen nicht in erster Linie ‚angenehmen‘ Prozess austreiben lassen.

Die Wahl allerdings haben wir (bis zu einem gewissen Grad), ob wir diesen Weg bereits hier antreten wollen, oder ob wir es immer wieder weiter vor uns herschieben, bis es zuletzt dann eben beim berüchtigten ‚letzten‘ Gericht angegangen werden

99 … nämlich als eine Art von ’sadistischer Strafe‘ eines ‚rachsüchtigen Gottes‘

100 … siehe Paulus im ersten Brief an die Korinther, 3,12ff; vgl. auch 1. Petrus 1,7

101 … siehe etwa Jesaja 1,25; 48,10; Jeremia 9,7; Ezechiel 22,18-22; Zacharja 13,9; Maleachi 3,2+3; auch Psalm 66,10; Sprüche 17,3

wird. Wie bei einer Drogensucht dürfte es immer schwerer werden, wieder ‚frei zu kommen‘, je länger und intensiver man der jeweiligen Angewohnheit frönt.

Das Konzept der ‚Reinigung‘ aus Gnade und Barmherzigkeit, die sich aber eben durchaus auch im ‚Aufsuchen/Heimsuchen/Anrechnen/Erfassen der Sünde/Verdrehtheit‘[102] durch Gott zeigt, findet sich übrigens völlig klar und deutlich ausgedrückt schon im 2. Buch Mose, als der Ewige sich Mose ‚im Vorbeigehen‘ zeigt, wodurch Mose den Schöpfer ‚von hinten‘[103] sehen kann (Exodus 34,6b-7). Dabei verkündet der Ewige, also JHWH, das Folgende (in möglichst wortgetreuer Übersetzung): ‚JHWH, JHWH[104]! (Er ist die) Gott(eskraft, welche) barmherzig und gnadenreich (ist), (Er ist außerdem) lang(sam in) (‚beidseitiger‘, d. h. ‚guter und böser‘) Leidenschaft, und (Er ist) viel/groß der Güte/Huld und Wahrheit/Treue; (Er) beschützt die Güte/Huld für Tausende, (Er) hebt (alle) Verdrehtheit/Perversion, Gottlosigkeit/Rebellion und Verfehlung/Übertretung auf[105], und Er reinigt/läutert (in Vollendung). Nicht (jedoch) reinigt/läutert Er (OHNE Endgültigkeit, immer und immer wieder), er sucht (vielmehr) die

---

102 ... hebräisch ‚Poqad Awon‘

103 ... also auch ‚hinterher‘, ‚im Rückblick auf sein Leben‘

104 ... = ‚der Ewige‘; ‚Er ist das Sein‘, oder noch präziser: ‚Er ist die ständige, alles umfassende Gegenwart‘; und zwar ‚doppelt‘, also ‚hier UND dort‘, jenseits UND diesseits, Gott von Himmel UND Erde

105 ... dieses ‚aufheben‘ ist dabei zu begreifen als ’negare‘, ‚conservare‘ und ‚elevare‘ in einem, siehe nächster Absatz, vgl. Hegels ‚Dialektische Aufhebung‘

Verdrehtheit der Väter/Ursprünge (sogar noch) an den (daraus hervorkommenden) Söhnen/Erbauungen heim, und an den Söhnen der Söhne, an den Dritten/Drei(heit)en/Dreißig und an den Vierten/Vier(heit)en/Vierzig.'[106]

Es ist also Teil des innersten Wesens des barmherzigen Gottes, dass Er Verfehlungen (in Tat und Charakter) weder einfach ‚ignoriert‘, noch, auf der andern Seite, sie ‚grausam bestraft‘, um sie einem auf diesem Weg irgendwie ‚auszutreiben‘ oder gar rachsüchtig ‚heimzuzahlen‘ … vielmehr nimmt Er jede kleinste ‚Sünde‘ (also im weitesten Sinne jede ‚individuelle Absonderung von der Einheit mit Gott‘) ERNST bis ins Letzte:

Und zwar indem Er sie im Laufe der Zeit (oder eben spätestens ‚mit Ablauf der Zeit‘), früher oder später, auf irgendeine Art ‚unwirksam macht‘, sie sozusagen durch irgendein Gegengeschehen ‚ausgleicht‘[107].

Und indem Er die Sünde dadurch aber auch ‚bewahrt‘, ‚weiter-trägt‘, etwa als Teil irgendeiner Kausalitätskette, die wieder Neues in der Welt hervorbringt[108], sodass also OHNE die jeweilige ‚Sünde‘ etwas daraus Hervorkommendes nicht hätte hervorkommen KÖNNEN.

---

106 … für die tieferen Schichten von einigen Details in diesem Zitat, bzw. in dieser Übersetzung, wie z. B. die Erwähnung der ‚Dreiheiten‘ und ‚Vierheiten‘, siehe beispielsweise das umfangreiche Werk Friedrich Weinrebs
107 … negare, ‚aufheben‘ im Sinne von ‚ungültig/unwirksam machen‘, ’negieren‘

108 … conservare, ‚aufheben‘ im Sinne von ‚bewahren, konservieren‘

Und indem Er sie so ‚auf eine höhere Ebene bringt‘, weil sie dadurch Teil auch von ‚Gutem‘ werden kann, mindestens indem sie als ein Schritt auf dem Weg zu irgendeinem Guten hin dienen kann[109].

Sodass Er auf diesem Wege letztendlich den ‚Sünder‘ vollkommen von dieser seiner Absonderung ‚reinigt‘, die zwischenzeitliche ‚Absonderung‘ am Ende gar Teil der Freude des Wieder-Vereinigt-Werdens ist, ohne welche eine WIEDER-Vereinigung gar nicht erlebt hätte werden können.

Nebenbei: Wer sich bei diesen Ausführungen an das ‚heidnische‘ Konzept vom sogenannten ‚Karma‘ erinnert fühlt, sollte vielleicht in Betracht ziehen, dass auch allen ‚Heiden‘ einmal in ihrer fernen (himmlischen) Ur-Heimat die Ewige Wahrheit ganz nah gewesen sein muss, stammen wir doch alle letztlich von Adam ab. Wo sich also in scheinbar ‚götzendienerischen‘ Menschheitstraditionen dennoch Prinzipien der Heiligen Thora wiederfinden lassen, zeigt sich einfach das Wunder, dass die ‚Heilige Schrift‘ viel umfassender ist, als ’nur‘ jener hochkonzentrierte Auszug der Kern-Essenz von ihr, den wir als ‚Bibel‘ kennen und zu Recht wertschätzen.

Aber es gilt bei all dem grundsätzlich, was als Hinweis Jesu im Bezug auf die Möglichkeit des ‚Beistands durch den Geist‘ überliefert ist[110]: Nur, wenn der ‚Menschensohn‘ ans Kreuz geht und dort (ab-)stirbt, und somit von hier ‚verschwindet‘,

---

109 … elevare, ‚(hin-)aufheben‘ im Sinne von ‚emporheben‘

110 … zum Beispiel im Evangeliumsbericht nach Johannes, 16,7

fortgeht, die Ebene Seiner Existenz wechselt, kann der ‚Tröster‘, der ‚Beistand‘[111] kommen, der Geist der Wahrheit, der Geist der Heiligkeit, der uns in alle Wahrheit leitet, der den Berichtigungsprozess unserer gefallenen Natur mehr und mehr hier auf Erden, in DIESER Welt schon, vollstreckt, anstatt ihn komplett hinauszuschieben auf ‚das Ende der Zeitalter‘, wo dann der ‚Zorn des Vaters‘ dieses ‚Gericht‘ vollzieht; jener Zorn, der bis dahin aus Barmherzigkeit zurückgehalten wird.

An dieser Stelle sei auch auf das Wort Christi verwiesen[112], wo dieser die Notwendigkeit, den ‚Menschensohn zu erhöhen‘, mit der Geschichte vergleicht, wo ‚Mose die Schlange in der Wüste erhöht‘, um dadurch Heilung für die Kinder Israels (also für das ‚Volk Gottes‘) zu erwirken:

‚Feurige Schlangen‘ beißen die Israeliten, wodurch diese zu sterben drohen. Daraufhin richtet Mose eine Schlange aus Bronze/Kupfer auf[113]. Wer nun auf diese ‚eherne Schlange‘ blickt, wird von dem tödlichen Biss der Schlange geheilt.

Der Bezug zur Paradies-Geschichte mit der Verführung durch die Schlange ist wohl offenkundig. ‚Mose‘ nun, als lebendiges Sinnbild der ‚Offenbarung des Wortes Gottes‘, sorgt dafür, dass die ‚Schlange‘ nun ihr eigenes Gift wieder heilt –

---

111 … ‚parakletos‘

112 … Johannes 3,14

113 … Bronze als das traditionelle ‚Metall des sechsten Tages‘, der Tag, da der Mensch geschaffen wird, und auch wo er durch die Versuchung durch die Schlange ‚fällt‘; das Wort ‚Schlange‘ im Hebräischen vom gleichen Stamm wie das Wort ‚Kupfer; Bronze‘

wenn der Einzelne auf die Anweisungen ‚Moses'
vertraut und diesen Anweisungen treu bleibend
handelt.

Nun leitet Christus seinen Verweis auf diese Mose-
Geschichte damit ein[114], dass er betont: Nur wer
(einst) vom Himmel (hierher, in diese Welt)
herabgestiegen ist, steigt (auch wieder) in den
Himmel hinauf, nämlich der Menschensohn[115]. Wer
nun auf dem Fundament der Hebräischen
Überlieferung steht, wie Jesus, der weiß, dass mit
‚Menschensohn' nicht nur Jesus selbst gemeint sein
kann, sondern jeder einzelne Mensch hier auf Erden
IM PRINZIP, als ein im Ebenbild Gottes
geschaffenes Individuum, als ‚Sohn Adams' gilt.

Und so wie nun die Schlange ‚am Stock'[116], also an
einem ‚Holz', also an einem ‚Baum'[117] ‚erhöht'
wird[118], um dadurch, dass man ihrer gewahr wird, nun
heilend zu wirken – so muss auch jeder einzelne
Mensch, als hier auf Erden sterbliches Individuum[119],
‚(hin-)aufgehoben' werden vermittels des ‚ans-Holz-
geschlagen-Werdens', an den ‚Baum'. An den
‚Baum', der immer auch als naturgegebenes Bild für
ein Prinzip dient – mit seinem langsamen aber
stetigen Wachstum, aus einem Samen hervorgehend,

---

114 ... Johannes 3,13

115 ... hebräisch: der ‚Sohn Adams'

116 ... wörtlich ‚Panier, Flaggenmast'; siehe Numeri 21,8+9
117 ... im Hebräischen nämlich das selbe Wort wie das Material
‚Holz'

118 ... ‚erhöhen' ist auch hier wieder ein ‚aufheben' im dreifachen
Sinn, siehe oben
119 ... und gerade dadurch als individuelle Verkörperung des
Ebenbildes Gottes!

in einer Wurzel im Unsichtbaren gründend, und mit einem tragenden Stamm, der sich zunehmend in immer mehr Äste verzweigt, die dann wiederum Frucht tragen, in denen sein Same ist[120] – all das verweist auf die ‚zeitliche Entwicklung aller Schöpfung hin zur Vielheit' in unserer gefallenen Wahrnehmung: Wir müssen ganz ‚aufgehen' in der sich immer weiter entwickelnden Vielheit der Schöpfung, der Welt, uns hingeben an das Vergehen in der Zeit, das Zerstreutwerden im unendlichen Raum, all unsere Abgrenzung von unseren Mitgeschöpfen aufgeben, OHNE dabei unser Identitätsbewusstsein einzubüßen – wir leiden bis zum Ende als EINZELNE – sogar ganz ALLEINE, als EINSAME – mit allem um uns herum mit, weil wir diese unsere Umwelt zunehmend als intimen Teil von uns selbst empfinden dürfen. Um so die ‚Einheit' zu verkörpern, hier, in der ‚Welt der Vierheit der Materie'[121].

Und wie letzteres sich dann genau vollzieht, ist bildhaft bis in die faszinierendsten Details dargestellt durch den Lebens- und Leidensweg des Messias, der am (VIER-armigen) Kreuz und im körperlichen Tod endet, um daraufhin im ewigen Leibe aufzuerstehen.

So hat also das Böse seine durchaus berechtigte, wert zu schätzende Rolle in unserer Welt als richtende Macht, als begrenzendes Prinzip, wodurch erst Formen entstehen können, die für uns wahrnehmbar sind, wodurch überhaupt erst für uns beschränkte

---

120 ... siehe schon Genesis 1,11 u. a.
121 ... siehe dazu auch den Artikel ‚DAS KREUZ'

Wesen ‚Harmonie‘, Schönheit existieren kann[122] – sofern man denn dem Bösen nicht als einer Versuchung erliegt, sich ihm anzuschließen. Stattdessen soll man sich dem Bösen lieber freiwillig als Erleidender aussetzen, um durch es ‚geschliffen zu werden‘, in diejenige Form gebracht zu werden, in der man dem Bösen zuletzt nicht einmal mehr ausgesetzt sein KANN, weder in Versuchung, noch in Bedrängnis.

Dieser ganze Weg des ‚an-das-Holz-geschlagen-Werdens‘, der Schlange wie des Menschen(sohnes), ist eben der Weg des ‚Gerichtet-Werdens‘: Die Schlange, die für den ‚Fall‘ gesorgt hat, wird zur Heilung ihres eigenen Giftes umgeformt[123], und der Mensch in seiner gefallenen Natur wird, vermittels dieser gefallenen Natur selbst[124], wieder emporgehoben, damit er in seine himmlische Heimat zurückkehren kann.

Zusammengefasst: ‚Gericht‘ ist ein von der göttlichen Seele in uns allen zutiefst ersehntes ‚zurecht gemacht werden‘. Alles Unrecht, das einem selbst widerfahren ist, wird genauso in Freude umgewandelt[125], wie auch dasjenige Unrecht, das

---

122 … gleichzeitig freilich auch ihr komplementärer Gegensatz, die ‚Hässlichkeit‘

123 … wodurch sie selbst allerdings wohlgemerkt NICHT an sich ‚ungiftig‘ wird, nur ihr Gift wird für all jene, die sie mit dem rechten Blick ansehen, unschädlich, bzw. zum nötigen Gegengift

124 … nämlich vermittels seines Sterblich-Seins und seines tatsächlichen Sterbens – nur eben FÜR die ganze Welt, und keineswegs ‚für sich selbst‘, als für einen Einzelnen gegenüber ‚den Anderen‘

125 … ‚eure Traurigkeit wird in Freude verwandelt werden‘,

man selbst anderen getan hat, in einen Segen für sie transformiert wird; wie genau das in jedem konkreten Fall von statten geht, weiß Gott allein und soll nicht unsere Sorge sein. Wir vertrauen einfach darauf, DASS es so ist.

Und überhaupt: alles in uns selbst, das uns vom Ewigen absondert (also all unsere ‚Sünde‘), wird durch das ‚Gericht‘ von uns abgewaschen – und wenn das ‚Wasser‘ (also die ‚fließende Zeit‘ unseres Lebens im Körper auf Erden) dazu nicht reicht, dann leistet es eben das ‚Läuterungsfeuer‘ bei der ‚endgültigen Berichtigung‘ (‚Jüngstes Gericht‘). Und alles, was in uns ‚Gold‘ und anderes ‚Metall‘ ist, bleibt bestehen für die Ewigkeit, während ‚Stroh‘ und ‚Holz‘ verbrennen und nicht länger das Gesamtbild trüben können[126].

Paulus erwähnt dann auch als etwas ganz selbstverständliches, im Brief an seinen geliebten Schüler Timotheus, dass er gewisse Gottlose ‚dem Satan überliefert‘ (hat), damit sie ‚durch Zucht unterwiesen werden, nicht zu lästern‘. (siehe 1. Timotheus 1,20). Das heißt natürlich nicht, Gott behüte, dass er Timotheus damit indirekt nahelegen will[127], SELBST zum Satan zu werden, oder Leuten ‚Böses zu wünschen‘. Es meint aber, dass wir alle, wie Paulus, darauf vertrauen können, dass im

Johannes 16,20; ‚alle Tränen werden abgewischt‘, Offenbarung 21,4

126 … siehe Paulus im ersten Brief an die Korinther, Kapitel 3, Verse 12-15

127 … ‚Timotheus‘ dem Namen nach in etwa ‚der, der [als erstes, bzw. NUR] GOTT die Ehre gibt‘, bzw. ‚Gott den größten Wert beimisst‘

schlimmsten Fall eben sogar noch der FEIND Gottes dem großen Wunsch Gottes dient, ‚ALLEN Menschen zur Erkenntnis der Wahrheit zu verhelfen' (siehe z. B. 1. Timotheus 2,4). Und dass man also nicht selbst mit irgendwelchen ‚Lästerern' und ihresgleichen ‚ins Gericht gehen' soll/muss. Das wird schon der Ewige mit einem seiner Werkzeuge tun, wenn es dazu Zeit ist. Denn letztlich ist natürlich auch der Satan 'nur' eine Art ‚Zuchtrute' in der Hand des Ewigen, wie es ja beispielsweise auch vom bösen König von Assyrien gesagt wird (Jesaja 10,5).

## Das Evangelium
### Die ‚Gute Nachricht' – die ‚Botschaft vom Guten'

Das ‚Evangelium' ist dem Worte nach die ‚gute Nachricht' oder die ‚frohe Botschaft'. Historisch scheint es so zu sein, dass insbesondere eine Nachricht wie die eines Sieges[128] damit gemeint ist: eine Siegesnachricht, die von ausgesandten königlichen Boten an die einfache Landesbevölkerung weitergegeben wird. In diesem Sinn ist dann das Evangelium also die Nachricht vom Sieg Jesu Christi über den ‚Stachel des Todes', das heißt über die ‚Sünde', mitsamt allen sich daraus ergebenden Konsequenzen für uns und die ganze Welt. Die ‚ausgesandten königlichen Boten' sind demnach insbesondere die Apostel und die ihnen folgenden übrigen Jünger und Nachfolger Jesu Christi in aller Welt, zu allen Zeiten.

Darüber hinaus lässt sich ‚Evangelium' aber auch

---

128 … typischerweise im Krieg

etwas abstrakter und viel weiter gefasst begreifen als ‚Botschaft vom Guten (an sich)'. Dann kündet diese Botschaft eben nicht nur von EINEM Guten, das ‚damals mal' geschehen ist, und bis heute Wirkung entfaltet[129]. Sie kündet vielmehr vom Guten überhaupt, von der Güte des Ewigen, von der Liebe des Schöpfers für seine Schöpfung – für seine Schöpfung als ‚Schöpfungs-Ganzes' ebenso, wie für jedes einzelne Geschöpf darin; wie kurzlebig, klein oder anderweitig vermeintlich ‚unbedeutend' eine Einzelheit uns in dieser Welt von Zeit und Raum auch erscheinen mag. In die Liebe des Schöpfers ist alles inbegriffen, und alles führt er auf Seinen unergründlichen Wegen irgendwann zu sich zurück, so oder so.

Vieles ist in diesem ‚Guten', von dem das Evangelium kündet, inbegriffen – über allem steht dabei die Tatsache, dass ‚Gott als der Vater' (von Ewigkeit her) die Welt so sehr liebt, dass er seinen ‚eingeborenen Sohn' (also ’sich selbst', ‚in die Zeitlichkeit hinein') gibt, ’schenkt', damit jeder, der auf Ihn vertraut (und Ihm treu ist) ‚ewiges Leben' habe (Johannes 3,16); … und unter dieser ‚Überschrift' dann lassen sich beispielsweise aufzählen: die ‚Vergebung der Sünden'[130], das ‚Gericht über alles Böse'[131]; und vor allem die

---

129 … was freilich AUCH Teil des Guten INSGESAMT ist, und zwar durchaus sehr bedeutsamer Teil, das soll hier keineswegs unterschlagen werden!

130 … also das Aufheben der Trennung, der Absonderung des Einzelnen von der vollkommenen Einheit alles ‚Werdenden' mit seiner Quelle, dem ‚Sein', dem Ewigen; auch wiederzufinden in der Einheit von ‚Himmlischem Vater' und ‚Sohn'

131 … also das zurecht machen, wiedergutmachen von allem, was nicht Recht ist

,Auferstehung der Toten‘[132].

Und um das ,Evangelium‘, diese Botschaft vom Guten überhaupt, etwas tiefer zu erfassen, wollen wir jetzt zum Abschluss dieser Rubrik mit dem Namen ,Grundlage‘ einmal kurz einige Erwähnungen des Wortes ,Evangelium‘ in den Schriften des Neuen Bundes näher betrachten ... Es fällt nämlich doch auf, dass auf den ersten Blick scheinbar von ,mehreren Evangelien‘ die Rede ist – wobei dadurch selbstverständlich eigentlich nur verschiedene Aspekte des EINEN Evangeliums in den Fokus gerückt werden.

Am häufigsten ist dann auch schlicht von DEM Evangelium (ohne nähere Spezifizierung) die Rede.

Am nächst häufigsten liest man vom ,Evangelium Jesu‘, bzw. vom ,Evangelium (Jesu) Christi‘; oder auch von dem ,des Herrn‘; oder ,des Sohnes‘, was wir an dieser Stelle einmal alles unter einem Punkt zusammenfassen wollen, obwohl natürlich durchaus wesentliche Gründe[133] bestehen, weshalb an einer Stelle in der Heiligen Schrift von ,Jesus‘, an anderer von ,Jesus CHRISTUS‘, oder mal nur von ,Christus‘, und an wieder anderer Stelle vom ,Menschensohn‘ oder vom ,Sohn Gottes‘ oder vom ,Herrn (Jesus)‘, usw. geschrieben steht[134].

---

132 ... das sind nicht nur die ,gestorbenen Menschen‘, sondern auch sämtliche verlorengegangene, ,gestorbene‘ Momente und nicht-genutzte Möglichkeiten, nicht-erfüllte Träume und Sehnsüchte, und so weiter

133 ... siehe z. B. oben den Artikel 'Bekenntnis'

134 ... für all diese Erwähnungen eines ,Evangeliums Jesu/Christi/des Herrn/des Sohnes Gottes/etc. siehe z. B. die

Was nun ist der Kern dieser Spezifizierung der Frohbotschaft als derjenigen von ‚Jesus Christus'? Vor allem wohl, dass Er ‚Fleisch geworden' ist, das heißt lebendige, leibhaftige Botschaft ist[135], dass der Messias also nicht nur eine ‚Idee' ist, nicht nur eine Kraft, die aus dem Ewigen heraus wirkt, nicht nur eine zeitlose, überirdische Existenz und ‚Präexistenz' hat, bzw. ist, sondern dass Er leibhaftig und als PERSON auftritt, als ‚einer von uns', IN uns, sich grundsätzlich gerade IM MENSCHEN manifestiert. Und als Krönung seines Wesens hat Er, dass Er für uns sogar bis ans ‚Kreuz', ans ‚Holz', an den ‚Baum' (‚des Wissens um Gut und Böse') geht, um dort zu sterben für unser Freigekauftwerden von den Konsequenzen unserer bisherigen ‚Sünde'[136].

Desweiteren wäre da in der Bibel die Spezifizierung des Evangelium-Begriffs als ‚Evangelium Gottes'. Es

---

Einleitung bei Markus, auch sonst bei Markus öfters das ‚Evangelium Christi'; auch in den ‚Taten der Apostel' Kapitel 5, Vers 42; in den ‚Taten' siehe darüber hinaus auch die Kapitel 8, 11 und 17; im Brief an die Römer zu Beginn, Kapitel 1, Vers 9; und s. a. die Kapitel 15+16; zudem nutzen beide Korinther-Briefe stets den Begriff ‚Evangelium Christi', dort ist es nur einmal am Schluss des zweiten Briefes ausdrücklich ‚Evangelium Gottes' genannt; ‚Evangelium Christi' scheint jedenfalls insgesamt die häufigste Spezifizierung des Evangeliums zu sein

135 ... auf Hebräisch sind die Wörter für ‚Fleisch' und ‚Botschaft' im Schriftbild im Prinzip identisch, weil beide von der selben Wortwurzel Beth-Schin-Resch, bzw. Beth-Sin-Resch, her gebildet werden
136 ... also unserer individuellen ‚Abgesondertheit' von der Einheit Gottes mit aller Schöpfung; ... wodurch Er dann, als der sich am Kreuz der sterblichen Welt selbst aufopfernde Erlöser, nun für alle, die auf diese Tat vertrauen, also ‚an Ihn glauben', zum ‚Baum des Lebens' wird

wird zwar eher selten explizit so genannt[137]; aber als Begriff ist es natürlich dennoch sehr grundsätzlich. Es ist dann vielleicht ganz allgemein ‚die Frohe Botschaft, dass Gottes Wesen zu aller erst einmal LIEBE ist (siehe dazu insbesondere den 1. Johannesbrief).

Am Anfang des Römerbriefs wird das ‚Evangelium Gottes' beispielsweise genannt, als etwas, das ‚in den Heiligen Schriften der Propheten vorausgesagt' ist. Und gerade die Propheten künden doch so ausführlich von den Erwartungen an die messianische Harmonie am Ende aller Tage, an die alles recht-machende Liebe des Ewigen zu seinem Eigentumsvolk Israel, von einem Gott, der selbst die doch sonst als ‚Feindesmächte' wahrgenommenen Nationen von ‚Ägypten' und ‚Assyrien' segnet und als ‚Werk seiner Hände' und 'sein Volk' bezeichnet (Jesaja 19,25).

Im ersten Brief an Timotheus finden sich einige wichtige Aussagen zum Wesen Gottes, bzw. dazu, wie Gott die ganze Welt sieht, sodass sie hier einmal im Kontext des ‚Evangeliums Gottes' aufgeführt seien, auch wenn diese Formulierung nicht direkt in den Timotheus-Briefen auftaucht:

In 1. Timotheus 2,3+4 heißt es: ‚Denn dieses[138] ist gut und angenehm vor unserem Heiland-Gott, welcher will, dass alle Menschen errettet werden und zur Erkenntnis der Wahrheit kommen.'

---

137 … z. B. in Markus 1,14, Römer 1,1; 15,16; ein paar Mal an die Thessalonicher

138 … gemeint ist hier das ‚Beten für alle Menschen', siehe Vers 2

In 4,4 heißt es zudem: ‚Denn jedes Geschöpf Gottes ist gut und nichts verwerflich, wenn es mit Danksagung (an)genommen wird'.

Und einige Verse weiter in 4,10 noch: ‚denn für dieses arbeiten wir und werden geschmäht, weil wir auf einen lebendigen Gott hoffen, der ein Erhalter aller Menschen ist, besonders der Gläubigen.'

Zusammenfassend also sei es noch einmal klar betont: Das Evangelium Gottes, die frohe Botschaft vom Wesen Gottes, besteht (unter anderem) in der Tatsache, dass dieser Lebendige Gott ein Erhalter ALLER Menschen ist, ein Heiland-Gott und Schöpfer, der will, dass die Menschen ALLE errettet werden und die Wahrheit erkennen[139], ein Gott, dessen Geschöpfe ALLE, jedes für sich, GUT sind und nicht verwerflich, wenn sie in der rechten Weise gesehen und angenommen werden[140] – oder in einem Wort: die Gute Nachricht ist, dass Gott nichts außer LIEBE ist (1. Johannes 4,16).

So geht ‚Glaube an das Evangelium Gottes' wohl einher mit dem, was in Übersetzungen oft als ‚Gottseligkeit' benannt wird. Im Griechischen Original heißt sie ‚Eusebia'[141].

---

139 ... welche sie bekanntlich ‚frei machen' wird, siehe Johannes 8,32

140 ... denn die hierzu laut 1. Timotheus 4,4 nötige ‚Danksagung' gebührt uns Gläubigen doch jederzeit, siehe etwa Epheser 5,20

141 ... im Hebräischen würde dem vermutlich der Begriff der ‚Chassiduth' entsprechen, von dem sich das sogenannte ‚Chassidentum' ableitet, die ‚chassidische Bewegung', die insbesondere seit ihrem legendären Begründer Israel Ben Eleazar, genannt der ‚Baal Schem Tov', wirkend im 18. Jahrhundert, als größere Strömung innerhalb des Judentums wahrgenommen wird –

Die ‚Gottseligkeit' (oder auch ‚Frömmigkeit' in anderen Übersetzungen) taucht als wichtiger Begriff vor allem in den an Timotheus gerichteten Paulus-Briefen immer wieder auf. In Kapitel 3, Vers 16 des ersten Briefs heißt es über sie: ‚Und anerkannt groß ist das Geheimnis der Gottseligkeit: Gott[142] ist geoffenbart worden im Fleische, gerechtfertigt im Geiste, gesehen von den Engeln [bzw. ‚Boten'], verkündigt unter den Nationen, geglaubt in der Welt, aufgenommen in Herrlichkeit.' … wobei sich gerade in dieser Definition natürlich der Kreis wieder wunderbar schließt zum Begriff des ‚Evangeliums Christi', also der Guten Nachricht über den ‚Sohn Gottes', welcher ebenjene ‚Offenbarung (der Liebe Gottes) im Fleische', das heißt auch ‚in allem Erscheinenden', selbst IST.

Der Ausdruck ‚Evangelium vom Reich' ist dann ein speziellerer, der einer Bibel-Konkordanz zufolge so NUR im Matthäus-Evangelium vorkommt; und in der Tat spezifizieren die meisten Matthäus-Stellen, die das Evangelium erwähnen, es eben gerade so: als dasjenige ‚des Reiches (Gottes)'. Sonst taucht diese Redewendung in keinem anderen NT-Buch auf[143].

Der bei diesem Begriff im Vordergrund stehende Aspekt des Evangeliums ist, dass dieses ‚Reich'

---

die aber dem Prinzip nach sicherlich immer schon da gewesen ist; mancher nennt Paulus als den heimlichen, unbewussten Begründer …

142 … als die Liebe selbst, sich in Seinem ‚Sohn' selbst aufopfernd für uns als Seine Geschöpfe

143 … zumindest dem griechischen Urtext nach; manche Übersetzungen übersetzen das ‚Evangelium Gottes' zum Beispiel in Markus 1,14, als ‚Evangelium vom REICH Gottes'

bereits 'nahe herbei gekommen' ist; und hierbei ist das ‚Reich' anscheinend zu verstehen als ‚(göttliche) Königsherrschaft', auch als das göttliche ‚Königtum' an sich; abstrakter auch ganz umfassend als ‚das alles durchREICHende Wirken des Ewigen innerhalb der Schöpfung', welches 'nah ist', ‚kurz davor ist',[144] als solches wahrgenommen zu werden.

Einige weitere, wenigstens ein einziges mal vorkommende Erwähnungen des Wortes ‚Evangelium' sind dann noch: ‚Evangelium der Herrlichkeit[145]'; ‚Evangelium von der Gnade Gottes (Taten 20,24)'; ‚Evangelium des Heils (Epheser Anfang)' und ‚Evangelium des Friedens (Epheser Ende, im Rahmen der ‚Waffenrüstung Gottes')'; auch ‚das Evangelium, als Kraft Gottes, zur Rettung (bzw. zum Heil) allen, die glauben (Römer 1,16)'. Und nicht zu unterschlagen wäre dann noch die Formulierung vom ‚Evangelium den Armen (Lukas 4,18)'.

Beim Evangelium der ‚Herrlichkeit' ist natürlich wichtig, sich einmal den Begriff der ‚Herrlichkeit' vom biblischen Gesamt-Kontext her anzuschauen: Der Hebräische Begriff der ‚Herrlichkeit', der ‚Ehre', bzw. auch des ‚Ruhmes', ‚Kavod' (Kaph-Beth-Daleth) trägt in sich auch die Bedeutungen von ‚Schwere/Schwerwiegend-Sein'[146], und zudem die

---

144 … allgemein: von immer mehr Menschen, bzw. konkret: von DIR

145 … z. B. 1. Timotheus 1,11 als ‚Evangelium der Herrlichkeit des glückseligen Gottes'; oder ‚der Herrlichkeit des Christus'; siehe 2. Korinther 4,4

146 … allerdings ohne die im Deutschen hierbei mitschwingende Konnotation des ‚BeSCHWERlichen', 'schwierigen'

der ‚Gewichtigkeit/Wichtigkeit‘; darüber hinaus benennt dasselbe Wort das Organ der ‚Leber‘.

Ganz häufig nun ist dieses hebräische Wort im Alten Testament gerade dort anzutreffen, wo von dem ‚Wohnen Gottes innerhalb seiner Schöpfung‘, bzw. vom ‚Erscheinen Gottes‘ auf Erden, wenn er direkt ‚eingreift‘, sichtbar, wahrnehmbar seine ‚Macht erweist‘. Aus dem ‚Wohnen der Herrlichkeit Gottes‘ auf Erden wurde in der Tradition dann der wichtige Begriff der ‚Sch'khinah‘, was eben ‚Wohnen‘ oder ‚Einwohnung‘ bedeutet, und als die ‚Weibliche Seite Gottes‘[147] verstanden wird, die mit der Schöpfung ‚hinabsteigt‘, um mit ihr alles mitzuleiden, und sie am Ende wieder zurück ‚ins Haus des Vaters‘ zu bringen. In diesem Sinne ist ein klarer Bezug zur ‚erscheinenden Seite‘ des Gottessohnes, dem ‚Fleischwerden‘ des Messias festzustellen, wie ja auch im Neuen Testament (und besonders betont dann im katholischen Mythos und Ritus) erst die ‚Mutter[148] Maria‘ den Erlöser HIER ‚in die MATER-ielle Existenz bringt‘, die ‚Herrlichkeit‘ unter uns wohnen lässt[149].

Beim ‚Evangelium der Gnade Gottes‘ können wir sodann dem Worte nach sofort an den Namen Johannes, auf Hebräisch ‚Jochanan‘, bzw. ‚Jehochanan‘, denken, welcher eben ‚Gnade Gottes‘ oder ‚Gott ist gnädig‘, bzw. ‚JHWH/Jah ist gnädig‘ bedeutet. Bei diesem Namen fällt einem dann unter den biblischen Figuren vor allem der Evangelist und

---

147 … man denke auch an das katholische Konzept von der ‚Mutter Gottes‘

148 … lateinisch: ‚mater‘
149 … siehe auch den Prolog des Johannesevangeliums

‚Lieblingsjünger' ein, dem auch die große Offenbarung des allerletzten Buches des christlichen Bibel-Kanons gekommen ist, und natürlich auch Johannes der ‚Täufer'. Und da sei dann auch der Verweis auf den ‚alttestamentlichen' Propheten Elia gemacht, mit dem der Täufer assoziiert ist[150]: ‚Elijahu ha-Navi', Elias der Prophet, der laut Überlieferung stets die ‚Frohe Botschaft'[151] am verkünden ist, also das ‚Evangelium' überhaupt.

Zu den Worten ‚Heil' und ‚Frieden', die im Epheserbrief mit dem Evangeliumsbegriff verknüpft werden, sei nur angemerkt: auf Hebräisch wären sie wohl zu übersetzen als ‚Jeschu'ah' und als ‚Schalom'; was im weiteren Sinne dann auch ‚Errettung'[152] und ‚Vollkommenheit'[153] meint.

Und selbstverständlich ist ‚Jeschu'ah', ‚Heil, Errettung', von derselben Wortwurzel kommend, wie der hebräische Name des Messias, Jeschua', bzw. Jehoschua'. Das ‚Evangelium des Heils' ist demnach sehr nahe verwandt mit dem Begriff des ‚Evangeliums Jesu'. Das Hebräische ‚Jeschu'ah'[154] ist quasi eine grammatisch gesehen ‚weibliche' Form des Namens Jesu, Hebräisch ‚Jeschua'[155].

---

150 … siehe etwa Matthäus 11,14; 17,12; auch Lukas 1,17

151 … ‚bessurah tovah', ‚gute Botschaft; Botschaft des Guten'
152 … im Sinne einer ‚himmlischen' Errettung, die man vom menschlich-irdischen Standpunkt aus gar nicht erwarten kann; letzteres wäre stattdessen das Wort ‚Ezer; Ezrah', wie es z. B. im Namen ‚El'azar', hellenisiert/latinisiert dann ‚Lazarus', auftaucht

153 … inklusive des Ausgleichs aller Ungerechtigkeit, des Zurückzahlens und Vergeltens alles Guten und Bösen
154 … Jod-Schin-Waw-Ayin-He

155 … Jod-Schin-Waw-Ayin

Noch ein wenig detaillierter spricht die genannte Römerbrief-Stelle (1,16) dann von dieser ‚Errettung‘, indem sie vom Evangelium redet als der ‚Kraft zur Rettung für all jene, die glauben‘.

Um nun auch noch einmal vom Griechischen her das Konzept des ‚Heils‘, der ‚Errettung‘ zu beleuchten, schauen wir uns das Wort im Urtext an: Dort ist ‚Rettung/Heil‘ als ’soteria‘ zu finden, ein Wort, abgeleitet vom Verb ’sotzo‘, welches wiederum von ’sos/saos‘, ’sicher; heil, ganz‘ stammt, und das somit ursprünglich in etwa ‚ganz machen, heilen; absichern‘ meint. Hier wird also der enge Bezug zum hebräischen Wort ‚Schalom‘ sichtbar; ‚Errettet-Sein‘ und ‚Frieden‘ sind ganz eng aneinander gekoppelt. Und die ‚Kraft, die hinführt zu jenem Errettet-Sein‘, ist eben die ‚Botschaft vom Guten‘, insofern man ihr vertraut und treu nach diesem Vertrauen lebt.

Zuletzt: Das Evangelium ‚den ARMEN‘ verkündigen … denn NUR, wer sich als bedürftig empfindet, schafft dadurch die Voraussetzung, für die Gnade des Ewigen offenständig zu sein. Man denke hierbei auch an den Beginn der sogenannten Bergpredigt, wo Jesus spricht: ’selig sind die im Geiste Armen‘. Das Wort für ‚Arme‘ (‚ptochoi‘) deutet dabei weniger auf bloßen Mangel hin, als vielmehr auf eine Bedürftigkeit, derer man sich auch bewusst ist (in etwa wie ein ‚Bettler‘); also sind gemeint diejenigen, die in geistiger (bzw. ‚geistlicher‘) Hinsicht ständig ’nach mehr bitten‘, weil sie sich ihrer Unzulänglichkeit aus sich selbst heraus bewusst sind. Ohne dieses grundlegende Mangelbewusstsein, auch

‚Sündenbewusstsein‘, SündenBEKENNTNIS[156], ist das Evangelium dem Menschen verschlossen, der Baum des Lebens versperrt von den ‚Cherubim mit der Flamme des kreisenden Schwertes‘. Aber denen, die in ihrer Sehnsucht nach dem Baum des Lebens GREIFEN, ist er – ER – ganz nah (siehe Sprüche 3,18).

Eine nicht zu unterschätzende Frage aber ist seit jeher: WIE wird die Botschaft vom Guten in dieser Welt verbreitet? Dass die Menschheitsgeschichte (bzw. ’Kirchengeschichte‘) breites Zeugnis von eher fragwürdigen Antworten auf diese Frage gibt, muss wohl nicht näher ausgeführt werden … Jedoch: immer hat es auch die einzelnen Menschen, sowie sogar kleinere Menschengruppen gegeben, die einen ganz anderen Weg der ‚Missionierung‘ gegangen sind, und ihn auch heute immer noch am gehen sind. Nämlich denselben Weg, den ihr König und Gott geht, gegangen ist und immer weiter gehen wird: Den Weg des KREUZES; sei es ‚im Fleische‘, als einer unserer Brüder, sei es aber auch in jedem auch noch so kleinen Wesen innerhalb dieser Schöpfung, in deren jedem kleinsten Teilchen doch immer ein Funke des Lichtes Gottes eingeschlossen ist, damit es überhaupt existieren kann!

Und hier sei entsprechend einfach noch einmal auf den Artikel ‚Das Kreuz‘ verwiesen – denn in letzter Konsequenz ist das ‚Evangelium‘ eben mit dem ‚Kreuz‘ absolut IDENTISCH, in dieser unserer Welt hier, in der uns der Messias den Weg durch sie hindurch – und aus der uns der Messias dadurch auch

---

156 … nicht unbedingt irgendwelchen anderen Menschen gegenüber, sondern zuallererst vor Gott und vor sich selbst

115

den Weg HINAUS zeigt, durch sein eigenes perfektes Beispiel.

So ist denn das wahrhaftige ,Bringen der Frohen Botschaft', das Verkünden des Christus, auch heute noch einfach gleichzusetzen mit dem aufrechten, ja: FREUDIGEN Gang durch die Welt – dabei die Last tragend, die einem zugeteilt ist, als das KREUZ, wie es auch unser Schöpfer selbst tut, indem er mit allem und jedem seiner Geschöpfe mitleidet hier unten – und sich noch umso mehr mitFREUT über jeden auch nur klitzekleinen Moment, in dem in einem von uns Sein Wesen aufblitzt, Er sich in einem von uns selbst wiedererkennen darf!

Barukh haBa beSchem JHWH! Gesegnet, der da kommt im Namen des EWIGEN!


**Ewigkeit der Bibel**
*Eine kurze Betonung der EWIGKEIT allen biblischen Erzählens*

Dies hier ist ein wichtiger Hinweis, der vielleicht eigentlich schon ganz zu Beginn der Rubrik ,Grundlage' in dieser Ausdrücklichkeit gegeben hätte werden sollen. Zumindest soll er hier nun vor allem weiteren Behandeln der biblischen Inhalte und der diese Inhalte erläuternden jüdischen und christlichen Überlieferung[157] gegeben werden. Und zwar geht es in diesem kurzen Artikel um den Raum- und Zeitbegriff in der Bibel und die prinzipielle (Nicht-)Übertragbarkeit desselben in ,unsere'

---

157 … und eigentlich aller ,Heiligen Schrift' überhaupt, egal welchem Kulturkreis entstammend

vierdimensionale Wirklichkeit. Eine Angelegenheit, deren Nichtbeachtung im Laufe der Zeitalter zu schrecklichen Entweihungen der Bibel geführt hat, und in heutiger Zeit noch immer – vielleicht sogar so ausgiebig, wie noch nie bisher – zu solch haarsträubenden Entweihungen führt.

Ausgangspunkt sei bei diesem Thema nun daher die folgende Feststellung: In ERSTER Linie beschreibt die Bibel[158] Verhältnisse IM EWIGEN, das heißt, in einer ‚grundlegenden‘ (= ‚das Fundament für alles bildenden‘) Wirklichkeit, die zwar auch Zeit und Raum beinhaltet, Raum und Zeit sogar gänzlich ‚umfasst‘ geradezu, jedoch dabei nicht AUF diese und DURCH diese beschränkt ist. Dadurch ist ‚Raum‘ in der Bibel nicht so klar definierbar[159], wie in ‚unserer‘ Welt von Zeit und Raum, und dadurch ist ebenso ‚Zeit‘ in der Bibel nicht so klar ‚linear‘ verfolgbar, wie wir es aus ‚unserer‘ Zeit-und-Raum-Welt (zu) kennen (glauben).

Das meint nun nicht, dass alles in der Bibel ‚aus dem Ewigen heraus‘ beschriebene Geschehen sich ALLEIN in einem abstrakten ‚Ewigen‘ abspielt! Im Gegenteil: Alles aus dem Ewigen schlägt sich auf die ein oder andere Art geradezu zwangsläufig AUCH in dieser uns bekannten Welt der fließenden, ‚historischen‘ Zeit und des geografisch relativ klar unterteilbaren Raumes nieder[160].

---

158 ... insbesondere die Thorah, also die ‚Fünf Bücher Mose‘, aber auch alle anderen Bücher bis hin zu den Schriften des Neuen Testamentes

159 ... also wörtlich ‚abgrenzbar‘, bzw. ‚um- oder ein-grenzbar‘

160 ... und zwar typischerweise sogar wieder und wieder, siehe

117

Jedoch beschreibt die Bibel nicht in erster Linie diesen ‚Niederschlag' im Zeiträumlichen, sondern nutzt lediglich die Begriffe aus der uns bekannten Welt (Kultur und Natur), um die an sich unausdrückbaren ewigen Prinzipien für uns in Gleichnissen dennoch ausdrücken zu können.

Darüber hinaus ist bei allen Versuchen, biblisches Geschehen in der Historie wiederzufinden, zu bedenken, dass die Heilige Schrift die Dinge nicht so beschreibt, wie WIR sie als sinnlich-wahrnehmende Wesen mit unseren egoistischen Perspektivbeschränkungen erleben würden, und schon gar nicht wie man sie als professioneller ‚Historiker' beschreiben würde …

Die Bibel beschreibt das Geschehen schlichtweg so, wie GOTT selbst es sieht.

Ein Leitsatz der jüdischen Überlieferung, wo diese noch in ihrer Tiefe erlebt wird, und nicht zu bloßem ‚Volkskulturgut' umdeklariert worden ist, lautet: ‚Es gibt kein Vorher und Nachher in der Thorah'[161]. Wenn dieser Satz in der angeführten Talmud-Stelle auch dem Kontext nach oberflächlicher gedeutet werden kann, so ist doch seit langem (wenn nicht 'seit jeher') auch die Auslegung bekannt, dass dieser Satz eben auf die EWIGKEIT hinweist, in welcher ein jedes Wort, ja: ein jedes einzelne Zeichen der Heiligen (insbesondere ‚Schriftlichen') Thora besteht. Zum Beispiel: Wenn ‚Israel' durch ein ‚Passah-Opfer' und

---

dazu auch den berühmten Vers aus dem Prediger: ‚Es gibt nichts Neues unter der Sonne'

161 … ‚Ejn Muq'dam weMe'uchar baThorah', siehe etwa Talmud Bavli, im Traktat 'Schabbath'

das dazugehörige Gotteswunder aus ‚Ägypten befreit‘ wird, dann ist das nicht ‚irgendwann einmal geschehen in der historischen Geschichte‘, sondern dann geschieht es IMMERZU in eines jeden Menschen Seele – mindestens als vorhandenes Potential. Hierauf wird in der mündlichen Überlieferung der Juden schon immer mit Nachdruck hingewiesen. So sollen wir uns (neben fünf weiteren Sachverhalten) gerade dieses Auszuges aus der Knechtschaft Ägyptens erinnern; und zwar tut man dies im jüdischen Brauch jeden Tag nach dem Morgengebet[162]. Und ist nicht Christus gerade dieses ‚Lamm Gottes‘, das ursprüngliche ‚Passah-Opfer‘, durch das wir erlöst sind?! So mag ein jeder ‚Christ‘ selbst entscheiden, ob er nicht manchen jüdischen Brauch, manche jüdische Betrachtungsweise auch für sich erwählen will. Jesus selbst wird sicher alle jüdischen Bräuche pflegen, welche nicht dem Wesen des lebendigen Gottes widersprechen. Und unserem Herrn sollen wir nachfolgen, sein Beispiel nachahmen. Und wiederum sei die Betonung auf die GEGENWART gelegt: Nicht ‚damals‘ hat Jesus so und so getan. IMMER tut er, und ‚hier und jetzt‘ ganz besonders!

Die Gefahr des Suchens von biblischen Geschehnissen ALLEIN in der äußerlichen ‚Zeitwelt‘ unserer ‚Historie‘ besteht darin, dass dieses ‚Festmachen‘ der Dinge nichts anderes ist, als das ‚ans Kreuz nageln‘ des Geistes, der in den biblischen Geschichten lebendig ist, es ist ein ‚Binden der

---

162 … basierend auf der Deutung von Deuteronomium 16,3; und siehe hierzu auch den Artikel ‚Gekleidet in Licht‘ in der Rubrik ‚Erbauliches‘

Seele' in die erstarrende Materie der ‚vier Elemente'
hinein – in der Bibel auch immer wieder als das
‚Anfertigen von gegossenen Bildern' umschrieben.

Der Leiter des Friedrich-Weinreb-Tonarchivs, Dieter
Miunske, weist in einem seiner Vorträge darauf hin,
dass das Wort ‚wann' in der Bibel (im Hebräischen
Original) GENAU GLEICH geschrieben wird, wie
der Begriff ‚mein Tod; mein Tot-sein': ‚Mattaj' und
‚Methi'[163].

Mal ein kleiner Ausflug in die Zahlensymbolik: Der
Zahlenwert dieses Begriffs ‚wann'/'mein Tod' ist die
450, was die '45 auf der nächsten Ebene' ist – und
die 45 ist die Zahl von ‚Adam' (1+4+40 = 45). Die
45 von Adam kann als die Zahl des ‚Menschen im
Ursprung' begriffen werden[164], die sich dann als
‚450' in der ‚Gegenwart' zeigt[165]; der ‚ursprüngliche
Adam' erweist sich also für unsere Gegenwart als
‚mein Tod' …

… und das Wort ‚Wo' in der Bibel ist meist das
Hebräische ‚Aj', oder ‚Ajeh', geschrieben Aleph-
Jod(-He). Exakt identisch geschrieben wie das Wort
für einen ‚Küstendämon'[166], oder schlichtweg für
‚Küste' und ‚Insel'.

---

163 … beides geschrieben mit den drei Zeichen Mem-Thaw-Jod

164 … für den ‚Ursprung', die ‚Vergangenheit', das ‚Vorweltliche'
stehen in der Zahlenmystik die ‚Einer'

165 … für welche die ‚Zehner', bzw. das je Zehnfache der ‚Einer'
stehen

166 … ausgesprochen dann als ‚Ij', im Plural ‚Ijjim', siehe etwa
Jesaja 34,14, wenn auch dort oft anders übersetzt, etwa als ‚wilde
Hunde', ‚Marder', ‚Hyänen', ‚monsterous beasts', ‚wild beasts of
the island', ‚wolves'

Und zu diesem Begriff eines ‚Küstendämons' ist zu sagen, dass es ein Wesen ist, das gerade an der ‚Küste', an der ‚Grenze' zwischen ‚Trockenem' und ‚Wasser' lebt, symbolisch also im Übergangsbereich von Ewigkeit und Zeitlichkeit. Und genau DORT lauert durch diese Wesen dann eben die Gefahr.

So ist die Frage nach dem ‚Wo?' eines Geschehens nicht an sich schon ‚böse'. Aber sie bringt uns in ein Gebiet, in dem durchaus Gefahren lauern. Man sei also vorsichtig auch mit ‚geografischen' Einordnungen von biblischem Geschehen[167].

---

167 … und dazu sei auch alles ‚über die Schrift hinaus gehende' an Überlieferungen gezählt, sei es jüdischer, christlicher, oder sonstiger Tradition

## ERBAULICHES

‚Erbauliches' soll, wie das Wort selbst besagt, etwas ‚erbauen' – und zwar sollen hierzu Texte gesammelt werden, die auf jener ‚Grundlage', die (in der Einstiegs-Rubrik) zuvor in Gestalt des Christus Jesus, des Messias Jeschua, gelegt worden ist, den nun mehr ‚äußerlich' sichtbaren/wahrnehmbaren/erscheinenden Teil des Ganzen erbauen, welcher nicht mehr so sehr die ‚innere Stabilität' im Fokus hat (die sollte durch das Fundament hinreichend gesichert sein), sondern der darüber hinaus auf eine zweckmäßige ‚Außenwirkung' abzielt[168], optimalerweise mit zunehmender Strahlkraft und Reichweite durch einen besonders imposanten und dabei wohlgeformten Bau aus lebendigem Gestein, der, so Gott will, auch den dazu berufenen Mitmenschen erbauliches Zeugnis wird.

Es handelt sich in dieser Phase[169] konkret um ein 'Schleifen der (seelischen) Werkzeuge' am perfekten Vorbild Christi, das heißt: um ein ständiges Verbessern(-Lassen) und ein In-Übung-Halten von 'Wille, Verstand und Gedächtnis'[170]. Und im Optimalfall eines *gemeinschaftlichen* Strebens geht

---

168 ... in erster Linie freilich auf das EIGENE Äußere bezogen, namentlich auf die äußere Erscheinung, manifest etwa im physischen Körper und den allgemeinen und konkreten Lebensumständen, und -gewohnheiten

169 ... welche übrigens im Grunde das eigentliche geistige LEBEN bedeutet, nachdem die 'Grundlage' zuvor überhaupt erst die 'geistige Geburt' darstellt

170 ... wie diese 'Werkzeuge' beispielsweise bei vielen mittelalterlichen Mystikern genannt werden

es dabei nicht nur um ein Schleifen der EIGENEN 'Werkzeuge', sondern auch um die der Mitbrüder und solcher, die es werden wollen.

Vermöge dieser Praxis soll mit der Zeit das 'Herz', also Verstand und Gemüt gleichermaßen, 'für die Tugend erwärmt werden' - und das meint eben nicht, irgendwelche konkreten TugendEN, sondern DIE Tugend, die TugendHAFTIGKEIT überhaupt, soll das Feuer in der Brust werden, das mehr und mehr alles Handeln und allen Wandel antreibt.

Und das Bewusstsein dieser wundersamen Kraft, die das Ewige selbst in unsere Brust gesenkt hat, auf dass wir sie bewahren und verteidigen mögen gegen die finsteren Einflüsse von Außen und Innen - dieses heilige Bewusstsein in Ehrfurcht vor dem großen Gönner ist letztlich zu empfangen als der Lohn dieses eifrigen 'Schleifens', dieses Anfachens des inneren Feuers[171].

Wo sich im Folgenden auf die jüdische Überlieferung bezogen wird, ist in der Regel der chassidische Maggid[172] Friedrich Weinreb (sein Andenken sei zum Segen) die Hauptquelle, über die der Zugang des hier Schreibenden zum jeweiligen Überlieferungsmaterial primär geschieht. Auf Weinrebs sehr ausführlichen Darlegungen zu verschiedensten Themenbereichen baut also das meiste auf, was im Folgenden ausgeführt wird und das in irgendeiner Weise in diese

---

171 ... dessen Licht eben zuvörderst die menschliche 'Vernunft' ist' aber nicht als ein kaltes Nutzendenken begriffen, sondern als anteilnehmendes, liebevolles Ordnen und Gestalten der Begriffe, des eigenen 'Weltbildes'

172 ... = ‚Erzähler‘, fälschlich oft als ‚Prediger‘ übersetzt

Richtung der jüdischen Überlieferung verweist, bzw. davon her inspiriert ist.

## Schöpfung und Neugeburt
### *Das morgendliche Handwasch-Ritual im Jüdischen Brauch*

Die Taufe und ihre Symbolik ist von großer Bedeutung. Und zwar nicht nur im christlichen Brauch als ein äußerliches Zeichen, sondern als etwas Prinzipielles, als eine grundsätzliche, jeden Lebenslauf betreffende Möglichkeit der Neu-Werdung. Das erste Mal im Leben ist das dann der Fall, wenn der Entschluss zur Umkehr aus dem Verstricktsein in diese Welt erstmals bewusst gefasst ist, bzw. wenn die ersten Schritte in diese neue Richtung getan werden. Hierfür steht insbesondere das Prinzip der ‚Taufe des Johannes‘, der ‚Wassertaufe‘ im christlichen Brauch[173].

Nun ist aber dieser ‚Wille zur Umkehr‘ nicht etwas, das einmal in Vollendung ‚getan wird‘ und dann für den Rest des Erdenlebens ‚erledigt‘ ist. Vielmehr gilt es, in jedem Moment aufs Neue diese Bereitschaft zur Umkehr zu erleben, sich in jedem neuen Moment[174] als ’neugeboren‘ zu fühlen: alles bisherige kann von jetzt an hinter sich gelassen werden, alle Fehler die man gemacht hat, können in Zukunft vermieden werden, alle langjährigen schlechten

---

173 … siehe dazu auch den entsprechenden Artikel der Rubrik ‚Grundlage‘

174 … oder jedenfalls ’symbolisch‘, ‚pars pro toto‘, an jedem neuen Morgen, an dem man erwacht

Gewohnheiten können im Prinzip von jetzt auf gleich abgelegt werden. Ein Neuanfang ist in dieser Welt der ‚linearen Zeit' immer möglich, solange man handelnd, solange man WÄHLEND in dieser Welt existiert.

Diese völlige Umkehr, dieses gänzliche Hinter-Sich-Lassen von allem bisherigen, ist nichts anderes als eine NEUGEBURT, eine Neu-Schöpfung desjenigen Menschen, der die ‚Buße' tut. Diese Buße, dieser Wille zur Umkehr, muss zur grundlegenden Haltung im Leben werden, um in jedem Moment aufs Neue, aus dem Unbewussten heraus in den Alltag hineinzuwirken. Wenn man all dies nur auf den einen Moment reduzieren will, in dem man erstmals BEWUSST Umkehr angestrebt (und vielleicht auch schon in diesem oder jenem Bereich vollzogen) hat, dann missachtet man ein Schöpfungsprinzip: dass nämlich das Ewige sich in der Zeit gerade durch die ständige Wiederholung manifestiert. Wie alle Kreisläufe der Natur aus einem ständigen Geboren-Werden, Sterben und Wieder-Geboren-Werden bestehen, aus einem Kommen und Gehen von Generationen der selben Art und Gattung – so erweist sich WAHRE Umkehr auch erst darin, dass sie in immer neuem Alltagskontext dieselbe Grundhaltung wieder und wieder neu verwirklicht im Leben des Umgekehrten, Umkehrenden.

Im selben Sinne ist es die Sichtweise der jüdischen Überlieferung, dass der Ewige die Schöpfung nicht ‚irgendwann einmal am Anfang damals' geschaffen hat, und diese Schöpfung seitdem wie ein totes Uhrwerk ihren vorgezeichneten Gang geht, während sich ihr Schöpfer elegant in den Hintergrund

125

zurückgezogen hätte ... Nein, vielmehr schafft der Ewige seine Schöpfung in jedem Moment NEU, Seine LIEBE zu Allem ist es, die die Schöpfung in jedem Moment aufs Neue entstehen lässt – denn die Schöpfung ist keine ‚Konstruktion‘, wie wir Menschen uns das vielleicht vorstellen wollen. Die Schöpfung ist gewachsenes, wachsendes Leben, das aus dem Ewigen immerzu neu hervorfließt, hervorquillt, als aus der Quelle geschöpftes ‚Wasser‘[175].

Im jüdischen ‚Verhaltenskodex‘ schlägt sich diese Auffassung des Ewigen, als ein sich in der Zeit durch unendliche Wiederholung Offenbarendes, im Bezug auf die ‚Buße‘ nun unter anderem darin nieder, dass der Mensch sich morgens jedes Mal wieder direkt beim Aufstehen die Hände mit Wasser übergießt, um so seine prinzipielle ‚tägliche Neugeburt‘ zu zelebrieren.

Eine ausdrücklich ‚praktische‘ Begründung für das morgendliche Händewaschen gibt die ausschlaggebendste Darstellung des jüdischen ‚Verhaltenskodexes‘, der sogenannte ‚Schulkhan Aruch‘ (‚Gedeckter Tisch‘), wie folgt an[176]:

---

175 ... ein Begriff, der ja immer auch für das ‚Fließen von Zeit‘, für ‚Dauer‘ als Geschenk steht, das uns nicht alles nur ‚auf einmal‘ zu schlucken zwingt, sondern uns den ‚langen Weg‘ ermöglicht, die Welt, das Leben in allen Dimensionen auszukosten, ‚von Ewigkeit zu Ewigkeit‘ letztendlich; denn auch die ‚Ewigkeit‘ der ‚Kommenden Welt‘ beinhaltet SELBSTVERSTÄNDLICH auch Zeit und Raum – nur eben ‚ein Spiralrund höher‘ erlebt, leichter, befreit von der Schwere DIESER Welt, wie wir sie in unserer Beschränktheit als Menschen wahrzunehmen pflegen

176 ... siehe etwa im Kitzur Schulchan Arukh von Schlomo Ganzfried das Kapitel 2, speziell Paragraph 1, sowie Ergänzungen

126

Zunächst wird auf die priesterliche Praxis verwiesen, dass sich vor dem Dienst die Hände gewaschen werden[177]. Auch, dass jedes morgendliche Erwachen des Menschen ein ‚Neu-Geschaffenwerden zum Dienst des Schöpfers‘ ist, wird ausdrücklich angemerkt[178].

Und dann wird eine noch sehr konkrete praktische Dimension ausgeführt: Wenn des Menschen ‚Neschamah‘[179] nämlich den Körper verlässt, während er schläft, ergreift ein Geist der Unreinheit (‚ruach ha-tum'ah‘) Besitz von diesem, bzw. wörtlich: ‚ein Geist der Unreinheit lauert auf seinem Körper‘ ('schurah ‚al gupho‘). Kehrt beim Erwachen dann die Neschamah wieder zurück, vertreibt sie diesen Geist der Unreinheit aus dem gesamten Körper, bis auf die Fingerspitzen. Diese müssen daher unbedingt mit Wasser abgewaschen werden, um diesen ‚Zustand der partiellen Besessenheit‘ zu heilen. Das Wasser trägt danach einen ‚Geist des Bösen‘ (‚ruach ra'ah‘) und soll daher nicht weiter benutzt werden, und nur dorthin weg gegossen werden, wo kein Mensch darüber läuft[180]. Man betrachte in diesem Lichte vielleicht auch einmal die gängige Praxis in modernen Städten, die Abwässer

---

in 4+5

177 … sich auf Psalm 26,6 berufend: ‚Ich wasche in Unschuld meine Hände und gehe um deinen Altar herum, Ewiger‘

178 … beides schon in den ersten zwei Sätzen des ersten Paragraphen

179 … 'Neschamah' ~ ‚göttlicher Seelenhauch als Kern des individuellen Wesens‘

180 … siehe Kitzur Schulchan Arukh Kap. 2, Par. 3+4

der Bewohner in Kanälen unterhalb von Straßen und Gehwegen entlangzuführen - und dabei regelmäßige Öffnungen in Gestalt von 'Gullideckeln' einzubauen, über die der Gedankenlose zweifellos desöfteren hinwegschreitet ...

Was hat dies nun zu bedeuten, wenn wir nicht von stumpfem Gespenster-Aberglauben ausgehen wollen, welcher eine solch plastische Beschreibung hervorruft?

Zunächst: Die Neschamah ist dasjenige im Menschen, das ihn zum ‚Gleichnis Gottes' macht. Schließlich ist sie es, die dem Adam von Gott eingehaucht wird, auf dass er ‚zur lebendigen Seele' werde (Genesis 2,7). Das Wort ‚Neschamah' bedeutet wörtlich auch tatsächlich in etwa ‚Atem, Odem', kann laut Überlieferung jedoch zudem als ‚lasst uns Namen geben' übersetzt/gedeutet werden, was auf die Fähigkeit des Menschen hinweist, Dinge und Wesen zu ‚benennen', also auf die Tatsache, dass er ‚mit dem Wort begabt' ist. So wird die Neschamah dann auch als ‚das Wort Gottes' selbst verstanden, das dem Menschen als dessen ihn belebender Atem geschenkt ist, wodurch er als einziges unter den Geschöpfen diese Wunderkraft des Schöpfers hier auf Erden verwalten darf, und dadurch mit dem Schöpfer gewissermaßen ‚ins Gespräch kommt', indem der Mensch auf die ihm zugeteilten Lebensumstände seines gottgegebenen Schicksals mit seinen täglichen Handlungs-Entscheidungen im Leben ‚antwortet'.

Die ‚Finger' nun sind die konkreten Auswüchse der ‚Hände', des ‚Handelns' also des Menschen. Und die

128

FingerSPITZEN dann wiederum das alleräußerste davon.

Das fließende Wasser ist die ‚Zeit‘, die vergeht, bzw. allgemeiner ist es ‚unsere äußerliche Existenz als räumlich-zeitliche Wesen‘, wie sie ständig in Bewegung ist, ständig ‚am vergehen‘ ist.

Die Beschreibung des Schulchan Arukh, erzählend von jenem ‚unreinen Geist‘, der sich ‚lauernd auf den Körper legt‘, und der durch die zurückkehrende Neschamah nur ‚bis in die Fingerspitzen zurückgedrängt‘ werden kann, ließe sich also für heutige Ohren vielleicht andeutungsweise etwa folgendermaßen ‚übersetzen‘:

Das Konkrete, Äußerliche in unserem Handeln ist als einziger Aspekt unserer individuellen Existenz nicht ‚automatisch‘ gereinigt/geheilt, sobald das Wort Gottes in uns ‚den wahren Menschen (wieder) erweckt‘; dieses äußerliche Handeln muss daher erst ‚im Fließen der Zeit unseres Alltags‘ gereinigt werden, die ‚bösen Geister‘ der ‚Nachtwelt‘, des Untätigseins, der Bewusstlosigkeit, müssen hinaus gespült werden im bewussten ‚Antreten des Priesterdienstes‘ im Alltagsleben.

Und das also jeden Moment aufs Neue.

Die allmorgendliche Routine im Judentum[181], seine Hände als nahezu allererste Handlung am Tag mit Wasser zu übergießen, ist in gewissem Sinne außerdem ’nur‘ eine Symbolhandlung für das

---

181 … wo dieses noch vom guten Geist beseelt ist und weder einer vermeintlichen ‚Aufklärung‘ anheimgefallen, noch in die Wirrheit eines chauvinistischen Fanatismus abgeglitten ist …

eigentlich gemeinte ‚Tauchbad (Miqweh), in das man komplett (dreimal) untertaucht, um so das selbe Prinzip zu verkörpern, wie es die christliche Taufe, bzw. jedenfalls der erste Aspekt von dieser, die ‚Taufe des Johannes', leistet: das völlige Eintauchen in die Zeitlichkeit, das dort Begraben-Werden, das Sterben, und das Wiederauferstehen aus dem ‚Zeit-Grab' zum Leben in der Sphäre des Ewigen, dem ‚Trockenen', bzw. ‚an der Luft', ‚von Luft umweht'[182].

Nachdem ich also beim Aufwachen morgens den Ewigen still als mein 'ständiges Gegenüber' vergegenwärtigt habe[183] und dann als erste Äußerung meiner Stimme das Dankeswort gesagt habe dafür, ‚dass der lebendige und beständige König mir in seinem Erbarmen meine Neschamah zurück in mich hinein gebracht hat, da seine Treue so groß ist'[184] – ist also meine erste eigentliche HANDLUNG des neuen Tages eben dieses ‚Händewaschen', das Zelebrieren des Neugeboren-Seins, insbesondere auf die Hände, also das ‚Handeln' bezogen, dass mir auch an diesem neuen Tag wieder ermöglicht wird, alles völlig neu anzugehen. Hallelujah!

---

182 ... und ‚Luft' = ‚Ruach' = ‚Geist'; siehe wiederum den Artikel ‚Taufe' in der Rubrik ‚Grundlage'

183 ... 'schiwiti JHWH le-negdi tamid', Psalm 16,8a

184 ... ein traditioneller Dankesspruch, abgeleitet von Klagelieder 3,22+23, für näheres siehe z. B. Kitzur Schulchan Arukh Kapitel 1, Paragraph 2

## Opfergaben
*Opfergaben levitischer Ordnung und ihr Widerhall*
*im Alltag des Christus-Jüngers*

‚Opfer' ist ein zentrales Thema in der biblischen Geschichte – ja, eigentlich wohl sogar in jedem aufrichtigen Streben nach einem Leben im Einklang mit dem Ewigen, von welcher Weltanschauung auch immer dabei ausgegangen wird. Das ‚Sich-Selbst-Aufopfern' wird dabei sogar von ‚modernen' Atheisten (wenigstens bis zu einem gewissen Grad) als Notwendigkeit akzeptiert, um Gutes in diesem Leben hier auf Erden verwirklichen zu können. Aber … dieses eher ‚metaphorische' Aufopfern von eigener Zeit und eigenen Ressourcen dann mit den in der Bibel minutiös beschriebenen ‚blutigen', ‚primitiven' Opfer-Riten zusammenzubringen … das ist auch für heutige Christen oft ein schwieriges Thema. All zu gern wird an dieser Stelle schlicht behauptet, die Opfer-Riten des ‚Alten Testament' seien ja heute durch das einmalige Opfer Jesu Christi ein für alle Mal ‚abgeschafft', überflüssig geworden. Dass sich mit so einer Aussage im Grunde selbst widersprochen wird, sollte im Verlauf der nächsten Absätze bald klar werden.

Drei Arten von Opfergaben sollen dazu im Folgenden besprochen werden. Das Brandopfer, das Speisopfer und das Friedensopfer. Eine wesentliche Basis der folgenden Ausführungen bildet eine Kurz-Video-Reihe des deutsch-afrikanischen Predigers Steve Okunola, die im Internet auf Youtube zum Thema ‚Opfer' veröffentlicht wurde – diese Reihe gab dem hier Schreibenden den ersten Impuls zur Beschäftigung mit der Opfer-Thematik in diesem

Sinne, und einige der hier vorgebrachten Deutungen sind direkt von dieser Video-Reihe Okunolas übernommen.

Im Vordergrund soll dabei nun stehen, was diese Opfergaben ihrem Symbolgehalt nach für den individuellen Wandel eines Dieners des Ewigen bedeuten – auch heute noch, ganz jenseits irgendeines oberflächlichen Schlachtopferkultes, bei dem man (angeblich) ‚andere' Lebewesen für die eigenen Sünden opfert, anstatt die Verantwortung fürs eigene Handeln, mit dem Beistand Gottes, selbst auf sich zu nehmen. Denn aller äußerlicher Ritus ist seit jeher EIGENTLICH in erster Linie ein Abbild von Himmlischem, das uns auf diesem anschaulichen, handfesten Wege näher gebracht werden soll. Das Hebräische Wort für ‚Opfern', Korban, ist wortwörtlich eigentlich als 'näherbringen; sich nahen' zu übersetzen. Denn in Gestalt der Prozesse, die sich in den sogenannten ‚Opfergaben' verkörpern, können wir als Priester Christi uns dem Ewigen nähern, indem wir diese Opfergaben ‚in Wahrheit und Geist' darbringen (und eben nicht in physischem Blutvergießen und Fleischzerhacken …).

Auch die jüdische Überlieferung stellt klar: Die wahren Opferhandlungen haben sich immer NUR in einer Dimension der Realität abgespielt, die für uns heutige Menschen mit unserer Wirklichkeitswahrnehmung als eine Art ‚Traumwelt' bezeichnet werden müsste. Die Sprache der Überlieferung drückt das dann so aus, dass ‚die Opferhandlungen nur in der Zeit des Tempels stattfinden können'[185]; nach der ‚Verwüstung des Tempels'[186] sind wir ‚im Exil', wo keine Opfer mehr möglich sind, und wo stattdessen ‚die Opfer unserer Lippen den ursprünglichen Dienst ersetzen'. So ist also die ‚Zeit des Tempels' jene ‚Traumwelt', von der wir als ‚verbannte Kinder Israels' abgeschnitten sind mit unserer körperlichen Existenz, in der sich aber prinzipiell immer noch alles AUCH abspielt, was wir hier im Exil tun – nur auf einer ‚höheren Ebene': Bringen wir hier in der ‚materiellen Welt' unsere eigene körperliche Existenz in dieser oder jener Hinsicht als ‚Opfer' dar, um so dem Ewigen zu dienen ... dann zeigt sich in jener ‚Traumwelt', wie wir dabei ganz ‚plastisch' als der ‚Israelit in uns' eins der ‚tadellosen Tiere unserer Herde' an den ‚Priester in uns' übergeben, und sich dort ‚im Tempelvorhof' das in der Thora minutiös beschriebene ‚Opferritual' vollzieht.

Grundsätzlich gilt: In allen Opfergaben des Levitischen Ritus spiegelt sich das absolute Opfer des Christus wieder, das, vom Ewigen her betrachtet, schon vor ‚Grundlegung der Welt' geschehen ist[187], bzw. das immerzu im Ewigen geschieht, und sich vor nun mehr rund 2000 Jahren dann in einem historischen Ereignis als handfeste ‚äußerliche' Realität manifestiert hat. In jedem Detail der levitischen Opfergaben kann deshalb ein Aspekt der

---

185 ... und damit wird KEIN Gebäude aus Stein gemeint, das möglicherweise von eifrigen Israelis irgendwann im irdischen Jerusalem ‚wieder'-erbaut werden wird ...

186 ... bzw. wörtlich: des ‚Hauses Gottes' oder des ‚Hauses des Heiligtums'

187 ... siehe Offenbarung 13,8

Selbstaufopferung des Messias gesehen werden.

Darüber hinaus jedoch, weil nämlich der Christus in allen seinen Nachfolgern lebendig sein muss[188], zeigen die levitischen Opfergaben gleichzeitig dem Gläubigen auf, wie dieser in seinem eigenen Leben den Messias erhöhen kann. Jedes Detail der Opferanweisungen kann deshalb auch als Hinweis gelesen werden, an welchen Punkten in unserem eigenen Wandel das ‚Kreuz Christi' greifen soll, und auf welche Art und Weise.

Das Ganzopfer (oder ‚Brandopfer'), bei dem alles ganz ‚aufsteigt gen Himmel', ist die erste Grundvoraussetzung für alles weitere. Das bedeutet fürs Geistige: Zu aller erst muss der Diener des Ewiglebendigen bereit sein, sich selbst – seine ganze individuelle Existenz – aufzuopfern, das heißt in die Hände des Ewigen und seines Messias zu legen, der da ist: das fleischgewordene ‚Wort Gottes' (= die Thora), der nach seiner Auferweckung vom Tode (= von der einstigen Inaktivität) nun lebendig ‚zur Rechten der Macht sitzt' (= als die ‚rechte Hand', als das direkte Handeln und Wirken des Ewigen innerhalb der Schöpfung dient), zu ‚richten (= berichtigen) die Lebenden und die Toten'[189].

Dem Brand- und Ganz-Opfer entspricht deshalb die Bereitschaft, dem Messias in der Tat ‚bis ans Kreuz' zu folgen, das heißt: genau so wie Er den schmachvollen und harten Weg anzutreten, der mit Gewissheit den ‚Tod des Fleisches an der Vierheit

---

188 ... z. B. Galater 2,20; Johannes 15,5

189 ... siehe zu solcherlei Ausdrucksweisen auch nochmal den Artikel ‚Bekenntnis' in der Rubrik ‚Grundlage'

des Materiellen' zur Folge hat – ein (Ab-)Sterben (des eigenen Fleisches), das die Voraussetzung für die darauffolgende ‚Wiedergeburt aus Wasser und aus Geist heraus'[190] ist, für die ‚Auferweckung von den Toten', zum ‚ewigen Leben', zugunsten eines – abstrakt gesprochen – 'sich-selbst-erlebenden Lebendigseins als Existenz bis in die Dimension der Ewigkeit hinein'.

Im selben Maße, wie die Bereitschaft zur völligen Selbstaufgabe eine Notwendigkeit für alles weitere im Glaubensleben ist, wenn es ein dem Ewigen entsprechendes Glaubensleben sein soll, so ist auch das Ganzopfer im levitischen Ritus eine Notwendigkeit für alle weiteren Opfergaben, die darauf aufbauen. Wird irgendeine andere Opfergabe versucht darzubringen, ohne dabei das ‚Feuer', die glühenden Kohlen vom Brandopferaltar zu benutzen, auf dem man zuvor das Ganzopfer gebracht hat – so ist es eine Opfergabe mit ‚fremdem Feuer' und endet, wie im Falle von Nadav und Abihu geschehen[191]: der Ewige verzehrt die Falsch-Opfernden, anstelle der Opfergaben, mit seinem unauslöschlichen Feuer[192].

---

190 ... Johannes 3

191 ... Levitikus 10,1ff

192 ... zu Nadav und Abihu gibt es jedoch auch andere Sichtweisen in der jüdischen Überlieferung, die hier nur erwähnt sein sollen, ohne näher darauf einzugehen; etwa, dass die beiden vor eifernder Ungeduld taten, was sie taten, und deshalb von Gott auf diesem Wege ‚besonders unverzüglich zu sich genommen worden sind', also nicht eigentlich aus ‚Strafe', sondern als ‚Lohn' für ihren Eifer; laut Überlieferung sollen wir uns in jedem Fall immer hüten, Figuren aus der Bibel als 'sündig' zu betrachten, auch, wenn ihre beschriebenen Taten von unserer Perspektive aus eindeutig als ‚Übertretung des Gesetzes Gottes' erscheinen, wie

Entsprechend schreibt Paulus: ‚Ich ermahne euch nun, Brüder, durch die Erbarmungen Gottes, eure Leiber darzustellen als ein lebendiges, heiliges, Gott wohlgefälliges Schlachtopfer, welches euer vernünftiger [wörtlich etwa: euer ‚dem Logos/Wort entsprechender‘] Dienst ist.‘ (Römer 12,1)

Betrachten wir nun noch einige Details der Anweisungen zum Brandopfer, kommen noch manche interessante Entsprechungen in den Blick.

‚Es soll das Feuer auf dem Altar immer brennen‘: Die Bereitschaft, die eigene Existenz, das eigene Leben vollständig ‚dahinzustellen‘ (Johannes 10,17f; 15,13) ‚für seine Freunde‘ (und für seine Brüder und Schwestern), muss immer vorhanden sein. Das ‚Feuer des Geistes‘ darf niemals ausgehen.

‚Der Priester soll die Hände auf den Kopf des Opfertieres stützen‘: Der Nachfolger des Messias stützt für seine eigene Selbstaufopferung all sein Handeln auf das Haupt (= Prinzip) des für ihn Geopferten (= Messias), sodass also all sein Handeln nach den Prinzipien des Messias ausgerichtet sei.

‚Das Blut des Geopferten soll ringsum an den Altar[193] gesprengt werden‘[194]: Das Gleichnis des Messias muss von allen Seiten dem Sich-Darbringenden entgegentreten; die gesamte individuelle Wirklichkeit

---

etwa im Falle des Dawid mit der Batscheva und ihrem Mann Uria, etc.

193 … ‚Altar‘ ist auf Hebräisch wortwörtlich zum Beispiel zu übersetzen als: ‚[sich-]Darbringendes‘

194 … das Hebräische Wort für ‚Blut‘ kann u. a. immer auch als ‚gleichen, Gleichnis‘ übersetzt werden

muss somit zu einer Heiligen Schrift werden, die ihm das Evangelium verkündigt.

‚Das Opfer soll zerlegt werden, Kopf und Fett sind auf dem Holz zuzurichten': Unser Messias muss unter alle Welt verteilt werden (indem er in allen seinen Jüngern, wie sie auf Erden wandeln, lebendig sein soll), sein Prinzip und das Beste von ihm müssen unbedingt auf dem Holz (= auf dem ‚Kreuz'; innerhalb der gefallenen, grausamen, materiellen Welt) das Werk für diese Welt vollenden.

‚Eingeweide und Schenkel sollen in Wasser gewaschen werden': Die ‚Reinigung im Wasserbad des Wortes'[195] muss gleichermaßen das Innerlichste betreffen, wie auch den äußerlichen Wandel.

Das Speisopfer besteht dann darin, aufbauend auf dem primären Ganzopfer, zusätzlich Feinmehl, oder Kuchen und Brotfladen aus Feinmehl, darzubringen; stets mit Öl begossen und mit Weihrauch verfeinert[196]. Insbesondere das Gewinnen von Feinmehl ist dabei nun der Prozess, in dem etwas (nämlich die Frucht des Getreides, 'das Geerntete') immer weiter verfeinert wird, in tagtäglicher Mühsal[197].

Vom Hebräischen her ist das ‚Speisopfer' eigentlich

---

195 ... Paulus an die Epheser, Kapitel 5,26

196 ... Details in Levitikus 2 und 6,7-16, bzw. 6,14-23 in anderer Verszählung

197 ... die hierzu gebrauchten Siebe sind recht massiv und der Siebe-Vorgang nimmt Zeit in Anspruch, zudem muss sich damit arrangiert werden, niemals ‚ganz fertig' werden zu können, weil es stets wieder Bedarf nach neuem Feinmehl geben wird, solange man noch weiter opfern will und muss

137

eher als ‚Geschenk‘ oder als ‚Tribut‘ zu übersetzen (‚Minchah‘), wortwörtlich jedoch ist es sogar das ‚Besänftigende‘, das ‚Beruhigende‘ und das ‚Beschwichtigende‘ (vom selben Stamm wie der Name ‚Noach‘, bzw. 'Noah').

Die Symbolik dieses Opfers also meint, durch einen tagtäglichen, nie ganz zu vollendenden Prozess der ‚Feinsiebung‘ der eigenen Verhaltensweisen und Denkmuster dafür zu sorgen, dass es zu einem zunehmenden ‚Beruhigen‘ kommt, zu einem Beschwichtigen des rechtmäßigen ‚Zornes der Gottheit‘ aufgrund unserer menschlichen Unzulänglichkeiten, durch den wir im Bestfall gezüchtigt, im schlimmsten Fall gar vernichtet werden. Es ist dies gleichermaßen ein Beruhigen dieses Zornes der Gottheit und ein Beruhigt-Werden DURCH die dabei zur Geltung kommende Gnade dieser Gottheit. Ein Beruhigt-Werden, das darin besteht, dass man in der Folge der völligen ‚persönlichen‘ Selbstaufgabe (= das ‚Ganzopfer‘) vermittels der freiwerdenden Energie derselben (= das ‚Feuer‘ dieses Ganzopfers) einen wenigstens symbolischen Tribut entrichtet demjenigen, der (oder ‚das‘) einem ermöglicht, entgegen aller Gerechtigkeit, aus reiner Gnade und Barmherzigkeit, zu LEBEN, so als hätte man die Ordnung der ursprünglichen Schöpfung nie verlassen gehabt. Dankbarkeit ist[198] deshalb vielleicht eine wesentliche Triebkraft, die uns zum täglichen Feinsieben verhilft, um unser Beruhigt-Werden als einen Tribut unserem Schöpfer wenigstens symbolisch zurückzugeben.

---

198 … neben der noch wichtigeren Treue, dem Glauben und Vertrauen

Auch zum Speisopfer sollten wir uns aus einer symbolischen Perspektive nun noch einige Details der Anordnungen ansehen.

Die Symbolik des Öls ist aus neutestamentlicher Perspektive ganz klar das ‚Erfüllt-Sein mit dem Geist der Heiligkeit'. Unsere ständige Arbeit an unserem Alltagswandel muss also vom Geist Gottes geleitet sein, darf nicht ohne diesen von Statten gehen[199].

Bei der Symbolik des Weihrauchs kann einerseits einfach das ‚Gebet eines Heiligen' gesehen werden[200], wenn der Weihrauch schlicht als ein ‚Räucherwerk' aufgefasst wird. Darüber hinaus allerdings kann auch die Hebräische Wortwurzel, die von der Farbe ‚Weiß' spricht, in Betracht gezogen werden: Der Weihrauch also steht für das reine, lautere Bitten, das der an sich selbst Arbeitende stets auf den Lippen haben soll (siehe etwa 1. Thessalonicher 5,17).

Dass kein 'Sauerteig' (das ist ‚Aufblähendes') im (regulären) Speisopfer sein soll, unterstreicht den Anspruch an sich selbst, jegliche Sünde und Sündhaftigkeit[201] zu vermeiden, aus dem Wandel auszutilgen. Denn, wie der kleinste Rest an Sauerteig, ist auch die kleinste Sünde etwas, das sich zwangsläufig ausbreitet, bis am Ende ‚der ganze Teig

---

199 ... das wäre nämlich dann ‚aus uns selbst heraus', das heißt: unseren eigenen, noch vom Fleisch verblendeten Vorstellungen entsprechend

200 ... siehe Offenbarung 5,8

201 ... und die ‚Lehre/Heuchelei der Pharisäer', siehe etwa Matthäus 16,12 und Lukas 12,1

durchsäuert' ist[202]. Mit dem Vermeiden eines jeglichen ‚Aufblähens' steht auch die Empfehlung im Zusammenhang, dass ‚kein Honig' im Speisopfer enthalten sein soll; denn Honig begünstigt einen Gärungsprozess, der wiederum Sauerteig hervorbringen würde. Dasjenige also, das unser Bestreben nach einem wohlgefälligen Wandel allzu sehr ‚versüßen' würde, gilt es zu vermeiden, weil es die Tendenz hat, uns wieder in Sünde abgleiten zu lassen. Stattdessen soll unser Bestreben ‚gesalzen' sein; Salziges macht Durst auf ‚Wasser', in diesem Fall auf das ‚lebendige Wasser', welches das Wort Gottes, die Lehre unseres Messias ist (siehe z. B. Johannes 4).

Zuletzt: In der Pfanne erhitzt wird das Speisopfer, und damit auf den glühenden Kohlen des Brandopferaltars, deren Feuer nie ausgehen darf. Kann dies ein Hinweis sein auf die ‚Drangsal', in der uns unser himmlischer Vater läutert, wie man Gold oder Silber im Feuer läutert[203]? Denn ganz ohne Drangsal, ohne Anfechtung und Gegenwind, kann ein aufrichtiger Glaubensweg nicht gegangen werden, solange diese Weltzeit noch andauert. Hat ein Diener des Ewigen bisher noch keinerlei Anfechtungen und Prüfungen erleiden müssen[204], dann sollte er sich ernsthaft Gedanken machen, ob er nicht einem falschen Christus am folgen ist ...

---

202 ... siehe etwa Paulus im ersten Brief an die Korinther, Kapitel 5,6

203 ... siehe z. B. Sacharja 13,9; Maleachi 3,3; Jesaja 48,10; Sprüche 17,3; 1. Petrus 1,7; Hebräer 12,11

204 ... das muss nicht immer im äußerlichen Leben sein – wenn es einen auch sicher oft vermittels dieser äußeren Umstände trifft

Das Friedensopfer ist dann die Vollendung derjenigen drei Opfer, die nicht als bloße Korrektur von konkreten Verfehlungen nötig geworden sind, sondern die ganz grundsätzliche Aspekte der Anbetung des Ewigen darstellen (und die deshalb in diesem Artikel hier beschrieben werden).

‚Frieden' ist im Hebräischen von der Wortwurzel her immer gleichzeitig auch ein ‚Ausgleich', ein ‚Wiederherstellen von zuvor erschütterter Ordnung', eine notwendig gewordene ‚Vergeltung' und eine daraus folgende ‚Harmonie'. Das Endziel der Selbstaufopferung und Heiligung eines Dieners des Ewiglebendigen, eines Jüngers Jesu Christi, ist genau dieser FRIEDEN Christi[205]: ein erlebter vollendender Ausgleich aller Ungerechtigkeit, als die (zunächst subjektive) Wiederherstellung der harmonischen Ordnung des Ursprungs – etwas, was die Welt einem niemals wird geben können.

Im Friedensopfer zeigt sich besonders deutlich, wie die zwei vorangehenden Opfergaben als direkte Voraussetzung zu verstehen sind, denn das Friedensopfer ist selbst ‚auf dem Brandopfer anzurichten'[206] und beinhaltet als einen ‚Dankopfer-Anteil' auch eine Art Speiseopfer[207]. Überhaupt gibt es beim Friedensopfer einige Gemeinsamkeiten mit dem Brandopfer: der Priester soll wieder seine Hände auf den Kopf des Opfertieres stützen und es soll auch wieder das Blut um den Altar herum gesprengt

---

205 ... Kolosser 3,15; Johannes 14,27
206 ... Levitikus 3,5

207 ... Levitikus 7,12

werden[208].

Die spezifischen Einzelteile des Opfertieres für das Friedensopfer sind nun: das Fett aller besonders fettigen Stellen[209], die Nieren[210] und das Netz, bzw. der Lappen über der Leber[211].

Diese spezifischen Teile nun sollen als ‚Feueropfer' dargebracht werden (wie beim Brandopfer), ‚geräuchert', zum ‚lieblichen Geruch' für den Ewigen. Das Wort ‚Feueropfer' ist deswegen interessant, weil es auf Hebräisch genauso geschrieben wird, wie das Wort ‚Frau'. In diesem Sinne ist ein jedes ‚Feueropfer für den Ewigen' eine ‚Frau für den Herrn'; so wie die Gemeinde Christi, die sich selbst für den Ewigen hingibt, um ‚zu ihm aufzusteigen'[212], als dessen ‚Braut'[213] eben auch eine ‚Frau für den Herrn' ist, um ‚verherrlicht zu werden'[214] wie Er es ist.

Bei dem bereits erwähnten ‚Speisopfer-Anteil', der für den Dankopfer-Aspekt des Friedensopfers bestimmt ist, ist die Besonderheit festzustellen, dass

---

208 ... zur Symbolik siehe daher oben im Text

209 ... wie immer; das Beste gilt es, dem Ewigen anzudienen

210 ... wörtlich auch als ‚Vollendung; Vernichtung' aus dem Hebräischen übersetzbar

211 ... auch übersetzbar als das ‚Überhängende; Überflüssige' oberhalb der ‚Schwere; Ehre; Herrlichkeit'

212 ... 1. Thessalonicher 4,17

213 ... hebräisch wörtlich ‚die Vollendete', vgl. auch die erwähnte Wortbedeutung des hebräischen Wortes für ‚Nieren'

214 ... vgl. mit erwähnter Nebenbedeutung des hebräischen Wortes für ‚Leber'

neben dem ‚regulären' Speisopfer in Form von Kuchen aus Ungesäuertem, auch explizit Gesäuertes dazu gefordert wird[215]. Das kann man möglicherweise so verstehen, dass dies auf die Barmherzigkeit unseres Gottes hinweist, im endgültigen Friedensschluss mit uns durch das Opfer seines erstgeborenen Sohnes Jeschua, uns anzunehmen, auch mitsamt unserer Sünden (für die der Sauerteig steht), die wir bis hierhin trotz allem Ringen nicht gänzlich ablegen konnten (siehe etwa 1. Johannes 1,8+9).

Eine entscheidende Besonderheit des Friedensopfers gegenüber den vorangehenden zwei Opfergaben ist dann: Alle Mitglieder der Gemeinschaft Israels, zumindest alle kultisch ‚Reinen', dürfen sich speisen vom Friedensopfer[216], nicht nur die Priester. Dies könnte man etwa so auf das Geistige des Einzelnen übertragen, dass durch das Friedensopfer nun auch diejenigen Anteile seiner Existenz mit an der Annäherung[217] an den Ewigen (und an DAS Ewige) teilhaben können, die (noch) nicht völlig bewusst im direkten Kontakt mit diesem Ewigen stehen, die sich aber dennoch durch das Vertrauen auf diejenigen Anteile der Persönlichkeit (die ‚Priester(lichen)'), die diesen bewussten Kontakt pflegen, ‚rein' gehalten haben.

Man könnte außerdem die Deutung wagen, dass erst durch das Friedensopfer auch die Mitmenschen des

---

215 ... Levitikus 7,13

216 ... Levitikus 7,19

217 ... wir erinnern uns: das Wort für ‚Opfer' bedeutet im Hebräischen gleichzeitig ‚Annähern'

Christus-Jüngers gesegnet werden. Denn in Christus sind alle Gläubigen nun ‚Priester'[218] und speisen sich daher auch schon von den Brandopfern und den Speisopfern, also von der ‚Selbstaufgabe' und der ‚Heiligung'. Vom Friedensopfer, also vom leibhaftig durch den Christus-Jünger erlebten Frieden Christi, können sich dann aber sogar diejenigen Mitmenschen noch speisen, die soweit reinen Herzens sind, dass sie diesen Frieden im Leben des Christus-Jüngers (mehr oder weniger bewusst) wahrnehmen können[219].

Das Friedensopfer vollendet deswegen die Dreiheit der zentralen Opfergaben. Es fügt der Selbstvervollkommnung eines Gotteskindes durch den Geist Gottes den Impuls zur Fortpflanzung dieser Gotteskindschaft hinzu, lässt den Leib des Messias auf diesem Wege wachsen und gedeihen.

Alle diese drei Opfer – Brandopfer, Speisopfer und Friedensopfer – greifen also direkt ineinander. Keines von ihnen hat Sinn, bzw. erfüllt seinen Zweck, wenn es isoliert stattfindet. Sie bauen also einerseits aufeinander auf in derjenigen Reihenfolge, in der sie in der Heiligen Schrift erstmals beschrieben werden, andererseits kann niemals eines der Opfer ‚abgeschlossen' werden, solange der Mensch im Fleische weilt. Für den wahrhaft heilen Wandel finden immer alle drei Opfer gleichzeitig statt, und insbesondere das Friedensopfer, das gewissermaßen

---

218 … Exodus 19,6; 1. Petrusbrief 2,9; genauer: sie sind Priester 'nach der Ordnung Melkhitzedeks'; siehe Hebräerbrief, Kapitel 7

219 … ‚die, die reinen Herzens sind, werden Gott schauen'; Matthäus 5,8; das gilt auch, wenn sich Gott durch seine Diener auf Erden offenbart, in und an denen er mit seinem Wirken sichtbar wird

für den (Sich-Selbst-Auf-)Opfernden das (zunächst ‚irdische‘) Ziel darstellt, kann nur tatsächlich zum Frieden Christi führen, wenn dessen Voraussetzungen, Selbstaufopferung und Heiligung, auch wirklich durchgängig aktiv angestrebt werden.

## Speise und Ernährung
*Was wir uns einverleiben und so zu einem Teil von uns machen*

Es beginnt schon im ‚Garten der Wonne‘[220], als des Menschen einziges (direkt an ihn gerichtetes) Gebot darin besteht, sich von dem rechten ‚Baum‘ zu speisen. Und daraufhin besteht des Menschen erster Ungehorsam darin, sich vom demgegenüber verbotenen ‚Baum‘ zu speisen. Das Wort ‚Baum‘ kann im Hebräischen prinzipiell immer auch als ‚Beraten‘ und ‚Beraten-Werden‘ gelesen werden. Es beginnt also alles damit, sich aus einem falschen Beraten-Werden gespeist zu haben, von dem Beraten-Werden durch das ‚Wissen um Vorteil und Nachteil‘ (wie man ‚Erkenntnis von Gut und Böse‘ durchaus auch interpretieren kann). Natürlich geht es genaugenommen auch nicht um die ‚Bäume‘ selbst, sondern um die ‚Frucht‘ der Bäume; also nicht um das Beraten-Werden an sich, sondern um das, was es hervorbringt. Das ‚Beraten-Werden an sich‘, der Baum, steht erst einmal nur als Angebot da, für oder gegen das man sich entscheiden kann …

Wir sehen also schon in einer der ersten Erzählungen der Bibel, wie eng verknüpft miteinander die

---

220 … Genesis 2+3

Konzepte von ‚Speisen‘ und ‚Leben‘, aber diese auch wiederum mit ‚Wissen/Erkenntnis‘ sind. Wir lernen daraus, dass mit der Wahl der ‚Speise‘ direkt einhergeht, welches Leben man führt oder nicht führt, dass anhand der Ernährungs-Wahl der Gehorsam den Empfehlungen des Schöpfers gegenüber erkennbar wird. Jede Form von ‚Ernährung‘ also ist in der Bibel IMMER auch symbolisch zu begreifen als ein Aufnehmen von (heilsamer oder ‚vergifteter‘, verfluchter) ‚Lehre‘ (im aller weitesten Sinne), anhand derer sich ein Lebenswandel orientiert.

Die Ernährung des Menschen ist aus rein biologischer Sicht bereits mit einer schwerwiegenden Symbolik einhergehend: Der Mensch einverleibt sich Teile seiner Umwelt, macht auf diesem Weg diese Teile seiner Umwelt zu Teilen seiner selbst, und scheidet nur dasjenige wieder aus, was er nicht mehr verwerten kann. Und dieses ständige Einverleiben von Teilen seiner Umwelt macht er nicht sporadisch, nur zu besonderen Anlässen – er braucht es vielmehr in hoher Regelmäßigkeit (vermutlich braucht er nur das Atmen von Luft in noch höherer Konzentration), um nicht zu sterben, um nicht ‚einzugehen‘, das heißt: aufzuhören, als Individuum zu existieren und dadurch (das Stoffliche betreffend: ‚wieder‘) in die All-Einheit mit der ihn umgebenden Natur ‚einzugehen‘.

Nachvollziehbar deshalb, dass das ‚Speisen‘ nach dem Willen unseres Schöpfers auch über die bloße Lebenserhaltung hinaus wichtige Funktionen trägt, und Bestandteil einiger kultischer Handlungen ist, die uns als Abbild von Himmlischem, Geistigem gegeben sind.

Ein Leitmotiv sollte in allen Fragen des Lebenswandels immer der Vers sein: ‚Wisst ihr nicht, dass euer Leib ein Tempel des Heiligen Geistes ist?!‘[221] Mit was also dieser Tempel auferbaut wird, und was man in diesen Tempel so alles hineinbringt, das sollte sehr wohlbedacht gewählt sein. Natürlich lässt sich dieser Gedanke noch über die reine Ernährungszusammensetzung hinaus ausdehnen, insbesondere auf sogenannte ‚Genussmittel‘ wie Rauchen, Alkohol, ‚Medikamente‘ und sonstige Substanzen, die man sich auf die eine oder andere Art einverleibt. Möge, als Faustregel, zumindest keinesfalls irgendetwas zu einer ‚Sucht‘, zu einer Abhängigkeit ausarten! Doch auch schon deutlich vor dieser letzten Schwelle sollte man sich immer mal wieder fragen: Hat irgendjemand anderes etwas davon, wenn ich diesem Genuss weiter gelegentlich fröne? Bringt der Genuss mich dem Ewigen in konstruktiver Weise näher, und wenn auch 'nur' durch die aufrichtige Freude, die er mir bereitet? Oder erfüllt der Genuss wenigstens als äußerliches Abbild die Funktion eines Symbols, das eine hilfreiche Botschaft für mich selbst (bzw. für mein Un- und Unterbewusstsein) oder für meine Umwelt sein kann? Und sollte die ehrliche Antwort dann sein, dass der Genuss einzig und allein dem Berauschen des eigenen Egos dient, das einen gewisse Substanzen unter fadenscheinigen Begründungen weiter zu sich nehmen lässt – so sollte diese Gewohnheit wohl einmal ernstlich überdacht werden.

---

221 ... Paulus im ersten Brief an die Gemeinde in Korinth, Kapitel 6,19

Noch weiter ausgedehnt könnte man sicherlich neben solcherlei ‚Substanzen' auch gewisse Umwelteinflüsse in Betracht ziehen, die sich beispielsweise als ‚Strahlung' und ‚Schwingungsfrequenzen' (von Fernsehgeräten, Bildschirmen, Handys, etc.) geltend machen, oder die anderweitig eine Form von ‚geistigem Schweinefleisch' sind, wie zum Beispiel fragwürdige Musikrichtungen, Unterhaltungsmedien oder schlichtweg der Anblick bestimmter Dinge, den man auch vermeiden könnte. Der vorliegende Artikel soll nun aber in erster Linie die tatsächlich physische Nahrung behandeln. Auf symbolischer Ebene kann dies dennoch immer auch ein Tor sein zur Beurteilung der jeweiligen ‚geistigen Äquivalente' dieser Speisen.

Auch ohne sich als Diener des Ewigen zu verstehen, legen viele Menschen wert auf eine gesunde Ernährung. Doch auf welchem Weg auch immer man sich dieser Ernährungsthematik nähert – geht man diesen Weg zu Ende, gelangt man zwangsläufig bei den Empfehlungen der Thora. Und diese Aussage ist heutzutage nicht mehr allein aus ‚Glaubensüberzeugung' zu treffen, sondern zunehmend auch aus ‚wissenschaftlicher' Sicht. Denn gerade die Unterscheidung der Bibel von essbaren und nicht-essbaren Tieren lässt sich durch Forschungsergebnisse wie Untersuchungen zur Schadstoffbelastung von verschiedenen Meerestieren oder durch allgemeine Statistiken zum Verhältnis von Schweinefleischkonsum und Lebenserwartung begründen. Doch all das sind am Ende nur ‚Beigaben', das Wesentliche geht weit über den

Gesundheits-Aspekt der biblisch-empfohlenen Speisegewohnheiten hinaus. Wie bei allen Richtlinien zu einem göttlichen Wandel als Mensch im Fleisch, steht im Vordergrund, im Materiellen ein möglichst getreues Abbild der geistigen Realität zu verkörpern. Und hierzu gehört bei der Ernährung, neben der Ebene ‚Gesundheit', noch einiges mehr, das im Folgenden angerissen werden soll.

Bevor sich hier nun den (meistens bei Besprechungen von Speisegeboten der Bibel im Vordergrund stehenden) Themen ‚Fleischkonsum' und ‚reine und unreine Tiere' genähert werden soll, beginnen wir mit dem noch viel früher in der Schrift gegebenen Hinweis, welche Art von Pflanzen wir genießen können. Die ausdrückliche ‚Erlaubnis' Fleisch zu essen, erhalten wir nämlich erst in der Folge der Sintflut!

Aber bereits in der Schöpfungsgeschichte[222] wird uns zur Speise empfohlen: ‚alles [grüne] Gewächs[223] oberhalb des Angesichts der Erde, das Samen trägt'[224] ‚und alle Bäume, die samentragende Früchte hervorbringen'[225]. Dies schließt zum Beispiel aus:

---

222 ... Genesis 1

223 ... das im besagten Vers für ‚Gewächs' genutzte hebräische Wort ist nämlich ‚Ässäv', was von einer Verbwurzel mit der Bedeutung ‚grün sein' herstammt, also wortwörtlich etwa als ‚Grünzeug' übersetzt werden könnte; außerdem siehe Genesis 9,3

224 ... und damit also ‚Ebenbilder seiner selbst hervorbringt'

225 ... Genesis 1,29

Algen[226], Moose, Farne, Flechten[227] und nach mancher Auslegung auch Pilze[228], sofern man Pilze entgegen der offiziellen Klassifizierung heutiger Biologen als Pflanzen betrachtet[229].

Die drei Kriterien für Pflanzen, ‚grüne Farbe‘, ‚Samen tragend‘ und ‚oberirdisch, nicht unter Wasser wachsend‘, tragen nun selbstverständlich jeweils eine tiefere Symbolik in sich.

Die grüne Farbe einer Pflanze rührt her von der Fähigkeit, aus Sonnenlicht Energie zu beziehen und in jenen Stoff des eigenen Lebens zu verwandeln, der die entsprechende grüne Farbe bewirkt. Das Gewächs ist also symbolisch in der Lage, ‚Licht als Leben zu empfangen‘.

Das Samen-Tragen ermöglicht das Fortpflanzen mithilfe der eigenen Frucht[230]. Das Gewächs ist also

---

226 ... weil sie nicht ‚oberhalb der Erde‘ wachsen und zudem keine Samen tragen

227 ... weil sie keine Samen tragen

228 ... denn sie sind weder grün, noch tragen sie ‚Samen‘ im eigentlichen Sinne, sie verbreiten sich durch Sporen

229 ... gegen diese Einteilung von Pilzen als vollständig ’nicht essbar‘ spricht allerdings, dass Hefe auch ein Pilz ist und laut Bibel relativ eindeutig in ‚erlaubter‘ Nahrung enthalten ist, z. B. in alkoholischen Getränken und in Sauerteig; auch könnte man Pilze möglicherweise als die Früchte selbst verstehen (Stichwort ‚Fruchtkörper‘ in der biologischen Fachsprache), die die Erde direkt hervorbringt, ohne dafür erst einen Baum als Träger zu benötigen; Pilze stellen also vielleicht einen Graubereich dar, den ein jeder im Geiste Gottes für sich selbst einschätzen möge

230 ... im Gegensatz zu krebs-artigem Ausbreiten durch bloße Wucherung und etwaige Loslösung von Teilen eines Ursprungsgewächses

in der Lage, überhaupt ‚Frucht zu bringen', aus sich selbst ‚Kinder' zu zeugen und zu gebären, die seine Existenz in neuer Blüte fortführen.

Das Wachsen auf (bzw. ‚oberhalb') der Erdoberfläche bedeutet, in der umgebenden Luft bestehen zu können. Das Gewächs ist also in der Lage, oberhalb des (‚verfluchten'; siehe Genesis 3,17) Bodens der Erde zu wachsen, sich somit über diesen zu erheben, in ihm, dem Fluch zum Trotze, zu bestehen; außerdem erträgt das Gewächs ‚Luft', ja, ist sogar angewiesen auf die ‚Luft' um es herum (‚Luft' = Hebräisch ‚Ruach', auch ‚Geist' bedeutend), während es ‚Wasser' (= ‚Zeit[lichkeit]) nur in geringer Dosierung benötigt und verträgt.

Und auch in Bezug auf den Fleischkonsum der Menschen später spielt die Pflanzenwelt noch (indirekt) eine wichtige Rolle: Tiere sollen nämlich grundsätzlich ausschließlich durch Pflanzen ernährt werden, genauer durch ‚alles gelbgrüne Grünzeug'[231]; dasjenige, was für Menschen schon nicht (mehr) genießbar wäre, für Tiere aber durchaus nahrhaft ist[232]. Hätte sich die Menschheit an dieses Prinzip gehalten, was in jeder Bibel schon auf der allererersten Seite zu lesen ist, wäre uns beispielsweise der sogenannte ‚Rinderwahnsinn' erspart geblieben, der daraus entstanden ist, dass Rinder von ihren Haltern zwangsweise zu Kannibalen gemacht worden waren, also nicht ausschließlich mit den vom Ewigen her

---

231 ... Genesis 1,30

232 ... Heu zum Beispiel, und überhaupt allgemein diejenigen Gewächse wie Gräser, die eben ‚keine Samen tragen'

empfohlenen Gewächsen gefüttert wurden[233]. Weil die Menschen wohl dachten, ihre eigene Weisheit überträfe die Weisheit des Ewiglebendigen … Bezeichnenderweise werden laut den Visionen der Propheten vom ‚Messianischen Friedensreich' am Ende sogar alle Raubtiere wieder ‚vegetarisch' leben[234].

Die Unterscheidung von ‚reinen' und ‚unreinen' Tieren muss hier nun zunächst von der Begrifflichkeit her klar gestellt werden. Dass ein Tier ‚unrein' ist, bedeutet keineswegs, dass es deswegen ‚böse', unnütz, verachtenswert oder in sonst einer Weise 'schlecht' ist. ‚Unrein'[235] bedeutet einzig und allein, dass das Fleisch dieses Tieres nicht von einem Menschen als aufbauende Nahrung verzehrt werden kann. Bedenken wir in dieser Aussage, dass das Hebräische Wort für Fleisch[236] exakt identisch geschrieben wird, wie das Wort für ‚Botschaft, Verkündigung'[237], dann ergibt sich auf der geistigen Ebene, für die der physische Vorgang aus der Sicht des Ewigen stets 'nur' ein Symbol ist: Die Botschaft eines Wesens, das uns als ‚tamä' offenbart ist, können wir als Menschen nicht auf dem natürlichen Wege verdauen; wir müssen dieser Botschaft

---

233 … hierauf weist z. B. Axel Nitzschke, a.k.a. Alfred Liebezahl hin, sein Andenken sei zum Segen

234 … siehe etwa Jesaja 11,7; 65,25

235 … bzw. besser: ‚tamä', wie es im Hebräischen heißt

236 … ‚bassar'

237 … ebenfalls die drei Buchstaben Bet, Schin/Sin und Resch, lediglich üblicherweise noch mit einer finalen Heh ergänzt, und dann 'bessurah' ausgesprochen

vielmehr in diesem Sinne ‚widerstehen‘, um recht mit ihr umzugehen[238]. Diese Sichtweise unterstützend ist auch die Tatsache, dass speziell bei den ‚unreinen‘ Vögeln die Rede ausdrücklich von ‚Scheusalen‘ ist, die zu ‚verabscheuen‘ sind[239]. In dieser Begrifflichkeit steckt also bei genauerem Hinsehen das Konzept der ‚Scheu‘, die durchaus eine heilige sein kann – gehören zu diesen ‚unreinen‘ Vögeln immerhin anmutige Wesen wie der Adler[240] oder der Storch[241]. Auch das ‚unreine‘ Tier namens ‚Löwe‘[242] taucht in der biblischen Symbolik durchaus oft in sehr positiver Besetzung auf, selbst unser Messias wird schließlich als ‚Löwe (Judas)‘ gerühmt[243].

Diese symbolische Ebene sei immer im Hinterkopf behalten, wenn nun die Faktoren betrachtet werden, anhand derer die gesamte Tierwelt eingeteilt ist in diese zwei Gruppen ‚rein‘ und ‚unrein‘.

Bei Landtieren gilt: Rein ist, was sowohl wiederkäut, als auch (ganz) gespaltene Hufe hat[244].

Symbolisch wären folgende Ansätze einer Auslegung denkbar: Das Wiederkäuen versinnbildlicht, aufgenommene Botschaften wieder und wieder zu

---

238 … dieser hier nun vorgelegte Ansatz einer Deutung der ‚unreinen Tiere‘ hat den hier Schreibenden ursprünglich wiederum über Axel Nitzschke, sein Andenken zum Segen, erreicht

239 … Levitikus 11,13

240 … häufig in der Bibel Symbol für sehr positive Eigenschaften

241 … Levitikus 11,13+19

242 … ‚unrein alles was Tatzen hat‘; Levitikus 11,27

243 … Genesis 49,9; Offenbarung 5,5

244 … Levitikus 11,3

überprüfen, eben ‚durchzukauen‘, sodass sie möglichst gut verdaut werden können. Gespaltene Hufe stünden zum Beispiel für ein Unterscheiden-Können zwischen ‚links und rechts‘, also zwischen ‚Recht und Unrecht‘ und zwischen ‚Rein und Unrein‘. Auch beachtenswert scheint der Effekt von gespaltenen Hufen, das Tier davor zu bewahren, in schlammigem Boden allzu tief zu versinken; eine Symbolik, die sich selbst erklären dürfte[245].

Ein Beispiel vor diesem Hintergrund wäre nun etwa ein Schwein. Es hat zwar (ganz) gespaltene Hufe, aber es ist kein Wiederkäuer. Äußerlich also wirkt es zwar zunächst ‚rein‘, die Unterscheidung zwischen ‚links und rechts‘ kennend, in Schlamm ist es auch erst einmal nicht einsinkend; und doch ist es ’nicht am wiederkäuen‘, übertragen aufs Menschliche: in der Aufnahme von Sinnesreizen ist es vollkommen ungefiltert, nicht darauf bedacht, vorzuverdauen.

Ein weiteres Beispiel wäre der Hase; er ist zwar ein Wiederkäuer, aber hat umgekehrt keine gespaltenen Hufe. Er ist nach dieser Logik demnach zwar bedacht in der Aufnahme von Neuem, bemüht darum, schon vorzuverdauen und die Dinge nicht unbedacht ‚runterzuwürgen‘ und alles zu verschlingen, was ihm vor Augen kommt; aber er hat nicht die grundsätzliche Fähigkeit, zwischen richtig und falsch zu unterscheiden und sich dadurch vor dem ‚Versinken im Schlamm‘ zu bewahren.

Bei Wassertieren gilt: Rein ist, was sowohl Flossen,

---

245 … und auf die zum Beispiel Roger Liebi vom ‚Mitternachtsruf‘ hinweist

als auch Schuppen hat[246].

Flossen bieten die theoretische Fähigkeit, gegen den Strom zu schwimmen; Schuppen sind ein Schutzpanzer gegen Fremdkörper, die auf einen einprasseln können, und vervollständigen damit für die Praxis, auch wirklich gegen den Strom schwimmen zu können, ohne an den einem entgegen kommenden Hindernissen zerschellen zu müssen.

Eingeflochten in diese Darstellung sei hier auch die gesundheitliche Dimension: Wassertiere, die eine Art ‚Müllschlucker und Staubsauger' der Meere sind (Shrimps, Krabben, etc.), werden durch die göttlichen Speisegebote von vorneherein vom Verzehr durch den Menschen ausgeschlossen.

Bei ‚geflügeltem Gewürm, das auf Vieren geht' gilt: Rein ist, was ‚Schenkel oberhalb der Füße' hat und auf der Erde hüpft (= Heuschrecken, siehe genauer Levitikus 11,21f).

Die hierbei explizit als erforderlich für die ‚Reinheit' genannten Gelenke bieten dem Tier die Möglichkeit, sich durch Sprungkraft über den (verfluchten) Erdboden zu erheben; nicht ‚auf dem Bauch gehen' zu müssen[247].

Bei Vögeln gilt: Rein ist, was an Tieren nur Kriechtiere frisst[248] und eine Singstimme hat[249].

---

246 ... Levitikus 11,9

247 ... wie die Schlange seit der Verfluchung durch Gott; Genesis 3,14

248 ... was also kein sogenannter ‚Raubvogel' ist, der auch Säugetiere und andere Vögel verschlingt

Die Empfehlung, sich nicht die 'Botschaft' der aufgelisteten Raubvögel einzuverleiben, deutet wohl recht deutlich an, auch selbst nicht 'räuberisch' vom Charakter sein zu sollen. Die ‚Verkündigung' der Singvögel hingegen möge man sich zu Eigen machen: die Fähigkeit, wohlklingenden 'Lobpreis' darzubringen (... und zwar nicht nur in Form von hübsch gesungenen Liedern, sondern in Wort UND TAT). Was ein ‚Raubtier' (und/oder Aasfresser) ist unter den Himmelswesen[250], hat NIE eine Singstimme; räuberische Charaktere können also ganz grundsätzlich keinen (wohlgefälligen) Lobpreis bringen.

Über die grundsätzliche Einteilung der Tiere hinaus gibt uns die Thora noch einige zusätzliche Hinweise, die den Fleischgenuss betreffen: Wir sollten lieber kein Fleisch mit Blut essen[251], auch sollten wir lieber kein Fleisch von verendeten Tieren[252], sowie kein (tierisches) ‚Fett' essen[253].

Das Verbot von Blutverzehr ist noch näher begründet

---

249 ... nicht ausdrücklich so definiert in der Bibel, aber aus den Auflistungen der Vögel geht dies recht deutlich zumindest als Tendenz hervor; Levitikus 11,13-19

250 ... welche sicherlich auch als Symbol für die himmlischen Botenwesen, meist ‚Engel' genannt, stehen können

251 ... bzw. natürlich auch kein Blut trinken - es sei denn im Sinne der symbolischen 'Vereinigung mit Christus und seinem Leib'

252 ... ‚Aas', im jiddischen Jargon ‚Treife' genannt, von ‚terefah', ‚Zerrissenes'

253 ... womit, einigen Opfer-Beschreibungen nach, auch bestimmte Bereiche gemeint sind, die sehr fetthaltig sind, wie die Nieren und das ‚Fettnetz um die Leber herum'

in der Schrift: ‚im Blut ist die Seele'[254]; sowie: ‚das Blut ist es, welches Sühnung tut durch die Seele'[255], weswegen es ‚ohne Blutvergießen keine Vergebung geben kann'[256]. Als nähere Anweisung, wie also mit dem Blut der geschlachteten Tiere umzugehen ist, finden sich Stellen[257], die nahelegen, das Blut auf den Erdboden zu gießen ‚wie Wasser' – es also gewissermaßen dem Erdboden ‚zurückzugeben'[258].

Dass Blut auch aus ganz ‚weltlich-gesundheitlicher' Perspektive nicht als Bestandteil der Ernährung empfehlenswert ist, ergibt sich übrigens aus der biologischen Funktion von Blut, (unter vielem anderem) auch Giftstoffe aus Organen des Körpers aufzunehmen und an andere Organe abzutransportieren, die diese Giftstoffe dann abbauen können (z. B. Nieren, Leber). Daher trägt Blut auf seinem Weg durch den Organismus natürlich des öfteren Giftiges in sich, und in jedem Fall in höherer Konzentration als der Rest des Körpers.

Das Hebräische Wort für ‚Blut' ist noch wert, näher betrachtet zu werden: Von der Verbwurzel her könnte es nämlich auch als ‚Schweigen' oder sogar als ‚Gleichen', bzw. als ‚als Gleichnis dienen' übersetzt werden. Wenn also der Messias sagt, nur durch sein

---

254 ... siehe an mehreren Stellen, z. B. Genesis 9,4

255 ... Levitikus 17,11

256 ... Hebräer 9,22

257 ... z. B. Deuteronomium 12,16

258 ... sofern es eben nicht auf dem Altar als Opfer dargebracht wird; und wohlgemerkt der URSPRÜNGLICHE Altar war ohnehin ein IRDENER, siehe Exodus 20,24

157

Blut ist das ewige Leben erreichbar[259], dann meint das auch, nur durch 'sein Gleichnis', das man sich einverleibt, das damit zum Teil des eigenen Wesens wird, kann der Mensch an der Ewigkeit teilhaben. Entsprechendes gilt für das 'Fleisch' des Messias, das vom Hebräischen her immer auch 'Botschaft, Verkündigung' bedeuten kann.

Das 'Aasverbot'[260] bedeutet nun, kein Fleisch von einem Tier zu essen, das nicht ordnungsgemäß getötet, geschlachtet worden ist; geistig betrachtet also steckt hierin der Hinweis, sich keine 'Botschaften' von Wesen einzuverleiben, welche nicht ganz bewusst zu diesem Zweck (vor-)bereitet worden sind, das heißt, die nicht die notwendigen Prozesse des 'Durchschneidens des Blutkreislaufs'[261] und des rechten 'Zerlegens' (~ Analysierens) durchgemacht haben.

Das entscheidende am Fett des Tieres ist, dass dieses als das 'Beste' gilt, das man deswegen unbedingt dem Ewigen zurückgeben soll; insbesondere bei den Opfern, wo detailliert erklärt wird, welche genauen fettigen Bestandteile des Tieres in welcher genauen Art und Weise den unterschiedlichen Opfergaben beizugeben sind[262]. Und auch jenseits des Opferrituals soll kein Fett gegessen werden[263], es wird in einem Atemzug mit dem Blut als nicht-essbar

---

259 … Johannes 6,54

260 … Levitikus 17,15

261 … ~ Durchbrechen des geschlossenen Kreises eines krampfhaft logischen Denkens
262 … Levitikus 1-7
263 … Levitikus 3,17; 7,23

genannt, vielleicht, weil beides eine spezielle Bedeutung für das Heilige hat (eben beim Opfern). Und speziell zum Fett: ‚Alles Fett gehört dem Ewigen'[264]. Allerdings darf Fett, das nicht geopfert wird, durchaus zu allen anderen Zwecken (außer eben zum Essen) gebraucht werden[265].

Angemerkt sei noch zum ‚Fett': Dasselbe Wort[266] bedeutet auch ‚Milch'. Und gerade die Milch hat noch eine besondere Symbolik, die unter anderem in dem jüdischen Brauch zur Geltung kommt, keine ‚milchigen' mit ‚fleischigen' Speisen zu mischen. Diese Gepflogenheit leitet die Überlieferung von der biblischen Empfehlung ab, ‚das Zicklein nicht in der Milch seiner Mutter zu kochen'[267]. Die ‚Milch', geschrieben auf Hebräisch Cheth-Lamed-Beth (8+30+2) hat als Zahlenwert die 40, was grundsätzlich auf ‚Zeit', auf ‚Zeitlichkeit' hinweist[268]. Zudem birgt die Milch als biologische Erscheinung, ihrem inneren Zweck und Sinn nach, ebenfalls das Prinzip der ‚Zeitlichkeit', nämlich indem sie auftritt

---

264 ... Levitikus 3,16

265 ... Levitikus 7,24

266 ... den Buchstaben nach; traditionell wird es aber anders ausgesprochen; ‚chalav' statt ‚cheläv'

267 ... Exodus 23,19b; 34,26b; Deuteronomium 14,21b

268 ... siehe etwa die '40 Jahre Wüstenwanderung', die '40 Tage auf dem Berg Sinai'; siehe auch den Namen des 13. Zeichens des Hebräischen Alphabeths, ‚Mem', Zahlenwert 40, auch als ‚majim' aussprechbar, was dann ‚Wasser' bedeutet, und das piktographische Symbol, aus dem sich das moderne Schriftzeichen entwickelt hat, ist zudem an der Form einer Welle orientiert, woraus wohl auch ‚unser' heutiger Buchstabe ‚M' seine Form herleitet

in der Natur als ein Produkt oder eine Begleiterscheinung der ‚Generationen-Zersplitterung' bei Säugetieren, als Symbol somit für die Zersplittertheit der ganzen Schöpfung überhaupt, die aus der Ewigkeit in die Zeitlichkeit, in die ‚Entwicklung' (‚Evolution') hinein ‚gefallen' ist. Für einige weitere Aspekte der sehr tiefgehenden Thematik dieses ‚Milch-Fleisch-Misch-Verbotes' sei hier noch auf den Artikel ‚Zaun um die Thora' verwiesen, wo es noch einmal am Rande kurz aufgegriffen wird.

Ein ganz eigenes umfangreiches Thema ist das Speisen als Bestandteil von Opferritualen und spezifischen Bündnisschlüssen. In diesem Überblicks-Artikel soll mit dem folgenden Absatz nun nur im Grundsatz hierauf hingewiesen sein und dabei einiges Zentrales angesprochen werden. Verschiedene Opfer-Arten bringen verschiedene Arten (und vor allem Umfänge) des Verspeisens des Geopferten mit sich. Ein ‚Ganzopfer'[269] etwa bringt keinerlei Speiseritual für die Gemeinschaft mit sich, da eben alles Essbare ‚in Rauch aufgehen' gelassen wird. Bei einigen Opfern[270] essen ausschließlich die Priester (des levitischen Systems) von der Opfergabe. Bei einem ‚Friedensopfer'[271] dagegen steht das gemeinsame Speisen der Gemeinde geradezu im Vordergrund[272]. Das bekannteste der Opfer, bei denen

---

269 ... auch übersetzt als: ‚Brandopfer', ‚Aufstiegsopfer' (dies wohl noch die wörtlichste Übersetzung); Levitikus 1

270 ... ‚Sünd-, und ‚Schuldopfer', aber auch ‚Speisopfer' zu Teilen

271 ... auch übersetzt als ‚Mahlopfer', Levitikus 3

272 ... Levitikus 7,19: ‚Jeder Reine darf davon essen'

das gemeinsame Speisen im Vordergrund steht, ist wohl das Passah-Opfer[273], wobei allerdings dieses Speisen zusätzlich unter sehr speziellen Bedingungen stattfinden soll, um an den Auszug aus der ägyptischen Knechtschaft zu erinnern, als die Umstände diese spezielle Art des Verzehrs schlichtweg nötig machten: ‚gerüstet, die Schuhe an den Füßen, den Stab in der Hand und in Eile' soll das 'nur über dem Feuer gebratene' Opfertier zusammen ‚mit bitteren Kräutern' verspeist werden, und ‚was übrigbleibt bis zum Morgen, soll verbrannt werden'[274].

Zum Schluss dieses Abstechers in das weite Feld der Opfergaben sei nur noch betont, dass nicht ALLEIN (wenn auch sehr häufig) Fleisch im Zentrum der Opfergabe und des damit einhergehenden Verspeisens steht. Auch Brot und ‚Kuchen' kommen nicht selten hierzu in Frage[275]. Außerdem gehört Salz zu jedem Opfer, sodass alles in allem sowohl ‚Mineralreich' (Salz), ‚Pflanzenreich' (Getreide, Gewürze, Räucherwerk), als auch ‚Tierreich' (die Opfertiere) ihren Anteil an den Opfergaben haben. Das ‚Menschenreich' ist in diesem Sinne dann (‚äußerlich') nur einmalig in der Selbstaufopferung im Kreuzestod unseres Messias repräsentiert.

Und besonders beim Wort ‚Brot' lohnt mal wieder ein Blick in die Hebräische Sprache: Das Wort für ‚Brot', ‚Lechem', nämlich kann, identisch geschrieben, auch ‚Kampf' und ‚kämpfen' bedeuten.

---

273 ... Exodus 12
274 ... Exodus 12,10f
275 ... siehe das ‚Speisopfer', Levitikus 2

Und im Zusammenhang mit dem eben erwähnten Passah-Opfer und dem damit einhergehenden Mahl sei noch auf die wichtige biblische Unterscheidung hingewiesen zwischen ‚ungesäuertem‘ Brot und ‚gesäuertem‘ Brot. Ersteres ist das einzig angemessene für das Passah-Mahl (und in der darauf folgenden Woche des ‚Festes der Ungesäuerten Brote‘), da auch dies an den hektischen Auszug aus Ägypten erinnern soll, als keine Zeit war, das Brot durchsäuern zu lassen. Gesäuertes Brot demgegenüber kann vom Hebräischen her auch als ‚Aufblähendes‘ Brot übersetzt werden und ist besonders dann in den Schriften des ‚Neuen Testaments‘ fast ausschließlich ein Bild für die ‚Sünde‘ oder zumindest für etwas ’nicht erstrebenswertes‘[276]. Das Brot als ‚Kampf‘ und ‚Kämpfen‘ verstanden ist somit also biblisch unterschieden in ein ‚aufblähendes‘, wenig erstrebenswertes Kämpfen und in ein reines, nicht ‚aufblähendes‘ und nicht ‚aufgeblähtes‘ Kämpfen, das (erst) auf den Auszug aus der Knechtschaft folgt (und darauf sogar unbedingt folgen soll!).

Ein durchaus erwähnenswertes Schlagwort zum Thema ’symbolträchtige Speisen‘ der Bibel ist sicherlich auch das wundersame ‚Manna‘, das den Israeliten in der Zeit ihrer ‚Wüstenwanderung‘ vom Himmel gespendet wird[277], an sechs Tagen der Woche; und am sechsten doppelt so viel, sodass es auch für den Sabbat noch reiche[278].

---

276 … wie z. B. die ‚Heuchelei der Pharisäer‘

277 … Exodus 16,4
278 … ebd. 16,5

162

Dieses ‚Manna‘, im Hebräischen schlicht ‚Man‘[279], ist offensichtlich ein sehr deutlicher ‚Vorschatten‘ dessen, was der Messias dann das ‚lebendige Brot, das vom Himmel kommt‘[280] nennt und auf ’sich selbst‘ bezieht – wobei er unter ’sich selbst‘ die fleischgewordene, leibhaftige Thora versteht[281]. Das Manna, als dasjenige ‚Was ist das?‘, was einen Diener Gottes in der trockenen ‚Wüstenzeit‘ nach der Befreiung von den weltlichen Zwängen ‚Ägyptens‘ ernährt, ist also auf einer bestimmten Ebene nichts anderes, als die Thora selbst. Jedoch erst, wenn sie dazu führt[282], dass der Mensch wieder zum Ebenbild Gottes wird, indem er in dieser Thora wandelt; erst dann ist dieses ‚Brot vom Himmel‘ auch tatsächlich jenes, das zum ‚ewigen Leben‘ verhilft[283].[284]

Um nun langsam zurück zu kommen zu den ‚praxisnahen‘ Empfehlungen der Heiligen Schrift in Sachen Essen und Ernährung, sollen jetzt einige derartige Anweisungen genannt und kommentiert werden, die sich in Thora und Apostelbriefen finden.

---

279 … mit der Erklärung, dass dieses Wort soviel wie ‚Was (ist) das?! bedeute, Exodus 16,15

280 … Johannes 6,51

281 … gegenüber einer jeden abstrakten, leblosen (angeblichen) 'Thora'/Gesetzesvorschrift/'Moral', die nur als ‚toter Buchstabe des Gesetzes‘ in erstarrenden Menschentraditionen und in den Vorstellungen von heuchlerischen Theoretikern, ‚Pharisäern und Schriftgelehrten‘, existiert

282 … wie im Falle des Messias, als des ‚Erstgeborenen‘ dieser erneuerten Schöpfung

283 … und das nicht, wie das Manna in der Wüste damals, die Essenden dennoch eines Tages sterben lässt; siehe Johannes 6,49

284 … für Weiteres zum ‚Manna‘ siehe auch den Artikel ‚Gekleidet in Licht‘

Da wäre in der Thora zum Beispiel die Ermahnung, den Dank an den Ewigen für die Speisen und für das Gesättigt-Werden niemals zu vergessen[285].

Ausdrücklich findet sich bei Paulus dann die Empfehlung, nicht mit ‚Ungerechten‘[286] gemeinsam zu speisen. Hier kann ein Bezug zu anderen Warnungen des Paulus hergestellt werden, wo dieser klarstellt, dass man nicht ‚gleichzeitig aus dem Kelch des Messias und aus dem Kelch der Dämonen trinken kann‘[287].

Im Bezug auf die ganze Thematik ‚Götzenopfer‘ könnte der heutige Mensch leicht auf den absurden Gedanken kommen, dass sich doch heute niemand mehr ‚vor einem Stein niederwirft‘ und entsprechend auch Nahrung gar nicht solchen ‚Steinen‘ geweiht werden könne. Doch mit dieser verengten Perspektive würde man fürwahr sehr irregehen! Vermutlich gab es noch keine Zeit in der Menschheitsgeschichte, in der die Götzendienerei noch ausschweifender war, als heutzutage in der sogenannten ‚zivilisierten‘ Welt. Und ganz besonders auch die Weihung von Nahrungsmitteln allen möglichen greulichen Götzen hat inzwischen Ausmaße angenommen, dass diese Götzenweihung buchstäblich industriellen Charakter hat. Um es konkret zu machen: Einige der schlimmsten Greuel,

---

285 … siehe Deuteronomium 8,10

286 … die sich aber ‚Bruder‘ nennen lassen, sich also als ‚im (selben) Glauben stehend‘ bezeichnen

287 … im Bezug auf 'Götzenopfer-Mahle', an denen ein Christus-Nachfolger ‚aus symbolischen Gründen‘ tendenziell nicht teilnehmen sollte, auch wenn natürlich den Götzen als solchen keine tatsächliche Macht zukommt

denen in besagtem industriellen Maßstab besonders in der Fleischproduktion ‚geopfert' wird, sind ‚Grausamkeit', ‚Bewusstlosigkeit' und ‚Massenlethargie'. In Grausamkeit werden die Tiere gehalten und letztlich geschlachtet, die Konsumenten dieser Schmerz- und Qual-getränkten Fleischprodukte werden gezielt von dieser Realität abgeschirmt, um sie diesbezüglich in Bewusstlosigkeit zu halten, und daraus ergibt sich auf Seiten der ‚Verbraucher'[288] die Massenlethargie, gespeist aus dem weitgehend unbewussten Schuldkomplex für den Verzehr all der Grausamkeit.

Doch auch andere Götzen werden fleißig gefüttert in der Nahrungsmittelindustrie, auch weit jenseits der Fleischverarbeitung: Säfte werden zum Beispiel routinemäßig zur ‚Ent-Trübung' durch Schweinegelatine gefiltert; in diesem Sinne ‚dem Schweinegötzen geweiht', ohne, dass es auf der Saftpackung irgendwie verzeichnet werden müsste (weil ja kein Schweinebestandteil ‚drin' ist …). Lebensmittelfärbungen geschehen besonders gerne durch Stoffe wie ‚Karmesin', dem Sekret der Kermes-Schildlaus, das ein wunderbares Färbemittel ist, schon seit biblischen Zeiten angewandt – aber eben für Werkstoffe, und sicher nicht für Nahrung, ist es doch ein offenkundig ‚unreines' Tier, aus dem es stammt. Beliebt scheint auch, als ein glänzender Überzug auf Lebensmitteln, sozusagen nur ‚fürs Auge', das bekanntlich ‚auch mit-isst': sogenannter Schellack, gewonnen ebenfalls aus den Ausscheidungen eines unreinen Tieres, namentlich

---

288 … wie Menschen heutzutage ja bösartiger Weise genannt werden …

165

der Lackschildlaus. Und aus Algen wird Carrageen gewonnen, das sich als Verdickungs- und Geliermittel in allerlei Produkten von Babynahrung über Milchprodukte bis hin zu Marmeladen findet und von mancher Seite als einer der entscheidenden Auslöser von einer chronischen Darm-Entzündung namens ‚Morbus Crohn‘ identifiziert wird. Aber all dies nur als Anmerkung am Rande.

Ein letztes praktisches Thema, das hier abgedeckt werden soll, ist das Fasten. Fürs Fasten gibt es aus biblischer Sicht verschiedene Gründe:

Da wäre einmal das sehr 'selbst-erzieherische' Motiv, sich durch den Verzicht auf Nährstoffe bewusst zu machen, wie wichtig für den menschlichen Körper Nahrung schlichtweg ist. So kann der Fastende zum Beispiel sehr gut seine allgemeine Dankbarkeit für jeden Speise-Genuss steigern.

Ein weiteres Motiv kann eher methodischer Natur sein, nämlich das Erleben eines besonders klaren Geistes während des Fastens. Weil es nach einem gewissen Zeitraum des Fastens zu einer Umstellung des Hirnstoffwechsels kommt, tritt eine bemerkenswerte Leichtigkeit der Gedankenbewegungen ein und trotz körperlicher Schwäche beginnt man geistig sehr fit zu sein und auch keinen Hunger mehr zu empfinden[289]. Ein berüchtigter Nebeneffekt hierbei ist allerdings der kennzeichnende Mundgeruch, der von besagter Umstellung im Hirnstoffwechsel herrührt[290].

---

289 … sofern man während des Fastens wirklich gar keine hunger-stillenden Nährstoffe zu sich nimmt, sondern lediglich Flüssigkeit
290 … ein Zusammenhang, auf den zum Beispiel der studierte Mediziner und über Jahre hinweg praktizierende Arzt Axel

166

Ein eher ‚weltlicher‘ (aber zunächst einmal deshalb nicht minder ehrbarer) Grund zum Fasten ist dann schlichtweg der gesundheitliche Vorteil, den regelmäßiges[291] Fasten bringen kann. Natürlich sollte man es dabei keineswegs übertreiben und es zu einer Sucht werden lassen – das Potential hierzu ist durchaus gegeben, da insbesondere die erwähnte ‚geistige Klarheit‘ durch den veränderten Hirnstoffwechsel einen nicht zu unterschätzenden Reiz ausmachen kann.

Wiederum ein eher methodischer Grund wäre es, zu fasten, um dadurch eine zunehmende Gewöhnung des eigenen Fleisches daran zu erlangen, dass es nicht immer alles kriegt, was es gern hätte. Gerade in sogenannten ‚Wohlstandsgesellschaften‘ ist der menschliche Organismus durch das Überangebot an Nahrung[292] völlig darauf getrimmt, niemals längere Zeit echten Hunger zu empfinden oder aus Nährstoffmangel in seinen grundlegendsten Fähigkeiten eingeschränkt zu sein. Diese Mangel-Verhältnisse, welche die frühere Menschheit wohl recht gut gekannt haben dürfte (und die wohl auch heute noch in vielerlei Regionen der Erde anzutreffen sind), stellen aber eigentlich sogar so etwas wie den ‚Normalzustand‘ des menschlichen Ernährungsverhaltens dar, mit entsprechenden Effekten auf die Alltags-Lebensführung.

---

Nitzschke, a.k.a. Alfred Liebezahl, sein Andenken zum Segen, hinweist

291 … zum Beispiel einmal in der Woche für 24 Stunden stattfindendes

292 … auch, wenn diese 'Nahrung' nicht selten eigentlich ziemlich ungesund sein mag, also eher 'Füllstoff' denn 'Nahrung' ist …

167

Auch sei hier erwähnt als Motivation zum Fasten dasjenige, was sogar in der jüdischen Tradition von hochrangiger Stellung ist und insbesondere für die jüdische Jom-Kippur-Begehung zum Tragen kommt: Fasten als Selbst-Demütigungs-Geste. Sei es wegen eigener bewusstgewordener Sünde, quasi zur Begleitung der Buße, bzw. äußerlicher Ausdruck derselben, oder sei es angesichts einer spirituellen Problematik, der man sich ausgeliefert fühlt, für die man sich im Gebet Lösung erbitten will.

Zuletzt aber sei hier noch die tiefere Bedeutung des Fastens nach der jüdischen Überlieferung angedeutet: Es ist ein Sich-Zurückziehen aus der Welt, indem nichts (oder nur noch das allernötigste) von dieser Welt in sich aufgenommen wird. Auch verzichtet man traditionell an einem Fastentag darauf, sich mit Wasser zu waschen, lediglich die Augen befeuchtet man. Das deutet auf das nicht-für-so-wichtig-Nehmen des Zeitlichen hin, lediglich ‚mit den Augen' nimmt man die Zeit wahr, jedoch lässt man sich nicht weiter von ihr ‚berühren'. An besonders hohen Fastentagen wird dann auch noch auf Schuhe (aus Leder) verzichtet, um dadurch die gesamte körperliche Existenz symbolisch abzulegen[293]. Auch bei einem (nicht-öffentlichen) Gebet wird man aufgrund eben dieser Symbolik stets die Schuhe ausziehen, also ‚von seinem Esel absteigen', sich aus der Sphäre des Körperlichen zurückziehen und sich ins Geistige begeben, erheben.

Blicken wir noch einmal zurück auf das bis hierhin

---

293 … das Leder steht immer für das Tierische, und das Tier steht immer für die körperliche Seite der Existenz

angeführte, erkennen wir, wie ausgiebig die Bibel das Thema ‚Nahrung' behandelt: Angefangen bei Anordnungen eines ‚Speiseplans' für die wohlgeordnete Schöpfung auf der ersten Bibelseite, über den sogenannten ‚Sündenfall', der sich an der Wahl von bestimmter Speise entzündet, über unseren Messias, der mit Nachdruck darauf hinweist, dass man sich 'sein Fleisch und Blut' einverleiben müsse, er, der sich auch als das ‚Brot vom Himmel' bezeichnet – bis hin zur abschließenden Zukunftsaussicht der Offenbarung des Johannes, wo das ‚Neue Jerusalem' erblickt wird, wo der Baum des Lebens wieder erreichbar ist für Gottes Volk, nun sogar '12 mal im Jahr Früchte tragend'. Und auch zwischendurch, jenseits dieser ‚Eckdaten' der Heilsgeschichte, taucht das Motiv ‚Speise und Ernährung' entsprechend immer und immer wieder auf, in ganz unterschiedlicher Akzentuierung: Bündnisschlüsse im Rahmen von gemeinsamen Mahlen; Hungersnöte als entscheidende Auslöser wichtiger Wanderschaften; quälende Sehnsucht nach den Speisen Ägyptens, die fast die Befreiung aus der Knechtschaft überwiegen; ‚Manna' vom Himmel und Wasser aus Felsen; ausführliche Einteilungen der Tiere in essbar und nicht-essbar; minutiöse Aufteilungen der essbaren und nicht-essbaren Tierbestandteile im Opfer-Kult; Jahres-(Pilger-)Feste zu allen drei großen Erntezeiten und dabei sogar ein spezielles Fest mit Schwerpunkt auf ‚Ungesäuertem Brot'; wundersame Vermehrungen von Nahrung … und Gesänge über die Thorah als etwas so ‚Süßem, wie Honig'! Kein Wunder, dass selbst in der Empfehlung unseres

169

Messias, wie wir ein rechtes Gebet aufbauen sollen[294], die Bitte um das ‚tägliche Brot' enthalten ist[295].

Überhaupt nimmt es nicht Wunder, dass unser Erlöser eine seiner Zentral-Botschaften in Worte kleidet, die aus der Welt von Speise und Ernährung entnommen sind: ‚Brot vom Himmel', das zum ewigen Leben verhilft, ist Er; und nur wer 'sein Fleisch isst und sein Blut trinkt', kann an ihm teilhaben. Und so ist es dann auch jenes Gedenkritual, das wir heute meist als ‚Abendmahl' oder ‚Herrenmahl' kennen, das auf genau dieser Kernaussage des Meisters basiert: Wir sollen zu seinem Gedenken das Passah-Mahl einnehmen als ungesäuertes Brot und als Wein, wie er es mit seinen Jüngern tat, als Symbol für das Sich-Speisen aus seinem ‚Fleisch', aus seiner Botschaft, und dem Sich-Tränken mit seinem ‚Blut', mit seinem Gleichnis.

## Rechte Kleidung
### Bekleidung als Ausdruck des ‚Seelengewandes'

Das erste materielle Kleid der Menschheit hatte sie sich selbst gemacht (nachdem ‚ihre Augen aufgetan worden waren'), aus ‚Feigenblättern', um ihre ‚Nacktheit' (oder ‚Listigkeit') zu bedecken[296]. Der Ewige jedoch gab ihr als Kleid eine ‚Tierhaut'[297], ein

---

294 … das ‚Vaterunser'

295 … z. B. Matthäus 6,9-13

296 … Genesis 3,7

297 … Genesis 3,21

Wort, das im Hebräischen den Buchstaben nach exakt dasselbe ist, wie das Wort für ‚Bewusstheit' oder ‚Wach-Sein', und das der Tradition nach identisch ausgesprochen wird, wie ein anders geschriebenes Wort, welches ‚Licht' bedeutet[298]. Nur: statt dem Zeichen Aleph mit dem Zahlenwert Eins beim Wort ‚Licht', steht nun das Zeichen Ajin mit dem Zahlenwert 70 am Anfang des Wortes für ‚Haut; Fell' – aus der Einheit wird die Vielheit, die Einsicht in den Gesamtzusammenhang ‚zersplittert' in das Verlorengehen in den unzähligen Details …

Wie wird sich ein Jünger des Messias heute kleiden? Im Bestfall ganz entsprechend der Thora, wie es auch sein Meister tut, als er auf Erden im Fleisch weilt. Das heißt in jedem Fall: Empfohlen sind allein 'reine, unvermischte' Stoffe[299], kein Mischgewebe und am besten auch keine synthetischen Stoffe, bei denen das ‚Viel' oft ja sogar schon im Namen steckt[300]. Dass gewisse jüdische Traditionen der Thora-Auslegung behaupten, dieses sogenannte ‚Schatnaz'-Gebot beziehe sich ausschließlich auf die Mischung von Wolle und Leinen, sei hier als ein starres ‚Klammern an den toten Buchstaben' zurückgewiesen; strahlt doch der Geist hinter der wörtlichen Formulierung (im Kontext mit den im selben Vers, bzw. in den Nachbar-Versen genannten anderen 'Mischverboten') wirklich deutlich genug hervor, sodass offenbar ist, dass es sich bei diesem Geist um das allgemeine Prinzip der Nicht-Vermischung, der Reinheit handelt,

---

298 … beide als ‚Or' ausgesprochen

299 … Levitikus 19,19; Deuteronomium 22,11

300 … die griechische Vorsilbe ‚Poly-‚:wie in Polyester, Polyamid, etc.

171

das hier das Leitende ist.

Über die Beachtung des Mischverbotes in den einzelnen Kleidungsstücken selbst hinaus, ist der Optimalzustand sicherlich ein komplettes Outfit aus nur einer Art Stoff – also etwa nur Leinen für die Sommerbekleidung und nur Wolle für die Winterbekleidung. Doch leider wird in heutiger Zeit diese Stringenz nicht so einfach möglich sein, da bestimmte Kleidungsstücke[301] relativ schwer in reinem Leinen und reiner Wolle zu bekommen sind. Ein vollständiges Outfit in reiner Baumwolle dagegen ist durchaus gut zu beschaffen.

Will man sich nun der Symbolik dieser biblischen Empfehlung nähern, lohnt es sich, die Symbolik von Kleidung überhaupt zunächst zu erforschen. Begonnen hat das Konzept ‚Kleidung' biblisch also bereits in der Geschichte vom Fall der Menschheit im ‚Garten der Wonne', als die Menschen sich zunächst selbständig ‚aus Scham' Kleider machten, und danach der Ewige ihnen ein anscheinend etwas angemesseneres Gewand verlieh, als jenes, das sie sich zuvor selbst gemacht hatten.

Beim Hebräischen Wort für ‚Kleidung' im Sinne von ‚Bedeckung'[302] ist interessant, dass einige Etymologen[303] davon ausgehen, dass es ursprünglich eher ‚auffüllen' bedeutet habe. Das ‚Bedecken' der Nacktheit durch die Kleidung könnte also ursprünglich als ein ‚Auffüllen' des Mangels um den Leib herum verstanden worden sein.

---

301 ... besonders Unterwäsche und Socken

302 ... Wurzel: Kaph-Samech-Heh

303 ... z. B. Brown-Driver-Briggs-Hebrew-Definitions

172

In diesem Sinne ahmt die Kleidung vielleicht etwas nach, das im Gegensatz zum Fleischesleib zwar beim Sündenfall nicht mit in die äußere Sichtbarkeit ‚gefallen' ist, das der Mensch aber als eigentlich dennoch vorhanden (sein sollend) weiß, obwohl nicht physisch ertastbar: das ‚Seelische', bzw. die Regungen des Gemüts und des Verstandes, ‚der Hauch, der einen umspielt', aus dem sich unser individuelles ‚Atmen' speist[304]. So führte damals im Garten nach dem Fall also das Empfinden der ‚Scham'[305] zu einem ‚Lendenschurz' als sichtbares Zeichen dieser Empfindung; und heute führt unser sehr viel komplexeres (= mehr durcheinander geratenes) Seelenleben dazu, dass wir auch äußerlich recht komplexe Outfits mit mehreren Schichten und sehr vielfältiger Gestaltungsmöglichkeit ‚benötigen', um unser inneres Wirrwarr weiterhin auf diese Art (wenn auch meist gänzlich unbewusst) ausdrücken zu können ...

Und nun möge einmal jeder vor diesem gedanklichen Hintergrund die verschiedenen Erscheinungen von Kleidung heutzutage[306] betrachten, und dabei die ‚seelische' Entsprechung erfühlen, die sich in einem bestimmten Kleiderstil ausdrückt! Reine Stoffe symbolisieren dann vielleicht so etwas wie ‚ein reines, ehrliches, sich über sich selbst im Klaren befindliches Empfinden, Denken und Gefühlsleben' – wogegen allerlei Mischgewebe zumindest schon

---

304 ... im Hebräischen ist Atmen fast immer ein Wort mit der gleichen Wurzel entweder wie ‚Nephesch' oder wie ‚Neschamah'; das heißt wie ‚Seele', bzw. ‚Geistseele'

305 ... nämlich Scham über die ‚Nacktheit', die auch als ~~Listigkeit übersetzt werden kann~~
306 ... und z. B. auch mal verglichen mit dem Altertum

mal etwas ‚heuchlerisches' in sich tragen, in dem etwa der äußerlich sichtbaren Baumwolle auch 5 Prozent Elastan oder dergleichen beigemischt sind, die lediglich aus vermeintlichen ‚Komfortgründen' für den Träger benutzt werden, nach Außen hin aber nicht direkt sichtbar sein sollen … Entspricht so etwas nicht sehr deutlich manchen Charakterlichkeiten, die zwar bemüht sind um eine gewisse Außenwirkung, aber innerlich überhaupt kein Problem mit einem (je individuell ‚gewissens-technisch' ertragbaren) Anteil an Heuchelei haben; ja, gerade durch solche innerlich verborgenen Anteile des Empfindungslebens erst den gewissen ‚Komfort' im Umgang mit ihren Mitmenschen vermuten[307]? Und bei manchen ist bereits so wenig echt an Gefühlswelt, dass diese Falschheit gar als stolze Errungenschaft nach Außen getragen wird[308]; was sich dann niederschlägt in jenen allgegenwärtigen Kleidungsstücken[309], die ganz offen aus nichts anderem mehr als aus Kunststoff gefertigt sind (… und die nebenbei bei jeder Bewegung scheuernde bis quietschende Geräusche von sich geben …).

Ein weiterer empfehlenswerter Anspruch an die eigene Kleidung wäre, dass sie keine Risse und Löcher hat. Und auch hierbei haben wir eine Bibelstelle, die in diese Richtung deutet, wenn auch

---

307 … in etwa: ‚… man kann ja nicht immer jedem die volle Wahrheit auf die Nase binden!'

308 … nach dem Motto: ‚du musst in dieser Welt deine wahren Gefühle beherrschen/verbergen können, darfst keine Schwäche zeigen', etc.

309 … besonders Jacken derzeit

für Menschen, die beim toten Buchstaben stehenbleiben, wiederum nicht völlig eindeutig. Es handelt sich nämlich um die Stelle, als nach dem Tod von Nadav und Abihu ihrem Vater Aharon und dessen verbliebenen zwei Söhnen geboten wird, nicht (aus Trauer) ihre Kleider zu zerreißen[310].

Sehen wir hinter diesem punktuellen Gebot nun erneut den herrschenden Geist, so zeigt sich dieser eben als einer der Unversehrtheit, Vollkommenheit und Beherrschtheit. Verstehen wir weiterhin die Bekleidung eines Menschen als ein Abbild seines ‚Seelengewandes‘ und ‚Nervenkostüms‘, so deuten Risse hierin eben auf genau dasjenige hin, was unter anderem die Bestürzung über den Tod der eigenen Söhne bewirken kann: Kontrollverlust im Ausdruck der eigenen Gefühlsregungen. Diesen Kontrollverlust gilt es zu vermeiden; was sich dann irgendwann auch äußerlich niederschlägt, indem man darum bemüht ist, auch sein physisches Gewand frei von Löchern zu halten und es erst recht vor dem völligen Zerreißen zu bewahren.

Das genaue Gegenteil dieser Bemühungen zeigt sich hingegen in den immer mal wieder aufkommenden ‚Trends‘, sogar mit Absicht Risse in der Kleidung[311] zu haben. Manchmal scheint es fast so, als symbolisieren solcherlei Risse im Kniebereich der Beinkleider geradezu das Sich-Niederwerfen vor all den Götzen, die weder sehen, noch gehen, noch reden, noch hören können …

---

310 … Levitikus 10,6; das ‚Entblößen der Häupter‘ meint übrigens das Kahlscheren des Kopfes, nicht das Abnehmen von Kopfbedeckungen
311 … besonders in Hosen

Ganz besonders hervorgehoben in der ganzen Heiligen Schrift ist dann, dass ‚Befleckung' der Kleider mit ‚Sünde' assoziiert ist – ein Zusammenhang, der wohl intuitiv einleuchtend ist.

Ein weiteres ausdrückliches Gebot des Ewigen in Bezug auf Kleidung und die äußerliche Gestalt der Menschen seines Volkes ist: Es soll keine ‚Geschlechter-Verwischung' geben; Männer sollen keine Frauenkleider tragen und Frauen kein Männerzeug an sich haben – denn ‚es ist dem Ewigen ein Greuel'[312]. Dieses Gebot ist in jeder Gesellschaft ein wenig unterschiedlich zu befolgen, indem die Definition von ‚Frauenkleider' und ‚Männerkleider' wechselhaft ist. Dennoch sollte als Grundsatz ein biblisches, dadurch gewissermaßen ‚altertümliches', Verständnis bewahrt werden. Das meint nun, nur, weil in heutiger ‚westlicher Gesellschaft' Männer eigentlich immer Hosen tragen, heißt das nicht, dass sie als Jünger des Messias heute keine weiten, langen Gewänder mehr stattdessen tragen können, wenn sie sich denn darin wohl genug fühlen, um auch eine entsprechende Haltung und Würde auszustrahlen. Nur sollten sie sicherlich keine ausdrücklich für Frauen gefertigten Sommerkleider oder Röcke anziehen, die auch beim besten Willen heutzutage niemand für geschlechtsneutral halten kann. Ein gesundes Gefühl für den Mittelweg muss durch den Geist des Ewigen erwirkt werden, wie im Grunde in jeder Frage der genauen Ausführung einer biblischen Empfehlung. Umgekehrt kann heute wohl keiner Frau das Tragen einer Hose im Grundsatz

---

312 … Deuteronomium 22,5

vorgeworfen werden, da dies zumindest im ‚Westen‘ so gut wie niemand als reines ‚Männerzeug‘ (mehr) empfindet. Dennoch sollte eine Frau, die dem Messias nachfolgt, und dies auch äußerlich bezeugen will, vielleicht nicht ständig in Latzhosen mit Werkzeug in den Taschen herumspazieren, oder mit Bauarbeiterhelm auf dem Kopf …

Eine ganzheitliche Anwendung der Thora ergänzt diese relativ ausdrücklichen Hinweise bezüglich der Bekleidungswahl dann noch um einige (mindestens zwei sehr grundsätzliche) allgemeinere Sachen, die sich eben auch in der Kleidung niederschlagen: 1. das Gebot, keinen Götzen zu dienen; 2. das Gebot, keine ‚Hurerei‘ und/oder ‚Unzucht‘ zu betreiben und zu unterstützen.

So führt die bereits in den '10 Geboten‘ erfolgende dringende Abempfehlung allen Götzendienstes recht unbestreitbar dazu, dass ein Diener des Ewiglebendigen es vermeiden wird, irgendwelche ‚Götzensymbole‘ und anderweitige falsche oder auch nur fragwürdige Botschaften auf seinen Kleidern zu tragen und dadurch eine Art ‚lebende Litfaßsäule‘ für derartige Dinge zu sein. Was genau nun der einzelne unter ‚Götzensymbolen‘ und ‚fragwürdigen Botschaften‘ versteht, muss sich im Laufe seines Glaubensleben von selbst entwickeln. Es hat wie so oft wenig Sinn, sein individuelles Verständnis in dieser Frage anderen Mitstreitern aufzwingen zu wollen; allein bei Nachfrage darf sicherlich gern die eigene Sichtweise in aller Bescheidenheit kundgetan werden. So soll nun an dieser Stelle nur gesagt sein, dass der hier Schreibende unter ‚Götzensymbolen‘ zumindest alles versteht, was gängigen Symbolen

177

und Zeichen des 'dunklen Okkultismus' (bzw. der 'Magie') all zu deutlich ähnelt, und auch schon alles, was schlichtweg eine unnötige Darstellung von Elementen der Schöpfung als angebliches ‚Schmuck'-Motiv ist: sogenannte ‚Sterne'[313], Dreiecke[314], Augen, allerlei Tier- oder Menschengestalten[315]. Darüber hinaus kann auch über extravagante Kleidungsstücke und -accessoires nachgedacht werden, die von ihrer Form her fragwürdige Symboliken in sich tragen. Insbesondere Krawatten zum Beispiel könnte man aus diesem Grund deshalb vermeiden, weil sie doch sehr an einen der gängigen Einweihungsriten der weltlich-organisierten Freimaurerei (und vieler anders-benannter Ableger derselben) erinnert[316]. Aber auch schon eine Halskette kann hinterfragt werden, ist sie immerhin nichts anderes als eine ‚Kette um den Hals', also etwas, was recht deutlich Gebundenheit und Gefangenschaft symbolisiert.

Allerdings: bei all diesen Dingen muss freilich jeder selbst entscheiden, wie er sich dazu jeweils stellt. Schließlich kann man all die Dinge, Konzepte und geistigen Strömungen, welche mit solchen Symbolen

---

313 … also Pentagramme, Hexagramme, etc.; das hierfür in 'Gänsefüßchen' gesetzte Wort 'Sterne' ist deswegen ein wenig fragwürdig für das Gemeinte, weil tatsächliche Sterne am Himmel schließlich wohl kaum derartig geometrisch perfekte Formen haben …

314 … und zwar insbesondere mit Strahlen geschmückte

315 … seien es abstrahierte, seien es nahezu fotorealistische Abbildungen

316 … wo dem Kandidaten ein (Galgen-)Strick, bzw. eine Leine um den Hals gelegt wird

assoziiert sind, ja durchaus auch positiv, bzw. wohlwollend bewerten. Jedoch sollte man grundsätzlich BEWUSST mit allen Symbolen umgehen, welche man in der Öffentlichkeit an sich trägt.

In wie weit man übrigens das Symbol des sogenannten (,christlichen') ‚Kreuzes' propagieren möchte, möge jeder für sich selbst entscheiden. Sicher ist bei Paulus einmal von dem ‚Wort vom Kreuz' die Rede[317], das für die Erretteten eine ‚Gotteskraft'[318], für alle anderen eine ‚Torheit' ist. Jedoch kann das Wort ‚Kreuz' im griechischen Original auch schlicht ‚Pfahl' bedeuten, und schlicht das meinen, was unser Messias als dasjenige nennt, was ein jeder ‚auf sich nehme, um ihm nachzufolgen'[319].

Das heute als ‚Kreuz' bezeichnete Symbol geht historisch dagegen vielmehr auf verschiedene ‚heidnische' Symbole zurück, die meistens etwas mit der Darstellung der Sonne inmitten der Tierkreiszeichen des Jahresverlaufs zu tun haben. Sicherlich kann man die Sonne als Symbol für unseren Herrn Jeschua betrachten, Er ist das ‚große Licht, das am vierten Tag an die Feste gesetzt

---

317 ... 1. Korinther 1,18

318 ... genauer: die ‚Dynamik der Gottheit'

319 ... in seiner Verkörperung im Fleisch damals dann halt tatsächlich in dem Querbalken eines Kreuzes sich materialisierend, den er zu seiner Hinrichtungsstätte hat tragen müssen – aber als Symbol auch jeder individuelle ‚Ballast', der einem zugeteilt ist vom Schicksal, aus dem es gilt, ‚etwas zu machen', das im Sinne des Ewigen liegt

wurde', unter anderem ‚als ein Zeichen'[320], die ‚Sonne der Gerechtigkeit', ‚in dessen Flügeln Heilung ist'[321].

Und auch die 12 Tierkreiszeichen können sicher leicht mit den 12 engsten Jüngern assoziiert werden, die unseren Meister umringen. Doch will man wirklich das Risiko eingehen, ein uraltes Symbol heidnischer Götzenverehrung[322] auf diese Weise umzudeuten, um damit den lebendigen Gott zu ehren? Hat nicht genau diese Geisteshaltung im Alten Israel zu all den Greueln geführt, die der Ewige dann mit Schlägen der Züchtigung strafen musste, bis hin zur Zerstreuung der Stämme unter die Nationen? Ein jeder sei also zumindest eingedenk dieser Sachverhalte.

Und was die Thematik der ‚Hurerei' und der ‚Unzucht' mit der Bekleidung zu tun hat, sollte jedem offensichtlich sein: Der Jünger (und die Jüngerin) des Messias wird keine unnötig ‚aufreizende' Kleidung wählen, sondern sich in natürlicher Schönheit gefallen und sich statt mit ‚Perlenschmuck und aufwändiger Haarpracht' lieber mit guten Taten und Gottseligkeit zum Glänzen bringen wollen[323]. Es soll hier nun nicht ausführlich

---

320 ... siehe Genesis 1,14

321 ... siehe Maleachi 3,20; bzw. in machen Übersetzungen 4,2; im Zusammenhang gesehen mit der ‚blutflüssigen Frau, die den Messias am Zipfel [= auf Hebräisch das selbe Wort wie ‚Flügel'] seines Gewandes ergreift und dadurch sofort geheilt ist', z. B. in Matthäus 9,20-22; ausführlich in Markus 5,24-34

322 ... und nicht zu vergessen: ein historisches Folterinstrument ...

323 ... 1. Timotheus 2,9f

auf die verschiedenen Greuel eingegangen werden, die in unserer verkommenen Zeit (mal wieder) Gang und Gäbe sind in Fragen der Kleidergestaltung. Aber als ein Beispiel seien sogenannte ‚Stöckelschuhe' aufgeführt. Von der ungesunden Fußhaltung abgesehen, die diese Schuhe bei der Trägerin erzwingen, fällt auf, dass der ‚aufreizende Effekt'[324] gerade dadurch erzielt wird, dass Beine und Füße den Beinen einer Ziege durchaus ähnlich gemacht werden, mit den dicken Absätzen als den Hufen und der dadurch besonders angespannten, leicht gebeugten Haltung des Unterschenkel.

Aber im Konkreten muss in dieser Frage natürlich jeder für sich selbst seine Grenzen der Zurschaustellung von ‚Nacktheit' setzen. Mancher wird bereits eine kurze Hose[325] als unangemessen empfinden; ein anderer sieht schon in allem, was noch allzu deutlich die geschlechtsbezogenen ‚Rundungen' und ‚Ausbeulungen' des (insbesondere, aber nicht ausschließlich, weiblichen) Körpers durch die Kleider erahnen lässt, einen Anstoß – und wieder ein anderer hat mit all dem kein Problem, solange die allgemeinen Regeln der Sittlichkeit eingehalten werden, die in der jeweiligen Gesellschaft gelten, in der man sich gerade bewegt.

‚Gekrönt' wird die rechte Bekleidung übrigens mit einer rechten Haartracht (beim Mann zudem Barttracht), und der Wahl der rechten Kopfbedeckung. Beim Mann wäre das: ein Bart[326],

---

324 … die Betonung des Gesäßes und der Beine

325 … zumindest eine, die nicht einmal die Knie bedeckt

keine allzu langen Haare[327], tendenziell keine Kopfbedeckung[328]. Bei der Frau demgegenüber sind angeraten: eher lange Haare[329] und tendenziell das Tragen einer Kopfbedeckung[330]. Ein allerletzter Schliff wird der rechten Kleidung dann noch mit dem Tragen der sogenannten Tzitzit gegeben[331].

Und zum Schluss soll nun einmal das absolute Idealbild der Bekleidung eines Menschen im Dienst des Ewigen genannt sein, wie es unser Messias vorgelebt hat, als er im Fleisch auf Erden wandelte[332]: ein Leibrock[333], aus einem Stück gewebt; dazu vermutlich einen Gürtel[334] und einen Unterrock[335].

---

326 ... nicht in unnatürliche Formen gezwungen, lediglich gepflegt und eventuell getrimmt; siehe etwa Levitikus 21,5

327 ... 1. Korinther 11,14; aber auch auf keinen Fall komplett geschoren oder um die Ohren herum kahl rasiert, eventuell sollte das Haar sogar um die Ohren herum demonstrativ etwas fülliger sein, als ‚Abschirmung'/'Schutzwall' um die Ohren als den ‚Mündern des Hauptes'; siehe wiederum Levitikus 21,5; zu den sogenannten ‚Peyoth', den typisch-jüdischen ‚Schläfenlocken', gäbe es sehr viel zu sagen, das aber in allzu tiefe Bereiche vorstoßen würde, die dem Rahmen dieses Artikels und überhaupt der ganzen Rubrik ‚Erbauliches' nicht entsprechen würden

328 ... zumindest nicht beim Beten und Verkündigen; 1. Korinther 11,4+7

329 ... 1. Korinther 11,15

330 ... mindestens beim Beten und Verkündigen; 1. Korinther 11,5f

331 ... mindestens für Männer; siehe Numeri 15,38ff und Deuteronomium 22,12; zu den Tzitzit siehe auch den entsprechenden Abschnitt im Artikel ‚Gekleidet in Licht'
332 ... Johannes 19,23; Exodus 28,4

333 ... ‚Kethuneth', ‚Obergewand'
334 ... ‚Avnat'
335 ... ‚Me'ijl'

182

Möglichst einfach also, leicht in der Schwere der Last, die man auf der Haut trägt, und dennoch alles nötige der ‚Haut‘ und des ‚Fleisches‘ bedeckend. So möge also auch unser ‚Seelengewand‘ stets möglichst einfach, einfältig gestaltet sein, möge es keine Last für den Leib sein, und möge es dennoch alles mit reinem (Seelen-)Stoff abdecken und auffüllen, ausfüllen, ERfüllen, was wir als ‚Bewusstheit‘ und ‚Botschaft‘ (‚Haut und Fleisch‘) mit uns herumtragen – und es soll nichts davon im falschen Rahmen ‚entblößt‘, das heißt ‚offenbart‘ werden. ‚Keine Perlen vor die Säue‘ …

## Der 'sehr gute' Siebte Tag
### Warum ‚die Welt verbessern wollen‘ ein Sabbatbruch ist

In der Überlieferung wird die sogenannte ‚zweite Schöpfungsgeschichte‘ als Geschehnis des sechsten Schöpfungstages der ‚ersten Schöpfungsgeschichte‘ gesehen. Dies legt ja auch die Tatsache nahe, dass die Menschenerschaffung in der ‚ersten Schöpfungsgeschichte‘ an eben diesem sechsten Tag verortet ist. Dass nun in der ‚zweiten Schöpfungsgeschichte‘ scheinbar sämtliche Naturgegebenheiten ‚erneut‘ geschaffen werden, nur diesmal in umgekehrter Reihenfolge, verglichen mit der ‚ersten‘, erklärt sich dabei daraus, dass all die Dinge und Wesen zunächst nur als eine Art ‚Potential‘ geschaffen werden, als ‚Archetypen‘[336],

---

336 … deshalb immer die Formulierung ’nach seiner/ihrer Art‘, so als sei eben zunächst nur die ‚Art‘, die ‚Idee‘ der jeweiligen Kreatur als Potential angelegt worden; übrigens vertritt auch

und dass diese zunächst abstrakten Archetypen nun angesichts des Menschen aber auch konkret in dessen Wirklichkeit hinein treten.

Der Fall des Menschen von Genesis 3, das Geschehen mit der Schlange, findet dann am späteren Nachmittag des sechsten Tages statt, nachdem der Mensch in der zweiten Hälfte (also in der ‚Tag-Hälfte') dieses sechsten Tages erst geschaffen wird[337]. Die ‚Vertreibung aus dem Paradies', ist dann auch die Vertreibung ‚in den siebten Tag hinein', und zwar zunächst in die NACHT dieses siebten Tages[338], in welcher wir uns entsprechend immer noch befinden[339].[340]

Nun legt die Überlieferung Wert darauf, dass Gott die Welt nach seinem Werk am sechsten Tag ansieht und spricht: ’siehe, es ist SEHR GUT'. Dass der Mensch ‚fällt', ist zu diesem Zeitpunkt (am Ende des sechsten Tages) aber doch schon passiert! Somit scheint dieser ‚Fall', dieses ‚Sterblichwerden' der Menschheit durch den Genuss der ‚Frucht vom Baum des

---

Rudolf Steiner, der Begründer der sogenannten Anthroposophie, eine ähnliche Sichtweise in Bezug auf die zwei scheinbar sich widersprechenden Schöpfungsberichte

337 … bzw. ’sich aufrichtet', wie die Überlieferung auch sagt, während er schon von Anfang an bei Gott vorhanden gewesen sei

338 … da ja die Tage immer mit der Nacht-Hälfte beginnen

339 … schließlich wird nach der Beschreibung des siebten Tages im Unterschied zu den sechs vorangegangenen nicht gesagt ‚und es ward Abend und es ward Morgen, der siebte Tag'…

340 … Angemerkt sei aber, dass andere Berichte der Überlieferung sagen, der siebte Tag war/ist völlig hell erleuchtet und Adam findet sich erstmals in der Nacht NACH dem ersten Sabbath in der Dunkelheit wieder.

184

Wissens um Gut und Böse', schon inbegriffen zu sein in diese Bewertung der Schöpfung als 'sehr gut' durch den Schöpfer.

So liest die Überlieferung den Satz ‚es ist sehr gut', hebräisch ‚tov me'od'[341], dann auch in einer Art Wortspiel als ‚tov maweth'[342]: ‚der Tod ist gut'. Denn der Tod, das Sterblichwerden ermöglicht dem Menschen erst das Erlebnis der GANZEN Thora, die nun ‚folgt'[343]!

Der Psalm 92, der den Sabbath-Tag preist, wird dann auch Adam (also eigentlich der ‚ganzen, heilen, noch unzersplitterten Menschheit') zugeschrieben, der damit die ganze Welt des siebten Tages anspricht, deren Qualität er ‚trotz allem' als 'sehr gut' anerkennt. Als Hauptteil dieses Artikels soll jetzt eben dieser Psalm etwas näher betrachtet werden[344].

Schauen wir dabei zunächst auf die einleitenden Verse, die bereits sehr vieldeutig sind, wenn man vom hebräischen Original ausgeht. Eine recht gängige Übersetzung wäre:

‚Ein Psalm, ein Lied. Für den Tag des Sabbaths.

Es ist gut, dem Ewigen [= JHWH] zu danken, und zu singen deinem Namen, Höchster!

Am Morgen zu verkünden deine Güte, und deine Treue in den Nächten,

---

341 ... geschrieben teth-waw-beth mem-aleph-daleth

342 ... geschrieben teth-waw-beth mem-waw-thaw

343 ... zeitlich, also ‚linear-chronologisch' betrachtet

344 ... weit davon entfernt natürlich irgendeinen Anspruch auf Vollständigkeit in der Deutung zu erheben

mir obliegt der Zehnsait und mir obliegt die Laute, mir obliegt das Erklingenlassen mit der Harfe. ,

Nun diese Verse einmal mitsamt einigen ausgewählten Mehrdeutigkeiten in eckigen Klammern ergänzt:

,Ein Psalm [= ,von einer Weinrebe her'], ein Lied [= eine Ordnung]. Für den Tag des Sabbaths [= des Aufhörens].

Es ist gut, dem Ewigen zu danken [ihn zu rühmen, ihn ,zum Glänzen zu bringen'], und zu singen deinem Namen, Höchster!

Am Morgen [= im Durchbruch; vermittels eines Durchbruchs] zu verkünden [= bekannt zu machen] deine Güte, und deine Treue in den Nächten [= deine Treue durch das Umschlungen-Sein)],

auf [= mein Joch] Zehnsait [= Reichtum] und auf [= mein Joch] der Laute [= das Verwelken; das Verächtlich-/Verachtet-sein; Narr/Tor], auf [= mein Joch] Vibration [= das Nachsinnen] mit der [= in der] Harfe [= ,wie eine Lampe']. ,

Es ist also durchaus möglich, auch folgende tiefergehende Übersetzung zu erhalten:

,Von der Weinrebe her eine Ordnung für den Tag des Aufhörens:

Gut ist es, dem Ewigen (aus Freude) zu danken und ihn dadurch zum Glänzen zu bringen (in der Welt), und zu singen deinem Namen, Höchster!

In einem Durchbruch zu verkündigen deine Güte, und deine Treue durch (ein) Umschlungensein.

186

Mein Joch ist Reichtum und mein Joch ist das Verwelken, mein Joch ist das Nachsinnen durch dasjenige, was wie eine Lampe ist.'

Zur ‚Weinrebe' ist zu sagen, dass der Weinstock die ‚dritte der sieben Früchte' ist[345], oder abstrakter: sie ist die dritte der sieben ‚prinzipiellen Arten des Wachstums'. Und jedes dritte zeichnet vor allem der ‚Zwillings-Charakter' aus, der sich beim Wein in der Spaltung in ‚Heiligung'[346] und ‚Rausch'[347] zeigt. Und die ‚Zweiheit', das ‚Duale', ist auch ein grundlegendes Verhältnis, das die ‚Welt des Siebten Tages', also unsere Welt hier, bestimmt.

‚Dasjenige, was wie eine Lampe ist' … hierbei könnte man sich an das Gehirn des Menschen erinnert fühlen, das eben ‚wie eine Lampe' erleuchtet, aber dessen Nachsinnen leider auch belastend ist (‚ein Joch'), den Menschen im Unterschied zu Tieren aus der ‚Einheit mit dem Augenblick' herausreißt, ihn in Vergangenheit und Zukunft zerreißt, ihm das Erleben von ‚Sorgen' und ‚Ängsten' auferlegt wie ein Joch auf den Nacken (neben der Last des Wissens um das ‚Verwelken' allen ‚Reichtums' …). Das Wort für ‚Gehirn' auf Hebräisch (‚Moach') bedeutet wortwörtlich in etwa ‚auslöschen, tilgen, ausradieren' (‚machah'), deutet also auf das Ausklammern großer Teile der wahren

---

345 … siehe Deuteronomium 8,8

346 … ‚Kiddusch', dadurch dient der Wein als Zeichen, als Symbol, und er kann außerdem ‚fröhlich machen', siehe z. B. Psalm 104,15

347 … siehe z. B. bei Noah nach der Sintflut, bei Lot und seinen Töchtern, etc.; … und siehe natürlich auch die Stamm-Klientel an jeder x-beliebigen ‚Trinkhalle' …

187

Wirklichkeit durch das Gehirn hin, um demgegenüber dann den jeweils näher betrachteten Teil besonders präzise ‚analysieren‘, auseinandernehmen zu können. Hierfür muss also das ‚Heil(e)‘, das GANZE aufgegeben, zerstückelt werden; man fühle sich erinnert an den Baum der Erkenntnis (von Gut und Böse), dessen Genuss den Weg zum Baum des LEBENS versperrt[348].

Die Überleitung zum Hauptteil des Psalms nun lautet wörtlich in etwa:

‚Weil du mich erfreut hast, Ewiger, durch dein Tun, bin ich über die Werke deiner Hände am jubeln.

Was ist sein Großes? Deine Werke, Ewiger, (sind) kraftvoll, sein Tiefgehendes deine Gedanken!

Ein anzündender [~ ‚ungestümer‘; aber auch übersetzbar als ‚in der Haut (seiender)‘] Mensch weiß es nicht, und ein Fett(geworden)er versteht solches nicht.‘

Das Wort ‚anzündender‘, bzw. ‚ungestümer‘ (‚ba’ar‘), kann also auch als ‚in der Haut‘ oder ‚vermittels der Haut‘ (ba’or) gelesen und übersetzt werden, auch als ‚vermittels des Wachseins‘, ‚vermittels der Bewusstheit‘ (ba’er). Dabei kann man sich demnach daran erinnert fühlen, dass gerade das Ergebnis unseres ‚Sündenfalls‘, infolgedessen wir von Gott ‚bekleidet werden‘ mit der physischen Haut, die im Geistig-Seelischen dann auch unser ‚Wachbewusstsein‘ der äußeren Realität ist. Und ein

---

348 … und letzterer enthält doch gerade BEIDES, das Zerstückelte, also das zeitlich-räumliche ‚Werden‘, genauso wie das Heile, das ewige ‚Sein‘ – ist er doch der ‚Baum der Frucht ist UND Frucht macht‘, Genesis 1,11

Mensch, der ‚in dieser Haut' ist, kann unmöglich begreifen, was es mit der Größe der Werke und der Tiefe der Gedanken des Ewigen auf sich hat. ‚In der Haut'-Sein scheint also in eine ähnliche Richtung zu deuten, wie die Formulierungen des Paulus, wo dieser vom ‚im Fleisch sein' schreibt.

Und was nun folgt, als der Hauptteil des Liedes, ist sehr bezeichnend: Viel Pflanzen- und Baum-Symbolik, wodurch in einem natürlichen Bild angespielt wird auf die Gegebenheit der ‚Entwicklung in der Zeit' von allem Geschaffenen, wie sich diese Entwicklung eben besonders im Wachstum von Pflanzen auch ganz sinnlich ausdrückt:

, Wenn die Bösen/Zerstörerischen sprossen wie Kraut, und blühen all(jen)e, die Nichtiges betreiben, so geschieht es (nur darum), damit sie zu Schanden werden, Ewigkeiten der Ewigkeit (lang).

Du aber bist erhaben auf ewig, JHWH!

Denn siehe, deine Feinde, JHWH, denn siehe, deine Feinde werden dahinschwinden; es werden zerstreut werden alle, die Nichtiges tun.

Aber du wirst mein Horn erhöhen gleich dem des Einhorns [hebr. ‚Re'em', auch ‚Ur-Stier']; mit frischem Öle werde ich übergossen werden[349].

Und mein Auge wird seine Lust sehen an meinen Feinden, meine Ohren werden ihre Lust hören an den Übeltätern, die wider mich aufstehen.

---

349 ... zu der Öl-Symbolik siehe auch den Artikel ‚Salbung und Achter Tag'

Der Gerechte wird sprossen wie die Palme, wie eine Zeder auf dem Libanon wird er emporwachsen.

Die gepflanzt sind in dem Hause JHWHs, werden blühen in den Vorhöfen unseres Gottes.

Noch im Grauen (Alter) treiben sie, sind saftvoll und grün,

um zu verkünden, daß JHWH gerecht ist. Er ist mein Fels, und kein Unrecht ist in ihm.'

Adam besingt also hier insbesondere die Gnade, die gerade darin besteht, dass den Guten wie den Bösen ZEIT gegeben ist, entweder umzukehren, oder sich zu bewähren, und die Freude der Überraschung und letztlich der Wende zum Guten, zum Gerechten zu erleben: das ‚Gericht', wo alles ‚gerichtet', also ‚Recht gemacht', repariert wird[350], und sich somit dann sogar ‚an den Bösen, Zerstörerischen' das Schöne zeigt, indem all dieses ‚Krumme gerade gemacht' wird, und dieser Prozess eine ‚Lust für Augen und Ohren' des bereits ‚Gerechten', ‚Zurecht-Gemachten' ist.

Es sei nun also ausdrücklich empfohlen, ‚unsere Welt', unsere (aufs Äußerliche gerichtete) Alltagswirklichkeit, als ‚Welt des Siebten Tages' zu betrachten. Damit geht dann einher, dass wir einsehen, dass diese Welt hier (oder genauer: die ‚Schöpfung') tatsächlich 'sehr gut' ist. Und auch geht damit einher, dass wir erkennen, dass alles ‚Weltverbessern'(-Wollen) eigentlich ein ‚Sabbath-Brechen' ist: Auch alles Leid, alle Bedrängnis hat

---

350 ... zum ‚Gericht' siehe den gleichnamigen Artikel in der Rubrik ‚Grundlage'

ihren tiefen Sinn, ja: selbst der ‚Fall‘ des Menschen hat seinen Sinn[351]. Aber die Einzelheiten, WARUM, WOZU etwas ist, wie es ist, sind uns nicht immer (oder gar nur recht selten) offenbar in unserer beschränkten Sicht auf unsere Umwelt. ‚Die Verborgenheiten sind des Ewigen unseres Gottes, die offenbaren Dinge aber sind für uns und für unsere Kinder auf ewig.‘[352] Das VERTRAUEN, also der ‚Glaube‘, ist es, das uns tröstet und zuversichtlich sein lässt, uns TREU sein lässt, die Welt dennoch zu lieben, wie Gott sie liebt: nicht in ihr verloren zu gehen in diesem oder jenem Rausch, sondern in ihr aufzugehen, wie wir dann im irdischen Tod auch körperlich in ihr aufgehen, wieder ganz Eins mit ihr werden, uns in den wunderbaren Kreislauf einfügen, uns hingeben, und wir endlich loslassen können all die Fesseln der Abgrenzung, und so diese (Selbst-)Einmauerung beenden, um alles nun von der nächsthöheren ‚Spiralrunde‘ aus, viel leichter, ER-leichtert, erleben zu dürfen.

In der Überlieferung wird mit Nachdruck darauf hingewiesen, dass bei den zwei Tafeln der ’10 Worte‘[353], je fünf Worte auf einer Tafel stehen. Und die zweiten Fünf stehen den ersten Fünf dabei als ‚Widerspiegelungen des Göttlichen im

---

351 ... und vor allem auch seine Zwangsläufigkeit, um eben ‚das Ganze‘ erleben zu können

352 ... Deuteronomium 29,29a+b

353 ... im Christlichen meist besser bekannt als ’10 Gebote‘, obwohl von ‚Geboten‘ dort eigentlich keine Rede ist, sondern schlichtweg die ‚ewige Struktur des (wahren) Menschen‘ in 10 Worten, beschreibend ’10 Sachverhalte‘ oder ’10 wenn-dann-Beziehungen‘, gegeben wird

(Zwischen-)Menschlichen' gegenüber[354]: die einleitende Feststellung[355] ,Ich bin der Ewige, dein Gott, der dich aus Mitzrajim herausgeführt hat, aus dem Hause der Knechtschaft' entspricht dem 'nicht töten' (denn wo diese entscheidende Verbindung zum Ewigen zerreißt, herrscht geistiger Tod; und zudem wird dieses erste Gebot als Hinweis auf die ,Gottesebenbildlichkeit' des Menschen gesehen, welche eng mit dem ,Blut'[356] assoziiert ist – das ,Vergießen von Blut' ist also eine offene Geringschätzung und Verachtung der Gottesebenbildlichkeit eines Mitmenschen); dass ,keine anderen Götter für dich über SEINEM Angesicht sind' und du ,keine Schnitz- und Gussbilder (von ihnen) machst und ihnen dienst' entspricht dem 'nicht ehebrechen' (denn alles ,Erstarrte', vermeintlich ,klar Erfasste' in dieser Welt tritt als ,Nebenbuhler' des wahren, lebendigen Gottes auf, der an sich NIEMALS ganz fassbar ist; überhaupt ist jede Art von ,Dienst an fremden Göttern' als ,Ehebruch' zu betrachten, indem der Bund vom Sinai dadurch verletzt wird); ,den Namen nicht zu missbrauchen' entspricht dem 'nicht stehlen'; den ,Sabbath zu bewahren und heiligen' entspricht dem 'nicht falsch Zeugnis geben' und das ,den Vater und die Mutter ehren' entspricht dem 'nicht begehren von Gut deines Nächsten' (und damit dem Annehmen und Wertschätzen der Vergangenheit,

---

354 ... siehe z. B. Pesikta Rabbati, Pesikta 21

355 ... oft als ,Präambel' betrachtet, aber eigentlich bereits selbst das erste Gebot

356 ... im Hebräischen von der selben Wortwurzel gebildet wie das Wort für ,gleichen; Gleichnis'

die genau zu DIESEM ‚Jetzt' mit all seinen Lebensumständen – von einem selbst, wie von anderen – geführt hat).

Das Sabbath-Halten entspricht also dem ‚Zeugnis geben'; und umgekehrt ist das ‚Brechen des Sabbaths' ein ‚Falsch-Zeugnis-Geben', weil man dadurch suggeriert, die Welt, die Gott (‚in den sechs Tagen') geschaffen hat, sei (jetzt, ‚am siebenten Tag') NICHT sehr gut.

Was nun hat unser Messias am Sabbat getan? Genauer: Wie hat Er durch seinen Wandel Zeugnis abgelegt, dass ‚die Welt sehr gut ist' – trotz all dessen um Ihn herum, was wir als Menschen wohl eher als NICHT 'sehr gut' wahrnehmen?

Er hat sich jedenfalls, dem biblischen Gebot gemäß, mit anderen Dienern des Ewigen gemeinsam versammelt[357], er hat in den Heiligen Schriften gelesen, hat aus den Heiligen Schriften vorgelesen, bzw. er hat ‚gelehrt'[358] – er hat allerdings auch geheilt, wo sich ein Mensch nicht im Zustand der Vollkommenheit befand, hat ‚gerade gemacht, wo etwas krumm war'[359]. Auf diesen letzten Punkt und den scheinbar darin enthaltenen Widerspruch zum ‚Anerkennen der Vollkommenheit des Siebten Tages' werden wir noch zurückkommen.

Nun wollen wir diese Gepflogenheiten unseres Königs ein wenig betrachten.

---

357 ... siehe etwa Lukas 4,15f

358 ... Lukas 4,16; 13,10

359 ... siehe speziell zu diesem Bild die Heilung der gekrümmten, ‚buckligen' Frau in Lukas 13,11-13

Das ,Lesen aus der Heiligen Schrift' könnte man zum Beispiel auch in folgendem Sinne verstehen: auch die Natur, die Schöpfung Gottes, ist ,Heilige Schrift', in der wir lesen dürfen, zu deren Entzifferung wir geradezu aufgerufen sind[360]! Nicht im Sinne steriler ,Natur-Wissenschaft', sondern in Liebe und Staunen über die Wunderkräfte Gottes, wie sie in die Schöpfung gelegt sind, mal am schlummern, mal am offen hervorbrechen[361]. Die 'sehr gute' Qualität unserer Siebenten-Tags-Welt können wir also unter anderem so betonen, dass wir über die Schönheit dieser Welt staunen, wo uns das möglich erscheint. Das muss nicht immer nur das ,allgemein-anerkannt Schöne' sein, es kann durchaus auch das Grandiose, Faszinierende im Schrecklichen, im Grausamen gar, und dann besonders in der Bewältigung, Umwandlung, ,Sublimierung' von solcherlei Bösem sein, das wir in seiner Existenz anerkennen und dessen geheimen Sinn wir in Ehrfurcht zu begreifen suchen. Im persischen Raum soll beispielsweise eine Geschichte über Jesus kursieren, wo dieser mit seinen Jüngern einen Hunde-Kadaver am Wegesrand sieht. Und während sich seine Begleiter angewidert abwenden, geht Jesus ganz nah an den Leichnam heran und zeigt voll Staunen auf die Zähne und den Kiefer des toten Tieres, die da in diesem Zustand so besonders

---

360 ... siehe etwa Matthäus 6,26ff: ,Seht an die Vögel!' usw.

361 ... ,Die Himmel erzählen von der Herrlichkeit Gottes, und das Firmament verkündet das Werk seiner Hände', Psalm 19,2; siehe hierzu auch die englischsprachige Schrift 'Hebrew Astrology' auf LaThalmidim.net, bzw. die vielen deutschsprachigen Vorträge und Schriften, die Friedrich Weinreb,sein Andenken zum Segen, zu diesem Thema der Welt hinterlassen hat

deutlich zu sehen sind, weist seine Freunde auf die vollkommene Harmonie dieses Hundegebisses hin, und preist Gott für die Erhabenheit seiner ganzen Schöpfung!

Das ‚Lehren‘, das unser Messias am Sabbat pflegte, könnte vielleicht überhaupt im weiteren Sinne als ein ständiges ‚Vorbild-Sein‘ verstanden werden[362], also weniger als ein besserwisserisches BE-Lehren und AUS-Bilden, wie es etwa ein moderner ‚Pädagoge‘ im Schulunterricht betreibt … Und alles wahre ‚Lehren‘ ist natürlich immer im Wesentlichen ein ‚Lesen aus der Heiligen Schrift‘, und wenn auch als ein ‚Auslegen‘ derselben. Das will nun nicht sagen, dass Christus nicht auch zu gegebenem Anlass ‚gelehrt‘ hat, wie es sich traditionell vorgestellt wird: als weiser Erklärer von Schriftstellen, als Gleichnisse erzählender Beispielgeber für rechtes Handeln und als Verdeutlicher von ewigen Verhältnissen – und nicht zuletzt als Kritiker von fragwürdigen Praktiken insbesondere der vermeintlichen religiösen Eliten. Doch soll hier einmal der Gedanke angestoßen werden, das ‚Lehren‘ des Messias in einem viel umfassenderen Sinn zu verstehen, der sich eben keineswegs in diesem ‚äußerlichen‘ Auftreten als ‚Lehrer‘ erschöpft, sondern der vielmehr in seinem lebendigen, heiligen Wandel selbst besteht, der schon allein durch seine unaussprechliche Ausstrahlung die Menschen um ihn herum verändert, ihnen seine ‚Vollmacht‘ bezeugt.

Das Heilen Jesu am Sabbat bewirkt nun schon in den Evangeliumsberichten erheblichen Widerstand bei

---

362 … ‚Vorbild‘, wie es eben auch die ganze Natur in ihren wundersamen, lebendigen Symboliken ist

den althergebrachten Autoritäten der Menschen. Das können wir vor dem Hintergrund der in diesem Artikel vertretenen Auffassung vom ‚Sabbat-Halten‘ als einem ‚Vollkommenheit-Bezeugen‘ nun daraus erklären, dass ein ‚Heilen‘ ja ein ‚Heil-Machen, Ganz-Machen‘, ein ‚Richten/Berichtigen‘ ist – es also doch scheinbar ausdrücklich dem Prinzip des Sabbats entgegenstrebt, der ja gerade bezeugen will, dass die Schöpfung SCHON in ihrem derzeitigen Zustand ’sehr gut‘ ist.

Wie löst sich also dieser scheinbare Widerspruch auf zwischen einem ’nichts verbessern wollen‘ und einem dennoch ‚Ganz-Machen‘? Jesus erklärt in anderem Zusammenhang[363]: ‚Der Menschensohn ist Herr über den Sabbat[364]‘, und dass ‚der Sabbat um des Menschen willen geschaffen‘ ist und nicht umgekehrt[365].

Und nur (konkrete) MENSCHEN[366] werden geheilt, ‚zurecht gemacht‘ am Sabbat, nicht aber die ganze Welt und einzelne Details in ihr! So ist es genau diejenige Gnade, die auch dazu führt, dass uns als ‚Gläubigen‘ bereits hier in der ‚Welt der Zeitlichkeit‘ zuteil wird, dass wir durch den ‚Heiligen Geist‘, also dasjenige, womit der Gesalbte gesalbt ist, ‚gerichtet

---

363 … beim ‚Ährenraufen‘, Matthäus 12,8; Markus 2,28; Lukas 6,5

364 … bzw. wörtlich, vom Hebräischen her übersetzt, auch: ‚über das Aufhören‘

365 … Markus 2,27

366 … und zwar speziell ‚Kinder Abrahams‘, also die Kinder dessen, der ‚glaubt, und dessen Glaube ihm zur Gerechtigkeit angerechnet wird‘

werden' – um nicht zuletzt nur im „Jüngsten Gericht'
der Reinigung durch das Feuer ausgeliefert zu sein,
wie es der gefallenen Welt als Ganzes zugedacht
ist[367].

Der Christus gibt auch ein Beispiel aus der Schrift,
um die Aussage zu untermauern, der Sabbat sei um
des Menschen willen geschaffen: Die Priester des
Levitischen Ritus ‚entweihen' schließlich scheinbar
den Sabbat, wenn sie an ihm ihren regulären Dienst
tun, der doch immerhin einige eigentlich ‚verbotene'
Tätigkeiten einschließt. Aber sie bleiben dennoch
schuldlos, ja, erst durch das Tun ihres Dienstes
erfüllen sie überhaupt, was ihnen obliegt; würden sie
ihn dagegen NICHT tun, lüden sie Schuld auf sich.
Und so ist ‚Priesterdienst' ganz allgemein (nicht nur
im ‚Levitischen Ritus') nicht am Sabbat zu
unterlassen, im Gegenteil. Das Vermitteln zwischen
Gott und den Menschen findet auch am Sabbat statt,
ist sogar wichtiger Bestandteil dieses ‚Siebten Tages
unserer Welt'.

**'den Staub von den Füßen schütteln'**
*Die Konsequenzen, wenn ‚eine Stadt die Botschaft*
*vom Guten nicht annimmt'*

Im Neuen Testament heißt es, wir sollen ‚die frohe
Botschaft' (bzw. die ‚Botschaft vom Guten')
verkünden. Dabei allerdings sollen wir einerseits
niemanden auf aggressive Art bedrängen um ihn von
unserem Standpunkt zu überzeugen, andererseits

---

367 ... siehe hierzu auch wiederum den Artikel zum ‚Gericht' im
ersten Teil

sollen wir uns nicht in fruchtlose Diskussionen hineinziehen lassen, bei denen der Spaß an der Konfrontation die einzige treibende Kraft ist. Und ganz besonders sollen wir uns nicht dadurch unnötig belasten lassen, dass Mitmenschen unsere wohlmeinenden Dienste nicht annehmen und wertschätzen wollen. Speziell letzteres findet seinen Ausdruck dann in einer bestimmten Formulierung, die im Folgenden einmal näher beleuchtet werden möge; in Matthäus 10,14 heißt es:

‚Und wer irgend euch nicht aufnehmen, noch eure Worte hören wird – gehet hinaus aus jenem Hause oder jener Stadt und schüttelt den Staub von euren Füßen.'[368]

Nun sollen, um das Ganze auf eine mehr innerliche Ebene zu heben, einige der auftauchenden Begriffe von ihrem hebräischen Kontext her betrachtet werden, aus dem der Messias schöpft. Aber nicht NUR mit Hebräisch-Kenntnissen sind diese Begriffe in ihrer tieferen Symbolik zu erfassen; auch ein einfaches Meditieren über diese Bilder aus der alltäglichen Menschenwelt kann schon so einiges an Tiefe aufdecken, auch das Betrachten der Wörter in jedweder anderen Sprache als dem Hebräischen. Jedoch gerade die wundersame Hebräische Sprache zeigt uns besonders verblüffend, wie manche Konzepte miteinander zusammenhängen,was in

---

368 … vgl auch Markus 6,11 und Lukas 9,5, wo ähnliches gesagt wird, mit dem Zusatz, dass dieses ‚Staub-Abschütteln' geschehen solle ‚ihnen zum Zeugnis', bzw. ‚zum Zeugnis wider sie'; in Lukas 10,11 wird dann außerdem noch einmal empfohlen, dieses Tun laut und offen ‚auf der Straße' zu verkünden, mit dem betonten Wunsch, dass gewusst werde: ‚das Reich Gottes ist nahe herbeigekommen!'

manchem Wort an weiterem mitschwingt.

Die im Folgenden untersuchten Begriffe seien nun: das ‚Hören‘, der ‚Staub‘, die ‚Füße‘, das ‚Haus‘, die ‚Stadt‘, die ‚Straße‘ und das ‚Zeugnis‘.

Mit dem ‚Hören‘ dürfte wohl weniger ein bloßes ‚mitbekommen‘ gemeint sein, … als wenn das Problem darin bestünde, dass man an einem lärmenden Ort sei, dass man also deshalb ‚akustisch‘ nicht verstanden wird … sondern mit ‚Hören‘ dürfte gemeint sein, das Verkündete ‚aufzunehmen in sich‘, um diesem dann auch ‚zu gehorchen‘. Gerade diese Doppelbedeutung von ‚Hören‘ und ‚Gehorchen‘ steckt im hebräischen Wort ’schema‘ (Schin-Mem-Ajin). Auch ein anderes Wort, ‚ha’azanah‘, das meist mit ‚vernehmen‘ übersetzt wird, könnte diese Auffassung untermauern, da es von der Wurzel ‚Aleph-Zajin-Nun‘ abgeleitet ist, die einerseits ‚Ohr‘ heißt, andererseits den Zahlenwert des Wortes ‚Gnade‘ trägt (58, 'Chen'), und deshalb der jüdischen Überlieferung nach sehr eng mit dieser ‚Gnade‘ verknüpft ist. Dieses ‚Vernehmen‘ also, wörtlich etwa ‚ver-ohren‘ oder so ähnlich, deutet auf ein aufnehmen vom WORT, als eine ‚Gnaden-Gabe‘ hin, dass also das bloße ‚Wahrnehmen‘ schon ’nach Naturgesetz‘ ein lediglich physikalisches, ‚mechanisches‘ Geschehen ist, das man durch optimale Umgebungsfaktoren optimieren könnte … dass aber das ‚durch die Gnade ermöglichte tiefgehende VERNEHMEN‘ eben nicht erzwingbar ist, sondern dem Zuhörer (nur) als Impuls aus dem Himmel geschenkt werden kann.

Das Schlüsselwort überhaupt in dem betrachteten

Satz ist der ‚Staub‘. Und der ‚Staub‘ ist im Hebräischen ‚aphar‘ (Ajin-Phe-Resch) und ein sehr interessantes, vielschichtiges Wort, erst Recht vor dem Hintergrund der jüdischen Überlieferung. Denn das Wort ist gleichzeitig der Name des vierten der ‚vier Elemente‘, im Deutschen als ‚Erde‘ bezeichnet (neben Feuer, Wasser, Luft). Auch lässt sich das Wort von einer tiefer liegenden Schicht her etwa als ‚Quelle der Fruchtbarkeit‘ übersetzen, indem der Buchstabe ‚Ajin‘ auch ‚Auge‘ und ‚Quelle‘ bedeutet, und das Wort ‚phar‘ neben „Jungstier‘ die Wurzel von Wörtern wie ‚Frucht, Früchte‘ (p’ri) und ‚fruchten, fruchtbar [sein], Frucht bringen‘ (parah) ist. Aber auch ‚Zufall‘ (‚pur‘[369]) kann die Wurzel Phe-Resch ausdrücken; ‚Quelle des Zufalls‘ ist entsprechend eine weitere Deutung für den ‚Staub‘, das vierte der ‚Vier Elemente‘. Das scheinbar ‚tiefste‘, ‚gröbste‘, ‚dicht-materiellste‘ der vier Elemente ist also gleichzeitig die ‚Quelle der Fruchtbarkeit und des Zufalls‘. Das hängt dann auch damit zusammen, dass gerade die ‚unterste‘ der ‚vier Welten‘, nämlich unsere ‚Welt des Tuns‘, diejenige ist, die wiederum das ganze ‚Abgestiegene‘ mit dem Höchsten der Himmel zu verbinden vermag, wenn der hier handelnde MENSCH diese Wahl in seinem Tun und Leben trifft. In jedem Moment aufs Neue steht er vor der Wahl zwischen einem ‚Weiter hinein in die Vielheit und Zersplitterung‘, das diese Welt von verfließender Zeit und unendlichem Raum hier kennzeichnet[370], oder der ‚Umkehr zurück ins Haus

---

369 ... wie im Begriff des ‚Purim‘ im Buche Esther, und bei dem gleichnamigen Fest, das sich im jüdischen Brauch von der Esther-Geschichte herleitet

370 ... und gerade der ‚Staub‘ ist ja auch ein Symbol für diese

200

des Vaters'. Damit befindet er sich in der Sprache der Zahlensymbolik stets ‚an der Schwelle', in der Mitte der ‚Siebenheit', unserer ‚Welt des Siebten Tages': an der ‚Dreieinhalb' also. Und das Wort ‚aphar' hat auch tatsächlich den Zahlenwert dieser ‚Dreieinhalb' auf der Ebene der Hunderter (350 = 70+80+200). Und die ‚Welt des Siebten Tages' ist in der traditionellen Reihenfolge der mystischen ‚Sieben Metalle'[371] gerade mit dem ‚Blei' assoziiert, welcher auf Hebräisch … ‚Ophereth' heißt, geschrieben genauso wie ‚Staub', ‚Aphar', nur mit einem Thaw am Ende drangehängt: Übersetzbar wäre ‚Blei', das Metall des Siebten Tages, also in etwa als ‚Staubiges'.

Jedenfalls steht beim ‚Staub' im Vordergrund, dass er die Substanz ist, aus der sich alles in dieser unserer Welt ‚baut', aus dem alles geformt wird, und in den alles wieder zurück zerfällt. So hängt er als das ‚dichteste Element' unserer Lebenswirklichkeit gerade mit der Möglichkeit der (mehr oder weniger dauerhaften) ‚Frucht' zusammen, die sich aus dem Handeln der Wesen hier ergibt.

Und schon Christus selbst sagt: ‚an ihren Früchten sollt ihr sie erkennen'[372]. Konkret mag dies auf die ‚Wölfe im Schafpelz' bezogen sein, jedoch kann das Bild von ‚Bäumen, die Frucht bringen' auch an anderer Stelle angetroffen werden, wo es dann auf Menschen und ihre Taten allgemein bezogen ist, besonders mit Bezug zur ‚Buße', zur Umkehr[373].

---

unzählbare Vielheit von klitzekleinen Teilchen

371 … Gold, Silber, Eisen, Quecksilber, Zinn, Kupfer, Blei

372 … siehe etwa Matthäus 7,16ff; 12,33; Lukas 6,43ff

373 … siehe etwa Matthäus 3,10; Lukas 3,9; Jakobus 3,12

Nun könnte man sogar bei genauerem Hinsehen die Sache so betrachten, dass doch eigentlich die ‚Früchte‘ gerade nicht die konkreten Taten selbst, sondern die FOLGEN der Taten sind, die sich also erst mit der Zeit entwickeln, wie ja auch Früchte an den Zweigen eines Baumes erst reifen müssen, um ihre Qualität zu erweisen. Dann wären die ‚Quelle der Früchte/Fruchtbarkeit‘, der ‚Staub‘, also die tatsächlich KONKRETEN Taten, aus denen sich mit der Zeit dann die erkennbaren ‚Früchte‘ selbst ergeben, an denen erst der Baum in seiner Qualität erkannt wird. Und aus der Summe all dieser konkreten ‚Taten‘ (von Menschen, aber auch abstrakter, von allen Wesen und ‚Dingen‘) setzt sich die gesamte ‚materielle‘ Welt dieses vierten, dichtesten Elementes, die ‚Vierte Welt‘, zusammen – eine Welt, die von der Überlieferung auch folgerichtig als ‚Welt des Tuns‘ bezeichnet wird[374].

Die ‚Füße‘ nun, hebräisch ‚rägäl‘, bergen schon in ihrer bloßen natürlichen Funktion als Fortbewegungsmittel des Körpers in sich, dass sie für den ‚Wandel‘ stehen. Im Hebräischen bringt das Wort ‚rägäl‘ dann noch einige zusätzliche Aspekte zur Geltung: Es bezeichnet auch (in der Mehrzahl ‚regalim‘) die ‚drei Pilgerfeste‘ der Israeliten, die Zeitphasen im Jahresrund also, an denen das Volk Gottes ‚hoch nach Jerusalem zieht‘, um den entsprechenden Dienst zu tun; und ‚rägäl‘ ist auch allgemein der Stamm für das Wort ‚Gewohnheit‘.

---

374 … in Anlehnung an den Ausspruch in Genesis 2,3, wo wörtlich gesagt wird: ‚Und Gott segnete den Siebten Tag und heiligte ihn, denn an ihm ruhte er von all seinem Werk, das Gott geschaffen hatte, AUF DASS ES SICH TUE‘

Erstaunlich ist zudem der Zahlenwert des Wortes, 233 (200+3+30), der derselbe ist wie beim Begriff ‚Baum des Lebens‘[375]. Betrachtet man die drei Zeichen Resch, Gimel und Lamed, aus denen sich das Wort ‚rägäl‘ zusammensetzt, in ihrer jeweiligen (wie so oft im Hebräischen mehrdeutigen) Grundbedeutung, so könnte man sie in einer Art Wortspiel auch als ‚rosch g'mul lomed‘ aussprechen, womit sie in etwa zu übersetzen wären als ‚das Prinzip der Wohltat (zu) erlernen‘, wobei ‚Wohltat‘ auch im Sinne einer ‚Gabe‘, etwa an einen Armen, gemeint sein kann. Und speziell bei den drei ‚regalim‘ wird vom einzelnen erwartet, dass er 'nicht mit leeren Händen‘ vor seinem Gott erscheint[376].

Das ‚Haus‘ ist im Hebräischen ‚bajith‘, bzw. ‚beth‘, nahezu identisch geschrieben mit dem Namen für das zweite Zeichen, eben das ‚Beth‘, das entsprechend auch ‚Haus‘ bedeutet und bekanntlich das allererste Zeichen der gesamten Bibel ist[377]. Als zweites Zeichen des AlephBeths ist es eng mit der ‚Dualität‘, mit dieser unserer ‚Welt der Zweiheit‘ assoziiert, und es wird gesehen als das große ‚Haus‘ Gottes, das eben die ganze Welt ist, in der sich ‚der Eine‘ selbst hingibt, um so auch von einem Gegenüber, also einem ‚Zweiten‘, erlebt und geliebt werden zu können. Das Wort für ‚Tochter‘, ‚bath‘ wird identisch geschrieben wie dieses zweite Zeichen Beth[378].

---

375 ... Etz haChajim; geschrieben 70-90 5-8-10-10-40

376 ... siehe Deuteronomium 16,16

377 ... ‚Ber'eschith bara Elohim eth-haSchamajim we'eth-haAretz‘, ‚Im Anfang schuf Gott Himmel und Erde‘, Genesis 1,1
378 ... wird ja auch von der ‚Tochter‘ im Prinzip erwartet, das ‚Haus zu besorgen‘, das ein ‚Sohn‘, ‚ben‘ [Stamm auch von

Der Begriff der ‚Stadt' kann im Hebräischen mit verschiedenen Wörtern ausgedrückt werden, in erster Linie mit ‚kirjah' und mit ‚ir'.

Das Wort ‚kirjah' taucht vor allem in Namen von Städten auf, als Teil eines zusammengesetzten Begriffs[379]. Vermutlich bedeutet ‚Kirjah' in etwa ‚Ort des Zusammenkommens' und leitet sich von der Wurzel karah[380] ab, die ‚begegnen' meint. Jedoch auch als ‚Befestigtes' könnte man ‚kirjah' übersetzen, da es sich ebenso von einer verwandten Wurzel herleiten ließe[381], die auch das Wort ‚Wand, Mauer'[382] hervorbringt[383], und vor allem ‚errichten, erbauen, zurichten' bedeutet[384].

Das weit üblichere Wort für eine Stadt im Allgemeinen ist in der Hebräischen Bibel ‚ir', geschrieben Ajin-Jod-Resch. Als Wurzel lässt sich

---

‚boneh', ‚bauen'], baut - nicht von ungefähr also, wenn traditionell (oder gar 'instinktiv') die Ehefrau und Mutter in einer Familie ein wenig mehr auf die Inneneinrichtung und die 'heimelige' Atmosphäre des Hauses oder der Wohnung acht gibt, als es der Ehemann und Vater tut ...

379 ... z. B. ‚Kirjath Arba'a', ‚Stadt der Vier (Riesen)', der ‚frühere Name von Chebron', als dort noch die ‚Riesen' geherrscht haben, wo zudem das Grab der drei Erzväter und -mütter ist, in dem laut Überlieferung auch als viertes Paar Adam und Eva ruhen; oder ‚Kirjath Sefer', ‚Stadt des Buches', später ‚Debir' (von der Wurzel D-B-R, 'Wort, sprechen; Sache, Sachverhalt')

380 ... Quf-Resch-He

381 ... Quf-Resch
382 ... ‚kir'

383 ... gleich geschrieben wie ‚kar/karah', ‚Kälte'
384 ... was sich eventuell von der noch grundsätzlicheren Bedeutung des ‚Begegnens' ableitet, indem sich bei einem ‚Bau' die einzelnen Bestandteile, aus denen sich das Gefertigte ergibt, ‚begegnen', bzw. sie ‚zur Begegnung, in Kontakt gebracht werden'

das sehr vieldeutige ‚Ajin-Resch' annehmen, das unter anderem ein Bedeutungsspektrum umfasst von ‚erwachen, wach sein; bewusst sein/werden'[385] über ‚blind sein'[386] bis hin zu ‚Haut, Fell, Leder'[387]. Es ist also sicher eine Möglichkeit, den Begriff der ‚Stadt' im Sinne von ‚ir' als so etwas wie ‚einen (spezifischen) Bewusstseinszustand' aufzufassen[388], der wie eine ‚Haut' sich um das wahrnehmende Bewusstsein legt, einerseits schützend, dabei aber auch die Gefahr bringt, ‚blind' zu machen[389].

Es ist sicher noch erwähnenswert, dass eine ‚(befestigte) Stadt' in der jüdischen Überlieferung grundsätzlich als potentielle ‚Gefahr' angesehen wird, weswegen man im jüdischen Brauch jedesmal, wenn man eine Stadt wieder heil verlässt, Gott dafür dankt.

Die bei Lukas erwähnten ‚Straßen'[390] sind im Griechischen ein Wort, das wörtlich eher ‚Ebenen, Plätze' meint[391]. Im Hebräischen wäre das gängige

---

385 … ‚er'; wovon sich dann auch der ‚Jüngling', 'na'ar', ableitet

386 … ‚iwer'; Ajin-Waw-Resch

387 … ebenfalls meistens Ajin-Waw-Resch, jedoch ‚or' ausgesprochen

388 … dies ist eine Übersetzungsidee von Axel Nitzschke a.k.a. Alfred Liebezahl, sein Andenken sei zum Segen

389 … zumindest für Teilaspekte, die man dadurch aus-BLENDET

390 … auf die man im Falle des Nicht-Angehört-Werdens hinaus gehen soll, um dort zu verkünden, dass man den Staub von den Füßen ‚gegen sie abschüttelt', wobei man noch einmal betonen soll, dass ‚das Reich Gottes nahe herbei gekommen' ist

391 … ‚plateias'

Wort für ‚Straße‘ mit dem Wort für ‚Draußen‘ weitgehend identisch[392]. In einer hebräischen Rückübersetzung des Neuen Testaments findet sich allerdings anstelle der ‚Straßen‘ das Wort ‚rechovotheiha‘, ‚ihre (großen) Plätze‘, wörtlich etwa ‚ihre Weiten/Breiten/Geräumigen (Plätze)‘, was dem griechischen ‚plateias‘ wohl auch besser entspricht. Die Wurzel ‚Resch-Cheth-Beth‘ von ‚rechovoth‘ ist allgemein auf das ‚breit machen/werden; sich weiten‘, auf das ‚geräumig sein‘ bezogen; gleich geschrieben wird zum Beispiel auch die ‚Hure Rahab‘ aus Jericho[393].

Das ‚Zeugnis‘, im Griechischen das ‚Martyrium‘ (‚martyrion‘), wäre im Hebräischen ‚eduth‘, Ajin-Daleth-Waw-Thaw, was auch als ‚adoth‘, die Mehrzahl des Wortes ‚edah‘, gelesen werden kann, womit es dann ‚Gemeinden, Versammlungen‘ bedeuten würde. Denn eine solche ‚Gemeinde‘ oder ‚Gemeinschaft‘ ist immer mit dem Begriff des ‚Zeugnis-seins, bzw- gebens‘ assoziiert. Stamm all dieser Worte ist ‚Ajin-Daleth‘, was als ‚ed‘ grundsätzlich einerseits ‚ewig, Ewigkeit‘, andererseits eben besagtes ‚Zeugen, Zeugnis-Geben‘ bedeutet, aber das auch als Wort für ‚bis‘ und für ’noch‘ genutzt wird[394]. Ein gängiges Wort für ‚Schmuck‘ hat ebenfalls diesen Stamm: ‚adi‘[395].

---

392 … Wurzel Cheth-(Waw-)Tzade

393 … der Überlieferung nach die spätere Ehefrau Josuas, von denen dann irgendwann Jeremija abstammt

394 … dann anders vokalisiert: ‚ad‘, bzw. ‚od‘

395 … lesbar dann auch vom Schriftbild her als ‚meine Ewigkeit‘ oder ‚mein Zeuge‘

Mit diesen sieben Begrifflichkeiten als Hintergrund soll nun einmal das vom Messias gegebene Bild als Ganzes auf uns wirken:

‚Wir sollen den Staub der betreffenden Stadt von den Füßen abschütteln, wenn diese Stadt, bzw. das jeweilige Haus, nicht die frohe Botschaft hören, bzw. uns als den Verkünder dieser Botschaft nicht aufnehmen will; und zwar sollen wir dies tun auf den (großen) Plätzen, ihnen zum Zeugnis, ja, geradezu zum Zeugnis WIDER sie.'

… oder in heutige, nüchtern abstrakte Ausdrücke übertragen:

‚Das ‚dichteste Element, das die Schwelle der Umkehr markiert' und das dadurch auch die ‚Quelle aller Fruchtbarkeit' überhaupt darstellt, wie sie in diesem unversöhnlichen ‚Bewusstseinszustand' vorkommt, wird aus der ‚Gewohnheit des Alltagswandels' verbannt, um somit als ‚ewig-bezeugender Schmuck' gegen diesen ‚Bewusstseinszustand' und gegen diese hier herrschende, hier anzutreffende(n) ‚Lebenswirklichkeit(en)' zu dienen, welche so abweisend reagieren, dass sie die ‚Botschaft vom Guten' nicht aufzunehmen schaffen und ‚dasjenige, was diese Botschaft übermittelt', nicht als Teil ihrerselbst dulden.'

Diese stark geballte, ‚komprimierte' Formulierung muss nun allerdings wohl noch etwas ausgeführt werden:

Aus der eigenen Gewohnheit des Alltagswandels

eines ‚Christus-Jüngers'[396] wird verbannt all dasjenige konkrete Handeln im Alltag, das einem Bewusstseinszustand entspringt oder mit ihm innig verbunden ist, der weder die Botschaft vom Guten selbst, noch all jenes, was diese Botschaft einem näherbringen könnte, als Teil seiner selbst duldet, und der deshalb von einer (subjektiven) Lebenswirklichkeit[397] erfüllt ist, die ebenso unversöhnlich mit der Botschaft vom Guten zu sein scheint. Diese demonstrative Trennung von eigener Gewohnheit und eben jenem Bewusstseinszustand, bzw. dem konkreten Handeln, das diesen Bewusstseinszustand charakterisiert, wird durch den Christus-Jünger bewusst ‚breit' und ‚weit'[398] praktiziert, um so auf ewig Zeugnis gegen diesen ‚feindlichen' Bewusstseinszustand abzulegen, sich mit diesem Zeugnis gegen diesen Zustand und diese Wirklichkeitsauffassung geradezu ‚zu schmücken', und dadurch die Ewigkeit, ein ewiges Prinzip, hier in der zeitlichen Welt zu verkörpern.

Und ja: Als aller äußerste Ausprägung dieser Gesetzmäßigkeit wird ein Jünger Jesu Christi entsprechend sogar ganz handfest den physischen Staub demonstrativ auf einem öffentlichen Platz von seinen Füßen schütteln, wenn er in einer Stadt ist, in der er nicht geduldet wird, weil er durch seine bloße Anwesenheit die Botschaft vom Guten verkörpert[399].

---

396 … also eines ‚Menschen, der bestrebt ist, vom Messias zu lernen'

397 … bzw. von vielen verschiedenen solcher Lebenswirklichkeiten

398 … also auf möglichst viele Alltagsbereiche ausgedehnt

Im Vordergrund sollte aber auch hierbei dann stehen, dieses symbolische Tun als Zeichen an die EIGENEN inneren Regungen zu verstehen, die Sympathie mit den Gegebenheiten in jener Stadt hegen. Denn alles um uns herum tritt uns (auch) deshalb entgegen, weil es etwas IN UNS SELBST wiederspiegelt.

### Salbung und Achter Tag
*Das ‚Salben‘, Acht(er Tag) und ‚Überfließen des Kelches‘: wenn Innen endlich auch Außen wird*

Was ist die ‚Salbung‘, nach der Jesus seinen Titel ‚Christus‘[400] bekommt?

Die Salbung geschieht (zunächst ganz ‚materiell‘ gesehen), indem das ‚Öl‘[401] dem zu Salbenden VON AUßEN aufgetragen, bzw. er damit übergossen wird.

Öl nun ist in erster Linie ein Nahrungsmittel und ein Werkstoff, der ‚innerlich‘ Anwendung findet: Öl in Speisen wird gegessen, vielleicht sogar direkt getrunken; als Leuchtmittel dient es im INNEREN einer Lampe als Brennstoff (wodurch dann äußerlich immerhin schon ‚der Weg gezeigt‘ oder ‚das Haus erleuchtet‘ werden kann); möglicherweise dient es auch in mechanischen Apparaturen oder Vorgängen

---

399 … ausdrücklich NICHT deshalb, weil er sein Verständnis dieser Botschaft penetrant und nervig allen Leuten mit ‚Traktate-Verteilen‘, ‚Höllenpein-Androhung‘ und ähnlichem aufzwingen will …

400 … griechisch für ‚Maschiach‘, bzw. eingedeutscht dann ‚Messias‘, wörtlich vom Hebräischen her einfach ‚Gesalbter‘
401 … typischerweise Olivenöl, woher ja auch das Wort für ‚Öl‘ in allerlei Sprachen hergeleitet wird

als ein ‚Schmiermittel‘, um also Bewegungen in geschmeidiger(er) Weise zu ermöglichen.

Bei der ‚Salbung‘ nun aber wird das Öl eben explizit ganz VON AUßEN angewendet. Anders ausgedrückt: Das sonst INNERE erscheint nun (auch) IM AUßEN. Und genau hierbei drückt sich ein wichtiger Aspekt des ‚Messias‘, der als PERSON auftretenden Erlösung also, aus: Der Erlöser wird erlebt als das Wesen, bei dem KEIN Widerspruch besteht zwischen Innen und Außen[402].

Das ‚Öl‘ der Salbung ist im Hebräischen ‚Schämän‘, gebildet mit der Wurzel Schin-Mem-Nun. Es hat den selben Zahlenwert wie das Wort für ‚Himmel‘ (390), und neben der Bedeutung ‚Öl‘ kann die Wurzel Sch-M-N auch die Begriffe der ‚Zahl 8‘, sowie des ‚fettig, fett‘-Seins im Sinne von (vor allem materiellem) ‚Überfluss‘ bilden[403].

In der Verknüpfung von ‚Acht‘ und ‚Überfluss‘ mit dem ‚Öl‘, und dem identischen Zahlenwert des Begriffs mit dem des Wortes für die ‚Himmel‘, zeigt sich dann im Verständnis der Überlieferung der ‚Achte Tag‘, also ‚die immer im-ankommen-

---

402 … während gerade bei uns ’normalen‘, 'gefallenen' Menschen ein Charakteristikum ist, dass unser Außen, unsere Erscheinung eben NICHT unserem Innen, unserem Wesen zu hundert Prozent entspricht; zum Guten, wie zum Schlechten

403 … ein Beispiel für letzteres etwa im Segen für den ACHTEN Jakobs-Sohn Ascher, siehe Genesis 49,20: ‚Von Ascher her (kommt) Fettes/Überfluss: sein Brot; und er (ist es, der) gibt Leckerbissen des Königs‘; Alternativübersetzung ‚Vom Glücklich-Sein her die (Zahl) Acht für sein Begehren; und dies ist es, das gibt von den Wonnen deiner Begegnung‘

befindliche Zukunft des individuellen Erlöst-Seins'[404], als gekennzeichnet von (auch materiellem) ‚Überfluss‘, also von einem Zustand, in welchem keinerlei Mangel mehr in irgendeiner Beziehung herrscht. Ein Zustand, der personifiziert erlebt wird in dem ‚Messias‘, dem ‚Gesalbten‘, der das ‚Öl‘, das sonst ‚innerlich wirkt‘, gerade als sein Erkennungsmerkmal (auch) ÄUßERLICH trägt, dadurch wie ‚in den Himmel gekleidet ist‘; das ‚Innen‘, das Geheimnis, ist in Ihm also endlich auch ‚Außen‘, offenbarte Erscheinung geworden, das Erscheinende repräsentiert jetzt in Perfektion das Verborgene, das Innerliche leuchtet auf bis nach Außen in vollendeter Pracht und es offenbart sich so die innere Schönheit aller Schöpfung, der Funke vom Urlicht der Schöpfung in jedem Splitter der gefallenen Welt, des ‚gefallenen Ur-Adam‘, als die die ganze Schöpfung in gewissem Sinne auch gesehen wird[405].

Aber ‚Was im Dunkeln und in der verschlossenen Kammer getan und gesagt wird, wird von den Dächern hinab verkündet‘, wie es ja auch im Neuen Testament über die ‚Zeit zuletzt‘ heißt[406].

---

404 … auch genannt die ‚Olam haBa‘, das heißt: ‚die Welt, die da kommt‘; nämlich ’nach‘ dieser ‚Welt des Siebten Tages‘ hier

405 … denn erst mit dem Ur-Menschen, der ‚fällt‘, fällt auch die ganze übrige Schöpfung ‚hinab‘ in diese dichteste Form von Materie, wie wir sie um uns her wahrnehmen, und diese Welt wird von dem Menschen von nun an ‚veräußerlicht‘, nicht mehr als substantieller Teil seines eigenen Inneren erkannt, stattdessen zur UM-Welt ‚gemacht‘/erklärt

406 … Matthäus 10,26+27; Lukas 12,2+3; und dies ist nicht nur als ‚Warnung‘ vor Bloßstellung eigener und fremder Unzulänglichkeiten zu verstehen, sondern durchaus auch als

Ein Midrasch nennt noch einige interessante Aspekte des Öls: Das Öl ist eine der fünf Substanzen, mit denen die Thora verglichen wird, nämlich: Wasser[407], Wein[408], Honig und Milch[409], und eben auch Öl[410]. Und 'sowie das Öl anfangs bitter, später aber süßlich schmeckt, so ist es auch mit den Worten der Thora: zuerst bereitet sie den Menschen Mühe, zuletzt aber erweist sie ihnen Gutes'[411]. Außerdem wird im selben Midrasch auf eine besondere physische Eigenschaft von Öl hingewiesen: Dass es sich nämlich 'niemals vermischt', so wie Israel sich ,mit den Völkern' niemals vermischt, bzw. vermischen kann/soll. Zudem schwimmt Öl immer ,obenauf', so wie Israel stets über den Völkern steht[412].

Ausgehend von einer Thora-Stelle, in der die 'sieben Früchte' des Gelobten Landes aufgezählt werden[413], gilt die Olive in der jüdischen Überlieferung als die 'sechste Frucht', und ist damit auch mit anderen ,Sechs-heiten' assoziiert, wie etwa mit dem 'sechsten

---

Verheißung des ersehnten Offenbarwerdens all dessen, was wir innerlich wünschen, hoffen, erträumen, aber nicht äußerlich zur Erscheinung bringen können

407 … Jesaja 55,1

408 … Sprüche 9,5

409 … Hohelied 4,11

410 … Hohelied 1,3

411 … siehe Midrasch Debarim Rabbah, Paraschah Ki Tavo, Kapitel 28

412 … zu verstehen als ,das Geistig-Seelische', das ,über dem Körperlichen' steht, von diesem ,getragen' wird, siehe auch Jesaja 49,22; 60,4; 66,12

413 … Deuteronomium 8,8

Schöpfungstag'[414], mit dem Planeten ,Venus'[415], mit dem Metall Kupfer/Bronze, mit der biblischen Figur des Josef oder auch mit der sogenannten ,Sephirah' namens Jesod[416].

Die Olive nun ist dem mythischen Bild nach insbesondere (auch) eine Frucht, die nach dem Pflücken GEPRESST wird. Hier sei verwiesen auf den Ortsnamen ,Gat Schmanim'[417], bzw. hellenisiert ,Gethsemane' im Neuen Testament, und die Geschehnisse, die in den Evangeliumsberichten mit diesem Ort verknüpft sind. Außerdem ist der sogenannte ,Ölberg'[418] schon in den Schriften der Propheten im Alten Testament der Ort der Erscheinung des Messias[419].

Und nicht nur, dass die Olive, als die ,Frucht des sechsten Tages', gerade diejenige ist, die ,gepresst' werden muss; in der Überlieferung wird sehr genau festgestellt, dass sie eben am 'sechsten Tag' gepflückt wird (und ab da gegessen werden kann), dann am siebten Tag[420] als Öl für eine Lampe leuchten kann[421],

---

414 ... wo also die Erschaffung, genauso wie der Fall des Menschen geschieht

415 ... bzw. im Hebräischen ,Nogah' genannt, ,Leuchtende, Strahlende; Erscheinende'

416 ... ,Fundament'; auch übersetzbar als ,es ist ein Geheimnis'

417 ... Hebräisch für ,Ölpresse'

418 ... wörtlich eigentlich ,Olivenberg', ,har-haZethim'
419 ... siehe etwa Sacharja 14,4

420 ... also hier in ,unserer Zeitwelt', in die wir durch den, bzw. 'nach' dem ,Fall' des Ur-Adams getrieben werden als nun zersplitternde Menschheit

421 ... das heißt, dass sie uns nun ,den Weg zeigen' kann,

213

um dann am ACHTEN Tag endlich auch zur ‚Salbung‘ zu dienen, um also so das sonst nur INNERLICH angewandte Öl nun äußerlich zur Geltung zu bringen[422].

Diese Dreiteilung des ‚Anwendungsbereiches‘ einer Olive nach der Auffassung der jüdischen Überlieferung kann auch mit der hebräischen Sprache untermauert werden: Die Olive selbst hat als Wort ‚Zajith‘ (Zajin-Jod-Thaw). Das Öl, das aus ihr gewonnen wird, hat nun aber ZWEI unterschiedliche Wörter, die sich je auf unterschiedliche Stufen des Verarbeitungsprozesses beziehen.

Einmal wäre da das Wort ‚Jitzhar‘ (Jod-Tzade-He-Resch), und dieses meint speziell dasjenige ‚Frischöl‘, wie es gerade aus der Olive ‚hervorgebrochen‘ ist und bereits für den Betrieb von Lampen geeignet ist (aber noch nicht als ‚Salböl‘ dienen kann). Das Wort ist vom Stamm ‚Tz-H-R‘ gebildet, der auch einfach ‚(auf-)brechen‘ bedeutet (dies die Grundbedeutung laut dem renommierten Lexikon von Wilhelm Gesenius); davon abgeleitet ist dann auch ein Wort für ‚Lichtöffnung, Fenster (nach innen)‘[423]; und auch ‚Dach‘, bzw. ‚Rücken‘ kann es

---

‚erhellend‘ wirken kann, hier in unserer Welt, wenn sie ‚gepresst worden‘ und entsprechend als ‚Brennöl‘ in einer geeigneten Vorrichtung ‚verbrannt wird‘

422 … Dass das Öl erst ‚am Achten Tag‘ zur Salbung tauglich ist, wird auch als eine Zeitspanne von acht Tagen der Zubereitung des Heiligen Salböls gedeutet, wie etwa in der Geschichte des ‚Channukah-Wunders‘ erwähnt, die im apokryphen ‚Buch der Makkabäer‘ (und den daran anknüpfenden Talmud-Stellen; speziell im Traktat Shabbath, Foliant 21b) nachzulesen ist.

423 … in der Beschreibung von Noahs Arche erwähnt,

meinen; die Dualform ‚Tzahoraim' zuletzt bezeichnet den ‚Mittag'.als Tageszeit, bzw. als Sonnenstand.

Und zum andern wäre da eben das oben bereits erwähnte Wort ‚Schämän', das ‚Salböl', das vom Stamm des Zahlwortes ‚Acht' kommt, und auch ‚fettig, Fettigkeit' meint – damit also den ‚Überfluss' als Bedeutung mitschwingen lässt.

… und der Überfluss, das Überfließen, ist auch in ganz wortwörtlichem Sinne ein bekanntes, eng verwandtes Symbol für ein Sich-Zeigen des Innerlichen bis hinein ins Äußerliche, Äußerste: nämlich das Überfließen des (Wein-)Kelches. Auch hierbei ist schließlich etwas ‚Inneres' auch nach außen tretend. Man denke zum Beispiel an den ‚überfließenden Kelch' im (in christlichen Kreisen genauso wie in jüdischen Kreisen) sehr populären Psalm 23[424], welcher im Brauchtum der Juden Bestandteil des wöchentlichen ‚Schabbat-Kiddusch'[425] ist, aber auch beim jährlichen Passah-Mahl in noch größerer Deutlichkeit anzutreffen ist. In ein und demselben Vers[426] wird neben dem ‚überfließenden Kelch' auch das ‚Salben des Hauptes' als Bild gegeben.

Auch lässt man den Weinbecher im Judentum gerade dann absichtlich überfließen, wenn beim Übergang des Sabbath-Tages in den Vorabend der neuen Woche

---

gelegentlich anders übersetzt, jedoch laut Überlieferung als Lichtöffnung NACH INNEN, also nicht als ein typisches Fenster um HINAUSzusehen, zu begreifen

424 … ‚Mizmor leDawid, ha-Shem Ro'i'; ‚der Herr ist mein Hirte'
425 … = Heiligung des Weines am Sabbat

426 … Psalm 23,5b

die sogenannte ‚Havdalah‘[427] begangen wird, wenn also wieder ein ‚Erster Tag‘ anfängt, der theoretisch ein ‚Achter Tag‘ wäre – wenn der Zyklus der Zeit, hier konkret der Zyklus der 'siebentägigen Woche‘, endlich durchbrochen werden würde.

Im christlichen Abendmahl wird zwar typischerweise der Kelch nicht zum Überlaufen gebracht, jedoch deutet auch dieser Kelch in der Liturgie ausdrücklich auf etwas eigentlich nur ‚Innen anwesendes‘, das dadurch 'nach Außen treten kann/muss‘: es ist schließlich das Bild für das heilbringende ‚Blutvergießen‘[428]. Und das ‚Blut‘[429], ist immer auch das ‚Gleichnis Gottes‘, was in jedem Menschen, der im ‚Ebenbild Gottes‘ geschaffen ist, präsent ist, und das auf diesem Weg der schweigenden[430] SELBST-Aufopferung nach Außen tritt, SICHTBAR wird. Nicht umsonst heißt der Ur-Mensch ‚Adam‘, was seit Urzeiten auch als ‚ich gleiche‘ gelesen wird – diesen Satz sagt nämlich Gott, wenn er den Menschen sieht; und genauso sagt es der geläuterte, heimgekehrte Mensch, wenn er (wieder) Gott erblickt.

‚Überfluss‘ – gerade auch in Bezug auf den göttlichen Wesenskern aller Kreatur, der ‚am Achten Tag‘ nach Außen tritt, offenbar wird – ist also ein wichtiger Aspekt des Salböls und der ‚Salbung‘. Gewonnen aus der Pressung der Frucht des Sechsten

---

427 … = ‚Unterscheidung [von Heiligem und Profanem]‘

428 … eben ‚das Blut des Sohnes‘, und in diesem Sinne stets das EIGENE Blut zugunsten der Freunde und sogar zugunsten der Feinde – niemals ist dabei gemeint das Blut ‚eines anderen‘!

429 … hebräisch ‚dam‘, vom Stamm ‚Daleth-Mem‘, von dem ebenso das ‚gleichen, ähnlich sein‘ und das 'schweigen‘ kommt
430 … = nicht ‚lauten‘, selbstdarstellerischen

Tages, der Olive, dann am 'Siebten Tag'[431] als ‚Jitzhar' in einer gewöhnlichen Lampe, als das ‚hervorgebrochene Öl', ‚den Weg erleuchtend' – und dann am Achten Tag besagten ‚Überfluss' zur Geltung bringend, indem es endlich als ‚Salböl' verwendbar wird.

Für den siebenarmigen Leuchter aus reinem Gold[432] wird übrigens kein ‚Jitzhar', sondern ‚Schämän', also das höherwertige Öl verwendet, und zwar ist es zudem ‚zakh kathith', ‚rein und gestoßen'[433].

Und das tatsächliche Salböl des Maschiach dann hat eine noch etwas komplexere Zusammensetzung, als einfach nur ‚Schämän' zu sein. Die Komposition dieses besonderen Öls wird uns folgendermaßen beschrieben[434]: ‚von selbst ausgeflossene Myrrhe' (‚Mar D'ror'; 500 Schekel), ‚Gewürz-Zimt' (‚Kinn'man Bessem'; 250 Schekel), ‚Würzrohr' (‚Qanah Bossem'; 250 Schekel), ‚Kassia' (‚Qiddah'; 500 Schekel) … und eben als ‚Quintessenz', als fünfte Zutat (und nebenbei die erste völlig flüssige gegenüber den bisherigen vier trockenen/getrockneten): das Olivenöl (‚Schämän Zajith'; 1 Hin).

In diesen Zutaten steckt wie so oft unermesslich viel und Tiefes drin. Nur einige Punkte sollen hier kurz umrissen werden. Der schwäbische Prediger Karl-Hermann Kauffmann hat einmal eine ausführliche Besprechung der fünf Zutaten gegeben, auf der das

---

431 … also in unserer Alltags-Wirklichkeit

432 … die symbolträchtige ‚Menorah'

433 … siehe Levitikus 24,2

434 … Exodus 30,23+24

Folgende im Wesentlichen aufbaut[435]:

Die ‚von selbst ausgeflossene' Myrrhe, bzw. ‚Myrrhe der Freiheit' wird beschrieben als ‚von süßem Duft, aber bitterem Geschmack' und ‚gegen Schmerzen helfend', sowie ‚Sekretbildung entgegenwirkend'. Angemerkt sei aber auch, dass die jüdische Tradition sich demgegenüber einig ist, dass es sich hierbei NICHT um das Harz eines Baumes, sondern um ‚eine Substanz aus der Kehle eines Hirsches' handelt; ein Stoff also, der mit der ‚Stimme', mit dem ‚Wort' in Zusammenhang steht, sowie mit ‚David, dem Gesalbten König', welcher typischerweise mit einem Hirsch assoziiert ist[436].

Der ‚duftende/würzige Zimt' soll von einem ‚immergrünen Baum' sein, der unter anderem als Medizin eingesetzt wird, u. a. gegen Herzleiden.

Das sogenannte ‚Würzrohr' oder ‚Kalmus' wächst wohl typischerweise ‚aus schlammigem Boden' hervor, und zwar auffallend ‚gerade nach Oben'[437]; speziell die Wurzel ist dabei der Duftträger. Wikipedia gibt als medizinische Wirkungen für Kalmus unter anderem ‚kräftigend' und ‚appetitanregend' an, aber auch heilende Effekte bei

---

435 ... leider konnte der hier Schreibende besagte Predigt nicht wiederfinden; daher das Folgende soweit möglich aus dem Gedächtnis rekonstruiert, sowie mithilfe von anderweitigen im Internet auffindbaren Auslegungen der Salböl-Zutaten inspiriert

436 ... siehe etwa die häufigen hebräisch-jiddischen Namensgebungen im chassidischen Judentum wie ‚David Zwi Hirsch/Hersch/Herschel', wobei auch das ‚Zwi' bereits ‚Hirsch' auf Hebräisch bedeutet

437 ... auch im Hebräischen Wort ‚qanah' erkennbar, was auch ‚auf-, errichten' bedeutet

Magen- und Verdauungsproblemen, bei Husten, Erkältungen, Schmerzen und Entzündungen werden Kalmus nachgesagt.

Angemerkt sei noch, dass Minderheitenmeinungen dieses ‚Würzrohr' (Hebräisch ‚Qanah-Bossem') mit Cannabis identifizieren, dessen heilsame Wirkung bei sachgemäßem Gebrauch ja durchaus seit Urzeiten bekannt sein dürfte.

Als viertes Gewürz wird ‚Kassia' genannt, das laut Beschreibungen einem Baume entstammt, der ‚an unwirtlichen Stellen wächst'[438]; laut der oben erwähnten Predigt Karl-Hermann Kauffmanns wurde Kassia im Altertum insbesondere gegen ‚chronische, schlecht bis gar nicht richtig verheilende Wunden von Brandpfeilen' eingesetzt; wobei Kauffmann den Bezug zu den ‚feurigen Pfeilen des Bösen'[439] dahingehend herstellt, dass er diese mit (speziell ‚psychische') Traumata verursachenden Angriffen des Feindes gleichsetzt.

Das Olivenöl von bester Qualität ist dann das Trägermaterial, das alle genannten Essenzen aufnimmt, selbst zudem als ein Mittel wirkt, das das damit eingeriebene ‚geschmeidig' macht, auch ‚zum Glänzen bringt' und zudem ‚entzündungshemmend' wirken kann[440].

---

438 ... laut Wikipedia: ursprünglich nur ‚in China'

439 ... siehe Epheser 6,16

440 ... letzteres wird heute auf einen Inhaltsstoff namens ‚Oleocanthal' zurückgeführt; in der Antike schon wurde Olivenöl daher als Wundbalsam auf allerlei äußerliche Verletzungen gestrichen und auch innerlich, durch orale Aufnahme, als Heilmittel angewendet

Zusammenfassend hat das Salböl des Messias also den Charakter, alle erdenklichen Schmerzen zu lindern, und hierbei im Besonderen Sekretbildung, Herzleiden, Verdauungsstörungen und Entzündungen zu bekämpfen. Außerdem setzt es sich aus Pflanzen(bestandteilen) zusammen, die an unwirtlichen Stellen, gar aus Schlamm und Morast heraus, dabei dennoch ‚zielstrebig empor strebend‘, und als immergrüne Bäume wachsen, und deren für das Salböl genutzte Substanz teilweise zwar süß duftet, aber nichtsdestotrotz bitter schmecken kann, um seine segensreiche Wirkung im Organismus zu entfalten. Speziell die erste der fünf Zutaten ist außerdem mit dem Gesalbten König David und mit der ‚Stimme‘, dem WORT also, assoziiert.

Zur näheren Bedeutung dieser genannten Aspekte sei nun nur zu den vier aufgezählten Leiden noch etwas gesagt, welche durch die Bestandteile des Salböls explizit geheilt oder gelindert werden können:

‚Sekretbildung‘ ist das Hervorbringen von immer neuer überschüssiger, hinderlicher Flüssigkeit; symbolisch könnte man diese als ‚unnötige, quälende Zeit‘ übersetzen, die man zu erleben gezwungen ist[441].

Beim ‚Herzleiden‘ sollte man bedenken, dass das

---

441 ... möglicherweise auch ’nur‘ immer und immer wieder erlebte Zeit, in Form von quälenden Erinnerungen, oder in marternden Zukunftsängsten, in denen man ständig bestimmte befürchtete Situationen gedanklich durchspielt; im traditionellen täglichen [Abend-]Gebet des Judentums wird in diesem Sinne um Schutz vor dem ‚Satan vor uns‘ und dem ‚Satan hinter uns‘ gebeten, der ungefähr so gedeutet wird: als ‚Hadern mit der Vergangenheit‘ und ‚Angst vor der Zukunft‘

‚Herz' nicht nur als Sitz der Seele[442] gilt, sondern dass es auch von seiner biologischen Funktion her gerade für die Verteilung der lebenswichtigen Stoffe in den ganzen Körper und für die Reinigung desselben zuständig ist, indem durch den Blutkreislauf einerseits Nährstoffe verteilt, andererseits Giftstoffe aufgenommen, eingesammelt, und abgeführt werden. Ein ‚Herzleiden' entspricht somit vielleicht im Geistigen einer Art Fehlfunktion in der ‚Durchseelung der ganzen körperlichen Existenz'.

‚Verdauungsstörungen' deuten auf Probleme in der Bewertung und Verwertung von Aufgenommenem hin. Da nun unser ganzes (Er-)Leben als ‚Mahlzeit' im mystischen Sinne aufzufassen ist, sind alle unsere Eindrücke und Erlebnisse, die wir in uns aufnehmen[443], unsere ‚Speise' – und unsere geistig-seelische Verdauung hat all dies dann zu verwerten, in unser ‚Selbst' zu integrieren oder zu verwerfen[444]. Schaffen wir es nicht mehr, unsere Erlebnisse in diesem Sinne sinnvoll einzuordnen in unseren Lebens- und Schicksalszusammenhang, leiden wir unter ‚Verdauungsstörungen'.

Bei einer ‚Entzündung' handelt es sich (laut Wikipedia) um eine ‚körpereigene Reaktion auf schädliche Reize', und zwar um einen Zustand, der durch Rötung, Erhitzung, Schmerz, Anschwellen und

---

442 … im Sinne der ‚Nephesch', der 'niederen Leibes-Seele'

443 … und die Frage, welche wir davon zu einem Teil von uns machen, und welche wir wieder ausscheiden

444 … und es ordnungsgemäß zu entsorgen, d. h. es zu ‚Dünger' verarbeitet der Welt wieder zurückzugeben; siehe Deuteronomium 23,13

eine überhöhte Durchblutung des betroffenen Bereichs gekennzeichnet ist, wobei es zudem zu spezifischen Funktionseinschränkung des Körperteils kommen kann. Ziehen wir dabei in Betracht, das das Blut eines Lebewesens auch ‚die Seele[445] desselben ist‘[446], könnten wir die Deutung wagen, dass eine Entzündung im geistigen Sinne ein Zustand ist, der dadurch entsteht, dass der Mensch einem ’schädlichen Reiz‘ ausgesetzt ist, durch welchen ein bestimmter Bereich des Lebens(welt-Erfahrens) dieses Menschen durch eine ungesund überhöhte Aufmerksamkeit der (Leib-)Seele auf diesen Bereich in Über-Erregung gerät. Diese Über-Erregung zeigt sich eben unter anderen in ‚Rot-Werden‘[447], in ‚Erhitzung‘[448] und in einem ‚Anschwellen‘[449] des betroffenen Lebensbereiches, was dann typischerweise auch mit funktionellen Einschränkungen einhergeht.

Gegen all diese typisch menschlichen Gebrechen also bietet das Salböl Linderung und letztlich sogar vollkommene Heilung. Und das Salböl ist effektiv eben das, womit der Messias, der ‚Gesalbte‘ also, gesalbt ist – und womit genau ist der Messias laut Lukas 4,18 (bzw. laut dem dort angeführten Zitat aus

---

445 … Nephesch, also ‚Leib-Seele‘

446 … siehe etwa Genesis 9,4; Levitikus 17,14

447 … ‚rot‘, hebr. ‚edom‘, stets die Farbe des Körperlichen, Fest-Stofflichen, siehe etwa der Name ‚Edom‘ für Esau, oder das Wort ‚Adamah‘ für den ‚Erdboden‘, aus dem der Menschenkörper geformt wird in Genesis 2

448 … ‚Hitze‘, hebr. ‚chamah‘, meint auch ‚Zorn‘ und ‚geschlechtliche Erregung‘

449 … also einem ‚ungelenk-, und auffällig ‚wuchtig-werden‘

Jesaja nach) und laut Apostelgeschichte 10,38 gesalbt? Mit dem ‚Geist Gottes', dem ‚Geist der Heiligkeit', dem ‚Geist der Wahrheit'. Alle näheren Untersuchungen dieses Artikels hier, was es mit dem ‚Salböl' auf sich hat, sind also eigentlich Untersuchungen der Beschaffenheit des ‚Heiligen Geistes', wie er im Leben der mit ihm Gesalbten (= im Leben der ‚Christen') wirkt.

## Der 'Zaun um die Thora'
### *Wozu Abgrenzung? Und von wem und was? ... und bis wann?*

Das ‚Mainstream Judentum' und das ‚Mainstream Christentum' scheinen sich (neben freilich vielerlei anderen Differenzen) besonders in einer bestimmten Frage geradezu direkt zu widersprechen: Soll die Thora ‚mit einem Zaun umgeben werden', also sie sehr ‚weiträumig' eingehalten werden, komme was wolle; oder soll sie vielmehr stets 'nur' als allgemeine Richtlinie in Betracht gezogen sein, im Konkretfall dann aber nach Notwendigkeit, ‚der Liebe entsprechend', konsequent ‚außer Kraft gesetzt' werden?!

Es stehen sich dabei zwei jeweils berühmte Verse gegenüber, einer aus dem Talmud (genauer: aus der Mischnah) und einer aus dem Neuen Testament (genauer: aus den Apostelbriefen):

In dem Mischnah-Traktat ‚Pirkei Avoth'[450] heißt es gleich zu Anfang, am Ende des ersten Verses des

---

450 ... ‚Kapitel der Väter', bzw. ‚Kapitel der [Ur-]Prinzipien'

ersten Kapitels: ‚wa'Assu Ssejag LaThorah‘, ‚und macht einen Zaun für die Thora‘.

Und im Brief des Paulus an die Epheser, im zweiten Kapitel, Vers 14: ‚autos gar estin e eirene emon, ho poiesas ta amfotera hen kai to mesotoixon tou fragmou lusas‘, ‚Er aber ist unser Friede, der Machende die Beiden Eins und (der) die Trennwand des Zaunes (Auf-)Lösende‘[451].

Nun ist mit der ‚Trennwand des Zaunes‘ nach gängiger Deutung ’nur‘ die Tatsache gemeint, dass das Volk Gottes, Israel, durch seine Sonderstellung unter den Völkern, nämlich seine Auserwählung durch Gott[452], von eben diesen anderen Völkern sehr strikt abgesondert ist, insbesondere durch die ‚Gesetze‘, die Israel als eine Art Alleinstellungsmerkmal (angeblich) habe, und die sie davon abhalten, ‚in den Völkern aufzugehen‘, sich mit ihnen zu vermischen[453]. Doch genauer besehen war schon immer in der Thora verankert, dass jeder ‚Beisasse‘[454] Teil des Volkes Israel sein konnte, dass für einen solchen ‚Fremdling‘ schlichtweg genau dieselben ‚Gesetze‘ gelten wie auch für die ’natürlichen‘, durch leibliche Abstammung in das Volk hinein geborenen Menschen.

---

451 … meist in der Übersetzung dann etwas ‚geglättet‘ zu etwas wie: ‚Er aber ist unser Friede, der aus den Beiden eine Einheit macht, und der die Trennwand des Zaunes einreißt‘

452 … wohlgemerkt ‚aus Gnade‘, nicht aus Leistungsgründen oder ähnlichem, siehe etwa Deuteronomium 7,6ff

453 … siehe viele ‚alttestamentarische‘ Gebote, die ‚verbieten‘, dass Israel die Praktiken der ‚Völker‘ nachahme, oder die Frauen bestimmter Völker heirate, etc. pp.

454 … oder ‚Fremdling‘, hebräisch ‚ger‘

Was also ist der ‚Zaun‘ nun wirklich, der diese Trennung zwischen ‚Israel‘ und ‚Heidenvölkern‘ bewirkt, solange Christus nicht für die Auflösung dieses Zaunes sorgt?

Oder zunächst von der anderen Seite her gefragt: Was genau ist denn derjenige ‚Zaun‘, von welchem im obigen Mischnah-Zitat gesprochen wird, der ‚für die Thora‘ gemacht werden soll[455]?

Dieser ‚Zaun‘ der jüdischen Überlieferung soll die ‚Gebote‘ der Thora in einer Weise ‚umringen‘, dass man gar nicht erst ‚in die Nähe kommt‘, also in Gefahr (bzw. in Versuchung) gerät, eines der Gebote oder Verbote zu verletzen.

Um das zu illustrieren sei hier kurz auf ein Beispiel aus der Alltagswelt zurückgegriffen, mit dem der englischsprachige ‚Hebrew-Roots‘-Prediger Eddie Chumney diesen ‚Zaun‘ anschaulich erklärt:

Nehmen wir an, ein Gebot sagte: ‚Fass den heißen Herd nicht an(, damit du dich nicht an ihm verbrennst)!‘ Nun haben die Weisen Israels aufgrund der Anweisung von Mose die Regel aufgestellt, dass ‚am besten ein Meter Abstand zum Herd gehalten werden soll, um gar nicht erst in Gefahr zu kommen, aus Versehen in einer unwillkürlichen Bewegung mit der Hand oder sonst einem Körperteil an den heißen Herd zu kommen‘. So weit so gut. Doch spätere Generationen hätten dann diese Empfehlung noch verschärft und gesagt, man solle am Besten gar nicht

---

455 … laut den Anweisungen, die Mose laut der jüdischen Überlieferung direkt von Gott auf dem Berg Sinai bekommen hat, als ‚mündliche Thora‘, neben der ’schriftlichen‘, die Christen ja gemeinhin als die ‚5 Bücher Mose‘ gänzlich anerkennen

erst die Küche betreten ... und am Ende irgendwann war dann das gesamte Haus zur Sperrzone erklärt worden, wodurch dann das ursprüngliche ‚Gebot'[456] völlig ad absurdum geführt worden ist.

Aber nicht immer wird das Prinzip des ‚Zaunes für die Thora' derart missbraucht, bzw. missverstanden. Hier kommen wir noch einmal auf das zurück, was im Artikel zum Thema ‚Staub von den Füßen' als Essenz aus dem Ratschlag des Messias gezogen wird, ‚den Staub einer Stadt, welche die Botschaft vom Guten nicht aufnimmt, von den Füßen abzuschütteln – und zwar demonstrativ, als ein Zeugnis wider sie': das ‚als-Zeugnis-dienende', weiträumige Meiden von einem jedem konkreten Tun, welches Bewusstseinszuständen entstammt, bzw. ihnen zugehört, die zur Aufnahme der Botschaft vom Guten schlichtweg nicht fähig sind.

Ein ‚modernes', alltagsnahes Beispiel wäre hier vielleicht der Alkohol: Jemand, der zum Vollrausch neigt, und in diesem Vollrausch nachvollziehbarerweise kaum mehr in der Lage ist, die ‚Botschaft vom Guten' adäquat zu beherzigen, das heißt, die Liebe Gottes zu aller Schöpfung als ewige Tatsache zu erleben (und vorzuleben, und auszuleben), der sollte schon aus ganz ‚weltlicher' Logik heraus lieber einen weiten Bogen um Alkoholkonsum insgesamt machen. Er sollte geradezu über-vorsichtig mit der Gefahr umgehen, dass schon das kleinste Nachgeben der Verlockung des ‚fröhlichmachenden Weines' dazu führen kann,

---

456 ... eigentlich eher ein Naturgesetz, das eben besagt, dass das Anfassen eines heißen Herdes zu Verletzungen führt und daher bei einem gesunden Menschen schlichtweg nicht vorkommt

wieder völlig die Kontrolle über sich selbst zu verlieren, und in Folge dessen dann wieder einmal in jenen Bewusstseinszustand zu geraten, in dem keinerlei Aufnahmebereitschaft für das Evangelium mehr herrscht.

Dieses Beispiel nun mag ein Extremfall sein, jedoch im Kern trifft es genau den Punkt. Und wohlgemerkt: derjenige, der den Alkohol nun nicht aus eigener ‚Suchtanfälligkeit‘, sondern aus Gründen des ‚Zaunes‘ meidet, muss selbst gar kein solch ‚vorbelasteter‘ Alkoholiker sein, noch in seinem direkten Umfeld solche Alkoholiker haben, auf die er ‚Rücksicht nimmt‘! Es ist ja nicht wirklich in erster Linie eine ‚Vorsichtsmaßnahme‘, sondern ein bloßes Befolgen des Rates des Messias, ‚den Staub jener Stadt abzuschütteln‘. Und das geschieht eben vor allem ‚den Bewohnern zum Zeugnis‘, also allen (wenn auch noch so selten aufblitzenden) Wesenszügen in einem selbst und bei seinen Mitmenschen, die diesem fragwürdigen Bewusstseinszustand entstammen, bzw. in diesem ‚zuhause‘ sind.[457]

---

457 ... Hiermit soll nun nicht gesagt sein, dass jeglicher Alkohol-Konsum grundsätzlich zu verwerfen sei – diese Frage muss ein jeder für sich selbst beantworten, muss für sich selbst 'Ver-Antwortung' übernehmen. Die jüdische ‚Halakhah‘ (jiddisch: ‚Haloche‘), also der ‚Verhaltenskodex‘, empfiehlt hier übrigens lediglich, den Alkoholkonsum ‚im Rahmen der Heiligkeit zu halten‘, stets mit Bedacht zu trinken (von einigen wenigen Anlässen im rituellen Jahres-Zyklus abgesehen, an denen geradezu empfohlen wird, 'sich zu betrinken' – aber dennoch immer mit einem tieferen Sinn, NIE als Flucht vor dem Alltag in den Rausch hinein!). Beispielsweise: die offene Weinflasche niemals AUF den Tisch zu stellen, wo sie im Zentrum des Geschehens wäre, sondern sie immer nur zum bedachtvollen Nachgießen hervorzuholen.

So geht man allgemein, in allerlei Lebensbereichen, ganz bewusst ‚über die Thora hinaus‘ – für sich selbst wohlgemerkt, niemals als Anforderung an seine Mitmenschen. Beispielsweise erklären auch manche die charakteristischen ‚Schläfenlocken‘ (‚Pejoth‘, ‚Paijes‘) chassidischer Juden als ein demonstratives ‚Übertreiben‘ beim Befolgen der Empfehlung, ’sich die Ränder des Haupt(haar)es nicht zu beschädigen‘[458].

Auf anderem Gebiet wäre hier etwa die Tatsache zu nennen, dass Juden nicht nur auf das ‚Kochen des Böckleins in der Milch der Mutter‘[459] verzichten, sondern grundsätzlich GAR KEINE Milch- und Fleisch-Speisen mischen.

Die Überlieferung gibt hierzu eine sehr tiefgehende Begründung, die an dieser Stelle zu weit führen würde, aber die zu tun hat mit dem Zusammenhang des Begriffs der ‚Milch‘[460] mit dem allgemeinen ‚Generationen-Prinzip‘, also dem räumlich-zeitlichen ‚Zersplittert-Sein‘ der Menschheit und aller materiellen Lebewesen in aufeinanderfolgende Generationen; außerdem mit dem Begriff der ‚Mutter‘, die ja auch vom Lateinischen her mit der ‚MATERie‘ zusammenhängt, und so etwas wie die ‚empfangende, gebärende Substanz‘ verkörpert, aus

---

458 … siehe Levitikus 19,27

459 … siehe Exodus 23,19b; 34,26b und Deuteronomium 14,21c

460 … als Nahrung der neuen Generation bei Säugetieren, hebr. ‚Chalav‘, Cheth-Lamed-Beth, Zahlenwert 40, wie das Urbild für ‚Zeit‘, ‚[fließendes] Wasser‘, Mem/Majim; die Milch auch seit jeher mit dem Mond assoziiert, also mit dem ‚Prinzip des Sich-Veränderns‘, der ‚Zeitlichkeit in der Schöpfungsordnung‘

der alles in unserer Welt hervorgeht, Form annimmt; und, das ‚Böcklein‘ (und dessen Fleisch) betreffend, mit dem Zusammenhang des ‚Fleisches‘ mit dem Begriff der ‚Botschaft‘ von allem Erscheinenden[461], sowie in dem Symbol des ‚Böckleins‘ selbst[462], das mit dem Erreichen eines Durchbruchs in eine neue Realität zu tun hat, mit dem endgültigen, ‚guten‘ Abschluss einer Phase.

Etwas vereinfacht könnte man daher sagen: Die ‚Botschaft vom Guten‘ (= das ‚Fleisch‘ vom ‚Böcklein‘) kannst du dir nicht einverleiben, während du gleichzeitig unter dem direkten Einfluss der ‚Zeitlichkeit der Materie‘ (= ‚Milch‘ der ‚Mutter‘) stehst. Im ‚Zohar‘, der wohl wichtigsten Quelle für Deutungen der mystischen Dimensionen der Thora, wird ‚Milch‘ auch mit Gottes Eigenschaft der ‚Chesed‘, der ‚Güte, Huld, Gnade‘, gleichgesetzt, demgegenüber das ‚Fleisch‘ für Gottes ‚Geburah‘ steht, für Seine ‚Strenge und Kraft‘ des Gerichtes. Gottes Gnade, die mit dem ‚Geschenk der Dauer, des langen Weges‘ assoziiert ist, und Gottes Richtkraft, die der ‚Botschaft vom Guten‘ entspricht, können also in dieser Welt hier nicht gleichzeitig aufgenommen werden.

Besonders weiträumig wird auch das Prinzip der Unzucht ‚umzäunt‘: Während die schriftliche Thora

---

461 … das Hebräische Wort ‚Bassar‘ kann ja bekanntlich sowohl ‚Botschaft‘ als auch ‚Fleisch‘ im Sinne all dessen, was irgendwie als ein sich offenbarendes ‚erscheint‘, bedeuten

462 … Hebräisch ‚Gedi‘, Zahlenwert 17, genau wie das Wort ‚gut‘, hebr. ‚tov‘; auch der Name des zehnten Tierkreiszeichens, und zudem mit dem Jom-Kippur-Ritual assoziiert, das am 10. Tag des 7./1. Monats geschieht

eigentlich 'nur' sehr ausführlich die ‚verbotenen Beziehungen zwischen Blutsverwandten und Verschwägerten' behandelt[463], sowie die allgemeine Unverletzlichkeit des Ehebundes erwartet[464], geht die ‚mündliche Thora' so weit, jegliche (öffentliche) ‚Nacktheit' mit ‚Unzucht' gleichzusetzen; das gängige Wort für ‚Unzucht' ist dementsprechend einfach ‚Entblößen von Scham'[465].

Eine mögliche Begründung für dieses gänzliche Vermeiden von ‚Nacktheit' ließe sich auch aus Exodus 20,26 ableiten, wo vor ‚Stufen zum Altar hinauf' gewarnt wird, um nicht ’seine Blöße aufzudecken‘, während man zum Dienst am Ewigen herantritt. Schließlich sollte letztlich das ganze Leben, insbesondere auch der Alltag des Menschen, ein ‚Dienst am Ewigen' sein, sodass in jeder Situation (zumindest öffentliches) ‚Entblößen von Scham' zu vermeiden ist.

Im tieferen Sinne ist ‚Entblößen der Scham', ‚Unzucht', dann alles, was eine Sache in der Welt aus dem Gesamtkontext entreißt, die Sache also ihres ‚Gewandes entkleidet', durch das sie sich ins Weltganze einfügt. Insbesondere alles ‚Nutzendenken' wird hierunter gerechnet: Wer etwa ein Tier nur hält, ‚um dessen Wolle zu benutzen', oder ‚dessen Milch abzuzapfen', oder wer Herden

463 ... siehe Levitikus 18

464 ... was auch eine Ablehnung von Homosexualität und Bestialität einschließt, da beide Praktiken diametral dem Prinzip der Einheit des vollständigen Menschen aus ‚Männlich und Weiblich', Genesis 1,27, widerspricht

465 ... ‚Gilui Erwah', entnommen aus den Formulierungen im 18.Kapitel des Buches Levitikus

hält, um immer genug ‚Schlachtmaterial' parat zu haben, der treibt Unzucht mit diesen Tieren. Ebenso sind viele gesellschaftliche Beziehungen zwischen Menschen in diesem Sinne als ‚Unzucht' zu bezeichnen, weil sie nur auf (und wenn auch ‚gegenseitigen') Nutzen ausgerichtet sind – auch, wenn von physischer ‚Nacktheit' dabei nichts zu sehen ist.

Diese Sichtweisen der Überlieferung haben also immer ihre Berechtigung, auf die man auch dann vertrauen darf, wenn man mal zunächst keine klare Erklärung der Tiefendimension einer Praxis (oder einer Auslegung) mit dabei hat. Dennoch muss man hier eben festhalten, dass diese Dinge ein ‚Hinausgehen über die schriftliche Thora', ein ‚Zaun um die Thora' sind.

Auch Christus gibt uns Hinweise in diese Richtung des ‚über das erforderliche Maß Hinausgehens': ‚Wenn einer von dir dein Hemd fordert, gib ihm auch deinen Mantel; und wenn dich jemand auffordert, eine Meile mit ihm zu gehen, so begleite ihn zwei Meilen weit!'[466]

Was meint also nun Paulus mit seinem Satz vom ‚Einreißen des Zaunes'? Ist das alte Prinzip jetzt seit Christus einfach ‚abgeschafft'?? ‚Das sei ferne!' – um es mit seinen eigenen Worten (in gängiger Übersetzung) zu sagen … Alter und Neuer Bund stehen vielmehr gleichberechtigt nebeneinander, und der Messias ist Zentrum in beidem. Der Alte Bund, das ‚Gesetz', deckt die Sünde auf[467], überführt uns,

---

466 … Matthäus 5,40+41

467 … siehe z. B. Römer 3,20b

weckt erst unser Sündenbewusstsein und unsere Sehnsucht nach Erlösung aus der Hoffnungslosigkeit, während wir versuchen, die Gesetzesübertretung(en) möglichst effektiv zu vermeiden. Und hierbei dient der ‚Zaun', und was er einzäunt, eben als ‚Zuchtmeister'. Aber letztlich als ‚Zuchtmeister AUF CHRISTUS HIN'[468]. In jedem Bereich unseres Lebens jedoch, wo der Messias bereits lebendig in uns wirkt, wo er uns tatsächlich schon erlöst hat, dort ist besagter Zaun schon wieder eingerissen, da ist die Illusion nicht länger wirksam, Gesetzesübertretung durch ein bewusstes Bemühen zu vermeiden, sondern das Wandeln in der göttlichen Ordnung ergibt sich ganz von selbst, allein aus der inneren Haltung des völligen Einsseins mit dem Willen unseres Vaters im Himmel, der sich in erster Linie in der selbstlosen Liebe (‚Agape') zu Gott und all seinen Geschöpfen realisiert[469].

Die simple Auflösung des scheinbaren Widerspruchs ist also: Vorbedingung für die wirkliche Erlösung aus unserer Sünde[470] ist die aktive, willentliche Abgrenzung von aller ‚Ungesetzlichkeit' (die als solche bereits erkannt und eingesehen ist), mit allen zur Verfügung stehenden Mitteln, um überhaupt erst in den Zustand zu gelangen, für die Gnade des Ewigen in Gestalt und Person Jesu Christi empfänglich, offenständig zu sein. Dann aber folgt die Notwendigkeit des Einreißens all jener

---

468 … siehe Galater 3,24

469 … an dieser Stelle sei auch auf den Artikel ‚Liebe zur Welt, Agape zum Kosmos' verwiesen, in dem noch einiges zu der Thematik hier zusammengetragen wird

470 … = Aufhebung unserer Absonderung von der Einheit mit dem Ewigen

selbstauferlegten Begrenzungen DURCH CHRISTUS JESUS, durch den ‚Beistand des Ewigen, der zur Herrschaft in allen Lebensbereichen bestimmt und anerkannt ist‘, um so erst das eigentliche Ziel des Weges erreichen zu können: ‚IN der Welt zu sein, aber nicht VON der Welt‘. Und dieses Zusammenspiel vom ‚Zaun der Menschenweisheit und -bemühungen‘ und dessen ‚Eingerissen-Werden durch Christus‘ ist kein lineares Geschehen, das einmal passiert für ein ganzes Erdenleben ... es ist der endlose, ‚letzte‘ Prozess hier im Fleisch auf Erden, sobald er für dich begonnen hat; und ein Lebensbereich nach dem anderen, mal innerlich, mal äußerlich, wird von deinem König eingenommen werden nach genau diesem Prinzip. Du kannst und sollst also stets mit an den Zäunen bauen, wo du dich dazu angehalten erlebst. Aber die wahre ERLÖSUNG von dem Umzäunten wird immer durch die Gnade Gottes allein geschenkt werden, als ein persönliches Eingreifen des zur Königsherrschaft Gesalbten Beistandes des Ewigen zu deinen Gunsten, dich von dem befehdeten ‚Feind in dir selbst‘ endlich FREI machend.

**'Gekleidet in Licht'**
*Gebetsmantel, Schaufäden, das Manna und die Einheit Gottes ... die Zahl 39*

Was haben die Begriffe der wundersamen Wüstenspeise ‚Manna‘, des ‚Taues vom Himmel‘, der Zahl ‚Vierzig weniger Eins‘, der jüdische ‚Gebetsmantel‘ und das Gebot, sich ‚Quasten an die vier Ecken des Gewandes‘ zu machen, mit der

‚unspaltbaren Einheit Gottes' und dem Glauben an eben diese Einheit Gottes zu tun? Und was bedeutet die Tatsache, dass die jüdische Tradition niemals die ‚vollen vierzig Schläge' als Strafe für ein Vergehen verhängt, und dies mit den eben genannten Zusammenhängen begründet? Diesen Fragen soll im Folgenden ein wenig auf den Grund gegangen werden.

In einem Psalm[471] heißt es im Bezug auf den Ewigen Gott: ‚Oteh Or kaSsalmah', ‚er hüllt sich ein (mit) Licht, wie (in) ein Gewand'.

In der jüdischen Tradition, wie sie auch von den Aposteln und dem Messias selbst gelebt worden sein dürfte, gibt es nun ein spezielles Gewand (‚Gebetsmantel', ‚Gebetsschal'), das die Gottesebenbildlichkeit des Menschen speziell beim Gebet im Tagesanbruch[472] verkörpert; es nennt sich auf Hebräisch ‚Talith', ein Wort, das sich vom Begriff des ‚Taus' (hebr. ‚tal') ableitet, von jener feinen Wasserschicht, die – in geheimnisvoller Weise vom Himmel herab kommend oder von der Erde aufsteigend – morgens die ganze Natur bedeckt.

Dieser ‚Tau vom Himmel', geschrieben auf Hebräisch Teth-Lamed, hat den Zahlenwert 39[473].

Und das ‚Manna', eigentlich einfach ‚Man' im Hebräischen Original, wird in seinem Auftauchen

---

471 ... Psalm 104,2
472 ... oder zumindest im Laufe des Vormittags, in der Zeit der aufsteigenden Sonne

473 ... nebenbei: auch Lamed-Teth ist ein Wort mit dem Zahlwert 39, es bedeutet passenderweise ‚verhüllt; geheim', siehe z. B. 1. Samuel 18,22; 24,5

über Nacht und wegen seinem Bedecken von aller Oberfläche mit eben diesem ,Tau' verglichen. Das ,Man(na)' ist abstrakt gesprochen dasjenige, was jedem von uns Tag für Tag als ,unser Teil' zukommt, die jeweilige Tagesration unseres individuellen Schicksals; und wir können uns anstrengen wie wir wollen, im Endeffekt werden wir immer genau 'soviel', genau dasjenige bekommen, ,eingesammelt haben', was gerade ,genug', angemessen, für uns perfekt zugemessen ist.

Und spricht nicht auch der Christus im ,Vater Unser', in diesem ,Prototyp' eines Gebetes, davon, dass wir um ,unser tägliches Brot' bitten sollen? Tatsächlich ist dieses ,Brot' dort die einzige Bitte um ein konkretes ,Gut', während alle anderen 6/7 Bitten des Gebets (nach der Version bei Matthäus) auf abstraktere Dinge abzielen: Gottes Name sei geheiligt, Sein Reich komme, Sein Wille geschehe, unsere Schuld und unserer Schuldiger Schuld sei vergeben, nicht in Versuchung geführt zu werden, und vom Bösen erlöst zu sein.

Der traditionsbewusste Jude kleidet sich[474] also zu gegebenem Anlass auch ganz physisch sozusagen in seine Ration ,Manna', in 'sein täglich Brot'[475], das heißt, er empfindet sich als völlig umhüllt von seiner ,täglichen Portion persönlichem Schicksal', und nimmt dieses – wie auch immer es gerade qualitativ und quantitativ beschaffen sei – als ein ihn

---

474 ... bzw. ,hüllt sich ein'

475 ... das Wort ,Brot' hat auf Hebräisch übrigens exakt den doppelten Zahlenwert der 39 des ,Taus', nämlich 78, geschrieben 30-8-40, L-Ch-M

schmückendes ‚Lichtkleid' wahr[476], als eine Wiederspiegelung genau dessen im Kleinen, was Gott, der quasi die ganze Welt als sein Kleid hat, im Großen darstellt.

Aus dieser Assoziierung vom ‚Gewand' und den Lebensumständen, bzw. der ‚Umwelt', lässt sich nun auch eine der tieferen Dimensionen des Begriffs der ‚Unzucht' herleiten. ‚Unzucht' ist auf Hebräisch ‚Gilui Erwah', wörtlich etwa ‚Entblößen von Scham/Nacktheit'; also ein ‚Entfernen des bedeckenden Gewandes'. Was also ist ‚Unzucht' vor dem Hintergrund des in diesem Artikel ausgeführten Zusammenhangs von ‚Gewand' und ‚Lebenswirklichkeit'? Etwas aus dem Gesamtkontext zu isolieren, es 'seines Gewandes zu berauben', und es dadurch ‚bloßzustellen'[477].

Das Gewand hat an seinen vier ‚Ecken'[478] die sogenannten ‚Quasten', oder ‚Schaufäden'[479], welche durch die Ordnung ihrer Umwindungen zwischen den vier Knoten und dem auslaufenden Ende der losen acht Fäden ein Muster von 7+8+11+13 zeigen[480]; also ‚Neununddreißig', wie das Wort für den alles einhüllenden ‚Tau', für jenes in der Verborgenheit der Nacht geschenkte ‚Wasser vom Himmel', mit dem auch das ‚Manna', das ‚Brot vom Himmel'[481], assoziiert ist, und von dem der Gebetsmantel seinen hebräischen Namen herleitet.

---

476 … siehe den oben erwähnten Vers in Psalm 104,2, den ein Jude beim Umlegen des Talith auch spricht

477 … siehe hierzu auch den Artikel ‚Zaun um die Thora'

478 … auch als ‚Flügel' oder ‚Winkel' übersetzbar

479 … hebr. ‚Tzitzith', bzw. im Plural ‚Tzitzioth'

236

Auf diese ‚Schaufäden' werden wir noch einmal zurückkommen.

Die Zahl 39 hat nun neben dem ‚Tau' und den Windungen in den Schaufäden noch drei sehr wichtige weitere Bezüge: Es ist nämlich die Zahl des fundamentalen Satzes des biblischen Glaubens, ‚JHWH Echad', ‚der Ewige ist EINS', also ‚der Ewige ist ein einiges, einziges, unspaltbares Wesen' oder auch: ‚die Einheit, das Eine, ist ewig am existieren, sie ist das beständige Sein'. Außerdem ist die 39 der Wert des Begriffs der ‚Erlösung': Ge'ulah' (Gimel-Aleph-Lamed-He). Und die 39 ist die ‚Vierzig weniger Eins', die Höchstzahl der Schläge als Bestrafung, die die Überlieferung erlaubt, obwohl der ‚Buchstabe des Gesetzes' die ‚vollen Vierzig' nahelegt.

Jetzt soll dieses Prinzip der 39, bzw. der '40 weniger 1' Schläge als Strafe (für bestimmte, weniger schlimme Vergehen) kurz betrachtet werden[482].

Der Begriff der 40 steht in der Bibel im Prinzip für ‚die ganze Zeit', für ‚Zeit/Zeitlichkeit an sich'; '40 Schläge' im Sinne des Ewigen meint also, dass man ‚die ganze fließende Zeit lang' geschlagen wird, solange man also ‚hier in dieser Welt' lebt, ist man den Schlägen ausgesetzt, wenn es nach dem

---

480 … wenigstens nach der aschkenazischen Tradition

481 … siehe Johannes 6,31ff

482 … Deuteronomium 25,2+3; und daran anknüpfend die jüdische Praxis, die 40 stets knapp zu vermeiden, um gar nicht erst in Gefahr zu kommen, durch etwa einen Fehler beim Zählen, die Thora zu übertreten; siehe etwa die Paulus-Bestrafung, 2. Korinther 11,24

‚Buchstaben des Gesetzes' allein geht. ABER: der Ewige, ‚der HERR'[483] erspart uns ‚den letzten Schlag', sodass diese 39, die ‚Zahl seiner Einheit mit Allem', auch für seine Barmherzigkeit mit uns steht, wenn wir ansonsten völlig der Zeitlichkeit ausgeliefert sind und 'nach Gesetz' darin einfach unrettbar verloren wären.

Überraschenderweise ist ‚Gnade', ‚Barmherzigkeit' innerhalb der ‚Zeit'[484] dann gerade, wenn die absolute ‚Eins' von innerhalb dieser ‚Vierzig' her gesehen FEHLT, sodass genau die 39 übrig bleiben, die ‚Vierzig weniger Eins', die 3 mal 13, dreimal ‚Einheit', bzw. die ‚JHWH Echad', die ‚Einheit allen Seins', die uns als der hauchdünne ‚Tau' zugeteilt werden Tag für Tag[485].

In der Mischnah[486] wird übrigens dargelegt, dass 39 (bzw. wörtlich ‚Vierzig weniger Eins') auch gerade die Anzahl der am Sabbath ‚verbotenen'/unmöglichen Tätigkeiten ist. Eine Erklärung für die Zahl 39 hierbei ist, dass genau 39 mal das Wort ‚mal'akhah' (= ‚Arbeit; Werk') in der Beschreibung des Baus der ‚Mischkan', der

---

483 … wie das Tetragramm JHWH häufig übersetzt wird, und wie ja dann auch im Neuen Testament gleichermaßen das JHWH des Alten Testaments, als auch der ‚Titel' des Christus Jesus genannt werden als ‚Herr', ‚Kyrios' im Griechischen

484 … also in der symbolischen 40, Mem/Majim

485 … anstatt ‚alles auf einmal', wie etwa bei der ‚Sintflut' das ‚Wasser' mit einem Mal über uns kommt und tödlich ist, tödliche ‚Verwirrung' bringt, wie man das Hebräische Wort für die Sintflut, ‚mabbul', auch übersetzen könnte

486 … das ist der Kern des Talmuds, und damit die älteste Schicht der schriftlich kodifizierten jüdischen, ursprünglich mündlichen Überlieferung

‚Wohnung Gottes in der Wüste', in der Thora vorkomme.

Nun taucht die Zahl 39 natürlich nicht nur als solche auf, sondern auch ‚kehrt sie wieder' in ihrer zweiten Erscheinung als EINHUNDERTneununddreißig, dann wiederum als 239, 339, usw. Insbesondere die ersten vier, bzw. fünf dieser ‚Erscheinungen' der 39 seien hier kurz angeführt – denn es ist in der Überlieferung ja gerade die Rede von den ‚Vier Welten', genannt Atziluth, Brijah, Jetzirah und Assijah, von denen die vierte, Assijah, ‚unsere' Welt des Tuns ist, die materielle Welt von Zeit und Raum, wie wir sie kennen, welche auf den ‚vorherigen'[487] Drei basiert. Die ‚Erste Welt', Atziluth, kann man übersetzen als ‚im Schatten (Gottes)'; die zweite dann, Brijah, ist dem Namen nach in etwa aufzufassen als der 'ständige Schöpfungsprozess', aus dem sich die folgenden Welten speisen; die dritte, Jetzirah, bedeutet die konkrete ‚Formgebung/-werdung' des auf höherer Ebene bereits festgelegten Ur-Musters; und die vierte ist, wie gesagt, die ‚Welt des Tuns', unsere Welt. Um einige hebräische/biblische Begriffe zu finden, die mit den entsprechenden Zahlenwerten (139, 239, 339 und 439) belegt sind, wurde sich hier des Zahlenlexikons von Axel Nitzschke[488] bedient, das für solche Zwecke treue Dienste leistet und per Internet-Suche für jeden Interessierten frei verfügbar zu finden ist.

Ihre ‚Zweite Erscheinung' hat die Zahl 39, die Zahl des ‚Taus' und des ‚verhüllt-seins', nun in der 139,

---

487 ... besser: ‚tiefer liegenden' oder ‚höheren, subtileren'

488 ... a.k.a. Alfred Liebezahl; sein Andenken sei zum Segen

wo sie also bereits von der Welt ‚im Schatten Gottes‘, aus der Sphäre der Archetypen, herabgestiegen ist und in der Welt von ’ständiger Schöpfung‘ zu einem ‚träufeln, triefen‘ wird (Nun-Teth-Phe), und auch zu einem ‚Euter‘ (Ajin-Teth-Jod-Nun).

Ihre ‚Dritte Erscheinung‘ ist dann ihr Niederschlag in die Welt der Formgebung hinein; dort bildet sie mit dem Zahlwert 239 das ‚Los, Schicksal‘[489], aber erstarrt auch zur Härte von ‚Eisen‘[490]. Und außerdem können wir hier den Ausdruck aus Exodus 12,15 entdecken, wo im Zuge des Passah-Geschehens ‚jedem, der Gesäuertes isst‘ (‚kol okhel chametz‘) die Konsequenz angekündigt wird, nicht Teil des Wunders vom Auszug aus dem ‚Hause der Knechtschaft‘ sein zu können. Auch weist ein Bruder des hier Schreibenden darauf hin, dass das israelitische ‚Glaubensbekenntnis‘, das ‚Schema Jissrael‘, bestehend aus drei bestimmten Thora-Passagen, aus genau 239 Wörtern besteht[491].

Die ‚Vierte Erscheinung der 39‘ dann, die 339, also ihr Erscheinen in unserer ‚Welt des Tuns‘, ist nun entsprechend eine endgültige Manifestation all des vorherigen: die Wurzel Lamed-Teth-Schin, bedeutet nämlich ’schleifen, vervollkommnen‘, und auch einen ‚Diamantschleifer‘ – das uns zugeteilte ‚Schicksal‘, unsere ‚Ration des Manna‘, das unsere Wirklichkeit für uns immerzu neu-schöpfend auf uns ‚hernieder träufeln lässt‘ aus dem ‚Euter‘ der Himmel, mehr und mehr ‚verhärtet bis hin zum

---

489 … ‚Goral‘; Gimel-Waw-Resch-Lamed
490 … ‚Barzel‘; Beth-Resch-Zajin-Lamed
491 … ’und aus genau 1000 Zeichen,‘ wie Friedrich Weinreb anmerkt, sein Andenken zum Segen

240

Eisen' und mit sich die Gefahr bringt, die Befreiung aus der bedrängenden Form nicht miterleben zu können, weil ,man sich mit all dem Aufblähenden, dem Chametz, dem Gesäuerten, gemein macht' ... diese stufenweise Verdichtung des ,Taus', jener subtilen Verbindung von Himmel und Erde im Glauben an die ,Einheit des Ewigen', endet in unserer Welt also in einem Prozess des ,Geschliffen-Werdens', wird für uns zum ,Diamantschleifer', der uns früher oder später in die uns zugedachte Form bringt.

Aber auch ist die 339: ein potentielles ,eisernes Joch'[492]. Und zu aller Letzt dann, zurück zum Himmel aufsteigend: ,Myrrhe und Weihrauch'[493], ein Wohlgeruch für den Himmel, wie die Gebete der Heiligen, die emporsteigen[494], und der Kreis schließt sich: die unterste Welt wird wieder mit den höchsten Höhen verbunden durch den Aufstieg des geläuterten, geschliffenen Menschen!

Eine fünfte nennenswerte Erscheinung der 39, als 439, findet sich zuletzt in den Begriffen ,Galuth' (,Exil, Verbannung') und ,Schoftim' (,Richter'; ,diejenigen, die Recht [wieder]herstellen'; auch Name des gleichnamigen Buches in der Bibel).

Aber nun kommen wir endlich zum Prinzip der sogenannten ,Tzitzith'[495]. Es ist nicht unbedeutend, dass dieses ,Gebot' (bzw. diese Empfehlung),

---

492 ... siehe dazu auch Deuteronomium 28,48
493 ... siehe etwa Hohelied 3,6

494 ... vgl. Offenbarung 5,8; 8,4; sowie Psalm 141,2
495 ... wörtlich in etwa ,Blüte[nartiges], Blume[nartiges]; Sprossendes'

241

Tzitzith zu tragen, sogar im täglich mindestens zweimal gesprochenen ‚Glaubensbekenntnis‘, dem ‚Schema‘ Jissrael‘, enthalten ist[496]; es enthält folgende sechs Aspekte:

1. Die Kinder Israels machen diese ‚Blumenartigen, Sprossenden‘ fest ,an den (vier) Ecken/Winkeln/Flügeln ihrer Gewänder, für (all) ihre Geschlechter‘

2. sie befestigen an ihnen einen ‚himmelblauen Faden‘[497]

3. sie werden ’sie sehen‘ und werden ‚gedenken aller Mitzwoth (~ Empfehlungen) des Ewigen‘

4. … um dadurch ’nicht nachzuspähen ihren (eigenen) Herzen und ihren Augen‘

5. … um so ‚Heilige zu sein für ihren Gott‘

6. dies alles um stets zu gedenken, dass JHWH ,der Gott ist, der sie aus Ägypten/Mizrajim geführt hat, damit er ihnen zum Gott sei‘

Die Tzitzioth sollen also in erster Linie ‚erinnern‘ … und es gibt traditionell sechs ‚Erinnerungen‘, derer man sich Tag für Tag ausdrücklich erinnert, die sogenannten ‚6 Zekhiroth‘:

1. die Befreiung aus Mitzrajim/Ägypten (Deuteronomium 16,3)

2. all die Wunder bei der Offenbarung der Thora am

---

496 … siehe Numeri 15,37-41; daneben wird auch noch ein anderer Vers als auf diese Empfehlung bezogen verstanden, nämlich Deuteronomium 22,12

497 … auch übersetzbar als ‚ein sich-Winden der Vollendung‘

Horeb (Deuteronomium 4,9-10)

3. Amaleks Übeltat und dass man sein Andenken ausrotte (Deuteronomium 25,17-19)

4. wie wir den Ewigen in der Wüste erzürnen (Deuteronomium 9,7)

5. was der Ewige mit Miriam tut beim Auszug aus Ägypten (Deuteronomium 24,9)

6. den Sabbat zu bewahren und zu heiligen (Exodus 20,8)

Zu diesen sechs ‚zu verinnerlichenden Geschehnissen und Empfehlungen' wäre sicherlich vieles zu sagen. Einiges können geneigte Lesende wohl schon aus der bisherigen Lektüre der Artikel in den Rubriken ‚Grundlage' und ‚Erbauliches' herleiten, anderes wird, so Gott schenkt, noch in folgenden Artikeln direkt oder indirekt angesprochen.

An dieser Stelle sollen daher nur ein paar Stichpunkte gegeben werden:

Die ‚Befreiung aus Ägypten/Mitzrajim' ist das Gnadengeschenk, unsere göttliche Seele aus der Gefangenschaft dieser Welt hier befreit zu bekommen.

Die ‚Wunder bei der Offenbarung der Thora am Horeb' schließen nicht nur die Offenbarung selbst ein, sondern im weitesten Sinne alles, was seit dem Auszug aus Ägypten in der ‚Wüste' geschieht. Beispielhaft sei hier auf das ‚wundersame Manna' verwiesen, das in diesem Artikel bereits recht ausführlich behandelt wurde. Der Begriff der ‚Wüste', wo all die Wunder stattfinden, ist im

243

Übrigen immer auch das ‚Gespräch'[498], insbesondere das Gespräch, das der Mensch als Individuum mit Gott, seinem Schöpfer, führt. Dies wiederum vor allem in Form der ‚Worte Gottes', die dem jeweiligen Menschen individuell in Gestalt seines persönlichen Schicksals zugeteilt sind ('seine Ration Manna'), und dieses Menschen Reaktionen darauf in Gestalt der Entscheidungen, die er im Leben trifft – also der ‚Antworten', für die er ‚Ver-Antwortung' übernimmt. Die ‚Offenbarung der Heiligen Thora' ergibt sich aus diesem Gespräch quasi ‚wie von selbst', sie ist Bestandteil dieses Gesprächs – ENTSCHEIDENDER Bestandteil, den das Individuum lediglich in seiner unübertroffenen Bedeutsamkeit zu identifizieren schaffen muss. Erwähnenswert ist vielleicht noch, dass die Überlieferung das Wort ‚Sinai' dem Klange nach mit einem Wort für ‚Hass' assoziiert sieht … die Offenbarung der Thora uns also ‚vom Hass her' erreicht. Auch, dass der andere Name des ‚Berges'[499] ‚Horeb', Hebräisch ‚Chorev', ist, was mit ‚Schwert' oder ‚Verwüstung' übersetzt werden kann, also wiederum, ähnlich wie ‚Hass', auf die Anfechtung, auf Bedrängnis und Feindschaft hinweist, die mit der Offenbarung des Willens Gottes einhergeht, bzw. AUS DER HERAUS erst diese Offenbarung hervorgeht in unserem Erleben unseres ‚Gespräches' mit dem Ewigen.

‚Amalek' ist in der Überlieferung vor allem dem

---

498 … beide Wörter im Hebräischen gleich geschrieben, Mem-Daleth-Beth-Resch; 'midbar' und 'medaber'

499 … ‚Berg' ein Begriff der schon vom Deutschen her mit dem ‚verBERGen', der Verborgenheit zusammenhängt; im Hebräischen auch speziell mit dem Begriff der ‚Schwangerschaft', 'herajon'

Namen nach mit ‚Mühsal‘, mit ‚Leistung(sdruck)‘ und ‚Werk(sgerechtigkeit)‘ assoziiert (‚amal‘, Ajin-Mem-Lamed). Von solcherlei Ambitionen und Motivationen geht also eine niemals zu vergessende Gefahr gerade für diejenigen Teile in einem selbst aus, die ’schwach‘ sind, für die ‚Nachhut‘[500].

Wie wir ‚den Ewigen erzürnen in der Wüste‘ hat viele Ausprägungen, die im Prinzip alle mit einem Mangel an Vertrauen und Treue (‚Glaube‘) zu tun haben, und von denen unsere Freveltat des ‚goldenen Kalbes‘ dann der traurige Höhepunkt ist. Hierbei ist zu bedenken, dass das ‚Kalb‘ auf Hebräisch genauso geschrieben wird, wie der ‚Kreis‘[501]. Die Überlieferung sieht darin unter anderem einen Bezug zum ‚logisch-abgerundeten‘ Denken und Planen, das der Menschengeist so gern hat, dass aber die ewige Wahrheit zwangsläufig nie GANZ erfassen kann, und damit Gefahr läuft, sie zu verstümmeln, also zu einer Lüge zu machen. Der Satan gilt auch als ‚der Engel, der zu viel (logisch) gedacht/gerechnet hat‘. In den jüdischen Legenden rund um die Goldenes-Kalb-Geschichte wird dann auch vom Satan erzählt, der ‚am vierzigsten Tag‘ von Moses Abwesenheit, mit ‚bestechend logischer Argumentation‘ vorrechnet, dass Mose schon längst zurück hätte sein müssen, wenn er wirklich der ist, der er vorgibt zu sein. Und wie der Satan auf diesem ‚logischen Weg‘ die Israeliten dazu verführt, nicht länger auf Mose zu warten, sondern ‚die Dinge lieber selbst in die Hand zu nehmen‘ …

---

500 … siehe Exodus 17,8ff, der Angriff Amaleks auf die gerade aus Ägypten Ausgezogenen

501 … Ajin-Gimel-Lamed; ‚Egel‘, bzw. ‚Igul‘ ausgesprochen

Was ‚der Ewige mit Miriam tut beim Auszug aus Ägypten‘[502] bezieht die mystische Auslegung speziell auf das Wesen unserer Welt des Siebten Tages im Allgemeinen[503]: dass nämlich diese Welt unrein ist ‚alle sieben Tage lang‘, daher ‚abgeschlossen ist‘ und außerhalb des Lagers mit Gottes Präsenz verweilen muss, außerhalb von Gottes 'Gnade'[504] – dass dies aber gerade zu ihrem Heil geschieht, damit die Welt nämlich in ihrer Eingeschlossenheit, ‚allein mit sich selbst‘, erkennen kann, was in ihr verborgen liegt; dass also ‚das Weibliche‘ das (eigene) Innere (‚Verinnerlichte‘, ‚zekher‘), sprich: ‚das Männliche‘ (‚zakhar‘) in sich selbst wiederfindet. Und am ‚Achten Tag‘ ist sie wieder ‚rein‘ und kehrt zurück ‚ins Lager‘, in die Anwesenheit Gottes[505].

Und zuletzt: die ‚Sabbat-Heiligung‘ meint das, was im Artikel zum ’sehr guten Siebten Tag‘ etwas ausführlicher erläutert wird; den Zusammenhang von ‚Unzufriedenheit mit der Welt‘ und ‚Sabbatbruch‘.

Alle diese 6 Dinge hängen also mit dem ‚Auszug aus Ägypten‘, der ersten der sechs ‚Erinnerungen‘, zusammen, sind entweder eine Folge davon (2.-5.)

---

502 … Numeri 12,10-15

503 … wofür ‚Mirjam‘ hier (unter anderem) steht: sie ist die ‚Frau‘, also die ‚Erscheinung‘, die ihrem Namen nach ein ‚Meer der Bitternis‘ ist, wie auch die ‚Siebte Frucht‘ des Gelobten Landes, die ‚Dattel‘, ihrem Hebräischen Namen nach, trotz ihrer Süße, auch als ’sie ist bitter‘ übersetzt werden kann

504 … im Hebräischen ist das Wort für 'Lager', 'Machaneh', vom Wort für 'Gnade', 'Chen', ableitbar

505 … zum ‚Achten Tag‘ siehe wiederum den Artikel ‚Salbung und Achter Tag‘

oder anderweitig damit assoziiert[506]. Und gerade dieser Auszug aus Ägypten wird explizit im Rahmen der Empfehlung zu den Tzitzith als etwas genannt, dessen man ‚gedenken' solle.

Und an den Tzitzith, an diesen ‚Gedenk-Quasten', ergreift in Matthäus 9,20[507] die ‚blutflüssige Frau' Jesus, und erfährt dadurch Heilung. Und das ‚Gedenken, Erinnern; Verinnerlichen' ist im Hebräischen (Schriftbild) eben dasselbe Wort, wie dasjenige für ‚männlich' (zekher, bzw. zakhar). Die ‚Frau'[508] ergreift also das ‚Männliche' und durch dieses Zusammenkommen (von ‚männlich und weiblich', ‚innerlich und äußerlich', ‚Verborgenem und Umhüllung') tritt Heilung, also ‚Ganz-Werdung' ein, als die ‚Frucht' der Begegnung.

So ist dann auch die 39 auf der nächsthöheren Ebene die 390. Und das ist die Zahl vom Begriff des ‚männlich-und-weiblich' (‚zakhar un'kavah'), als das der Ur-Mensch Adam geschaffen ist, als Einheit von Innerlichem und Äußerlichem[509], das heißt: die Einheit aus Verborgenem und Erscheinendem, die Ganzheit von Sein und Werden. Und auch ist 390 die Zahl von den ‚Himmeln', die Zahl von dem ‚Salböl' des Messias (der also in diesem Sinne ‚mit den

---

506 ... der Sabbat-Tag wird in der Version der Zehn Worte ('10 Gebote') im fünften Buch Mose mit dem ‚Auszug aus der Knechtschaft' assoziiert, siehe Deuteronomium 5,15

507 ... siehe auch Markus 5,25ff

508 ... = Sinnbild für das ‚Umhüllende', für das '(Ver-)Bergende'; vgl. auch das Wort ‚weiblich' auf Hebräisch, 'neqabah', das gleich geschrieben wird wie das für ‚Höhle; Hülle', 'niq'bah'

509 ... bzw. wörtlich ‚Gedächtnis/Verinnerlichtes und Höhle/Hülle', ‚zecher unik'bah'

Himmeln gesalbt ist'), und auch die Zahl von den ‚Notzrim' (Nun-Tzade-Resch-Jod-Mem); das sind die ‚Christen' (im Sinne von ‚Nazarener') im modernen jüdisch-hebräischen Sprachgebrauch, wörtlich bedeutet das Wort 'Notzrim' aber auch einfach die ‚Bewahrer, Befolger', bzw. die ‚Wächter (z. B. auf der Stadtmauer)' – und bezeichnenderweise sind die ‚Notzrim' auch die (in dieser Welt hier) ‚Bedrängten' …

Und zudem kann man in der 39 die ‚vierte Erscheinung der Neun' sehen, also die Manifestation des ‚Prinzips 9' in unserer ‚Welt des Tuns'. Und die Neun, das Hebräische Zeichen Teth, ist der Überlieferung nach insbesondere mit der ‚Gebärmutter, die das Kind schon in sich trägt' assoziiert[510], sowie mit dem Konzept des Totenreichs, der ‚Unterwelt', der ‚Sche'ol', wörtlich ‚Fragendes, Forderndes', worin sich ebenfalls die Entfaltung des ewigen Lebens alles ‚Gestorbenen' vorbereitet, wie das neue Leben irdisch in der Dunkelheit einer Gebärmutter vorbereitet wird[511].

Jeschua, die Hebräische Form des Namens Jesu, unseres Erlösers, geschrieben Jod-Schin-Waw-Ajin, hat übrigens einen Zahlenwert von 386. Und die ursprüngliche Form dieses Hebräischen Namens[512] ist

---

510 … unter anderem aufgrund der Form des geschriebenen Buchstabens

511 … siehe auch die NEUNTE Plage über Ägypten: die Dunkelheit; der Auszug aus Ägypten wird dann auch konsequenterweise mit einem ‚Geburtsvorgang' verglichen, wobei zum Beispiel das Abschneiden der nachjagenden Ägypter mit dem Durchschneiden der Nabelschnur und der Abtrennung der Nachgeburt assoziiert wird

512 … der als ‚Jeschua' bereits eine Art umgangssprachliche

Jehoschua[513]; geschrieben Jod-He-Waw-Schin-Ajin[514] hat dieser Name einen Zahlenwert von 391 (bzw. 397). Der Name des Messias ist der 390 also zumindest SEHR NAH.

## Liebe zur Welt - Agape für den Kosmos?!
### *Gedanken zum Begriff der ‚Welt' im Neuen Testament (‚Kosmos' im Altgriechischen)*

Die ‚Liebe zur Welt' ist ein schwieriges Thema. Nicht nur im traditionellen Christentum, sondern für jeden Menschen, der schonungslos und aufrichtig das Treiben der Weltenbewohner betrachtet … Aber gerade für das Christentum ist die Thematik ‚Weltliebe' eine ganz besonders wichtige – und eine nicht immer unkomplizierte. Obwohl sie, wie eigentlich alles Wesentliche, doch im Grunde ganz einfach ist.

Die vorläufige ‚Arbeits-Hypothese' für den folgenden Artikel sei nun, dass das altgriechische Wort ‚Kosmos' (κοσμος) in der Bibel[515] in erster Linie die ‚(rein äußerliche) Welt' und die ‚(herrschende, bösartige) Weltordnung' meint, also

Kurzform ist

513 … wie der ‚Josua' des Alten Testaments, der ‚Jünger des Mose', im Original heißt

514 … selten auch mit einem zweiten Waw vor dem Schluss-Ajin geschrieben

515 … speziell im Neuen Testament, dessen Ursprache das Altgriechische ist, aber auch im Alten Testament, das im Altgriechischen der sogenannten ‚Septuaginta'-Übersetzung vorliegt

249

ausdrücklich NICHT identisch mit ‚Schöpfung' oder ‚Erde' ist.

Zunächst also eine kleine Bestandsaufnahme: Das altgriechische Wort ‚kosmos' leitet sich grundsätzlich her von der Bedeutung des ‚Ordnens', aber damit einhergehend auch von der Bedeutung des ‚Verzierens, Schmückens'. Es könnte daher (neben ‚Welt(ordnung)', bzw. ‚harmonisches Weltganzes'), auch ganz schlicht als ‚Verzierung, Schmuck' übersetzt werden. Als ‚Schmuck' wird es übrigens auch typischerweise an einer bestimmten Stelle im NT übersetzt, wo es nämlich geradezu unmöglich mit ‚Welt' übersetzt werden könnte, in 1. Petrus 3,1-4: ‚Gleicherweise ihr Weiber, seid euren eigenen Männern unterwürfig, auf daß, wenn auch etliche dem Worte nicht gehorchen, sie durch den Wandel der Weiber ohne Wort mögen gewonnen werden, indem sie euren in Furcht keuschen Wandel angeschaut haben; deren SCHMUCK [= Kosmos] nicht der auswendige sei durch Flechten der Haare und Umhängen von Gold oder Anziehen von Kleidern, sondern der verborgene Mensch des Herzens in dem unverweslichen Schmuck des sanften und stillen Geistes, welcher vor Gott sehr köstlich ist.'

Man beachte darüber hinaus auch Verse im Alten Testament wie z. B. Exodus 33,5+6, 2. Samuel 1,24 oder Jesaja 3,18ff und andere Stellen in den drei großen Propheten, wo in der Septuaginta einige Male ‚kosmos' für ‚Schmuck' steht. Außerdem wird ‚kosmos' in den ‚Sprüchen' der Septuaginta mehrfach als ‚Glanz, Ehre' oder ähnliches, also als eine Art ‚Schmuck' im übertragenen Sinne, übersetzt,

250

siehe etwa Sprüche 17,6; 20,29. Das Hebräische Wort für den ‚Schmuck' in Exodus und Samuel ist ‚Adi'[516], und für den ‚Glanz' bei Jesaja und in den Sprüchen ist es ‚Tiph'ereth'[517] – beide Wörter in der Ursprache deuten also in keiner Weise auf ‚Welt' als Ganzes hin, sondern in erster Linie auf das ‚Schmücken(de)', das gegebenenfalls als EIN Aspekt der ‚Welt', bzw. der ‚Schöpfung' gelten kann.

In der Septuaginta (traditionell abgekürzt ‚LXX') wird das Wort ‚kosmos' also in erster Linie in der Bedeutung des gerade erwähnten ‚Schmuckes', aber durchaus AUCH in der Bedeutung des ‚harmonisch Geordneten', insbesondere des Sternenhimmels, verwendet; dagegen wird es nur selten (oder NIE?!) als Griechische Entsprechung zum Hebräischen "Olam'[518] gebraucht – vermutlich, da "Olam' ein zu breites Spektrum an Bedeutungen abdeckt, als dass es einfach mit ‚kosmos' im Sinne von ‚Welt' übersetzt werden könnte; ‚Olam' bedeutet nämlich auch ‚Ewigkeit', ‚Weltzeit, Äon' und ‚Gemeinschaft'.

"Olam' stammt von einer Wurzel, die ‚verbergen' bedeutet, ist somit eigentlich eher das ‚Verborgene' – also fast schon das genaue Gegenteil zum Griechischen ‚Schmuck', als etwas, das sich ja demonstrativ ‚zeigt', präsentiert; jedoch kann "Olam' auch statt als ‚Verborgenes' als ‚Verbergendes'

---

516 … ‚Schmuck, Geschmeide'; vom selben Stamm gebildet wie das Wort für ‚ewig, Ewigkeit' und das Wort für ‚bezeugen; Zeuge'

517 … ‚Schmuck, Zierde, Glanz; Ruhm, Stolz, Ehre'; vom Stamm ‚zieren; verherrlichen'

518 … = oft als ‚Welt' oder ‚Weltzeit' ins Deutsche übersetzt

verstanden werden – also: so wie der Schmuck, die Verzierung, etwas vermeintlich weniger Schönes/Gutes unter und hinter sich ‚verbirgt‘, tut die ‚Welt‘ es in verführerisch-täuschender Weise mit dem Ewigen, in dem und auf dem sie gründet.

Meist wird hebräisch "Olam‘ aber nun in der LXX mit griechisch ‚Aionos‘, also mit ‚Weltzeit, Äon‘ übersetzt.

In den Fällen, wo ‚kosmos‘ in der LXX im Sinne eines ‚harmonisch Geordneten in der Schöpfung‘ gebraucht wird, steht im Hebräischen Original ausnahmslos das Wort ‚Tzeva’ah‘, das in seiner Mehrzahl das durch die Luther-Übersetzung auch den meisten deutschsprachigen Bibellesern bekannte ‚Tzeva’oth‘ ist (‚HERR Zebaot‘, wie der ‚Ewige der Heerscharen‘ dort heißt).

Die Beispiele für diesen Gebrauch sind Folgende: Genesis 2,1: ’so wurden vollendet die Himmel und die Erde und all ihr KOSMOS (‚all ihr Heer‘)‘; Deuteronomium 4,19: ‚… das ganze HEER (= KOSMOS) des Himmels‘; Jesaja 24,21: ‚… heimsuchen die Heerschar des Himmels[519]‘; Jesaja 40,26: ‚… der herausführt nach der Zahl ihr Heer (bzw. ‚ihren Kosmos‘) …‘.

Unterm Strich lässt sich also sagen: In den häufigsten Fällen wird in der LXX das griechische Wort ‚kosmos‘ benutzt als ein Wort für besagten ‚Schmuck‘[520], oder aber für eine konkrete ‚Ordnung‘

---

519 … ‚ton kosmon tou ouranou‘; obwohl im Hebräischen hier eigentlich ‚Höhe‘ statt ‚Himmel‘ steht

520 … Hebräisch "Adi‘, wie oben schon angedeutet, ist dieser Begriff auch als vom Wort "Ad‘, ‚Ewigkeit‘ oder "Ed‘, ‚Zeuge‘

innerhalb der Schöpfung, insbesondere als ‚Ordnung der Sterne und Sternzeichen‘, bzw. als das ‚Heer des Himmels‘[521], oder allgemeiner interpretiert: als das ‚Anordnen‘ bestimmter Verhältnisse in der Schöpfung – nie allerdings für ‚die Schöpfung‘ (auch nicht für die ‚gefallene‘) als Ganzes.

Im Neuen Testament dagegen dominieren die zwei einander gegenüberstehenden Bedeutungen ‚äußerlich herrschende Weltordnung‘ und ‚harmonisches Weltganzes‘, wobei letzteres deutlich seltener aus dem jeweiligen Verskontext her wahrscheinlich erscheint. In den folgenden zwei näher betrachteten Beispielversen[522] ist es dann auch kontextbedingt stets die Übersetzung als ‚äußerlich herrschende Weltordnung‘, die in der Kirchengeschichte bis heute bevorzugt gewählt wird. Das ‚harmonische Weltganze‘ findet sich dagegen etwa in Römer 1,20 als naheliegende Übersetzung.

Und bei Betrachtung dieser scheinbaren Widersprüchlichkeit der zwei Hauptnuancen des Wortes ‚Kosmos‘ im NT vor dem Hintergrund des alttestamentlichen LXX-Gebrauchs könnte man als provisorische Erklärung folgenden Gedankengang versuchen: Sowohl ‚äußerlich herrschende Weltordnung‘, als auch ‚harmonisches Weltganzes‘ sind Erscheinungsformen eines ‚Sich-Schmückens‘ von Himmel und Erde, also der Schöpfung Gottes. Und wie die ‚Heere der Himmel‘ im AT einerseits als ’schön geordnet‘, als ‚Zeichen und Zeiten

---

abgeleitet interpretierbar

521 … Hebräisch ‚Tzeva’ah/Tzeva’oth‘
522 … 1. Johannes 2,15 und Jakobus 4,4

253

anzeigend', und als die ,Herrlichkeit Gottes verkündend'[523] charakterisiert werden, andererseits aber auch als Objekt der Götzenverehrung auftreten und als ,mit harter Hand das Schicksal der Erdenbewohner bestimmend'[524] – so kann eben der ,Kosmos' in seiner Vollkommenheit sich durchaus auch für uns Menschen scheinbar 'negativ' zeigen, um dadurch erst einen notwendigen Impuls auf uns auszuüben; etwa den Impuls, uns den Willen zur Umkehr fassen zu lassen, zurück in unsere Heimat der Ewigkeit, der Himmel, zu streben.

So erweist sich dann vielleicht GERADE die ,äußerlich herrschende Weltordnung', die so grausam und oberflächlich und verführerisch sein kann, als wichtiger Aspekt des ,harmonischen Weltganzen', durch das wir einerseits geprüft und dabei geläutert werden, und durch das wir letztlich dann als 'sich-bewährt-habende Heimkehrer' wieder zurückfinden in unser Vaterhaus, in die wahre Welt, die EWIGE Welt, auf der dieses 'sich-Schmückende' der Welt, der ,Kosmos', sich gründet.

Nun wollen wir uns aber die schon genannten zwei Bibelstellen näher anschauen, die geradezu berühmt-berüchtigt sind als Beispiele für die vermeintliche ,Weltfeindlichkeit' des Christentums. Und die traditionellen Übersetzungen und Auslegungen unterstützen diese Sichtweise wohl auch. Im Folgenden sei aber einmal eine andere Perspektive

---

523 ... siehe etwa Genesis 1,14 oder auch Psalm 19,1f; 148,2ff

524 ... letzteres wird besonders betont in der jüdischen Überlieferung, die sagt, dass 'nur Israel ÜBER den Sternen steht', alle ,Völker' dagegen ihrer Schicksalsbestimmung unterworfen seien

auf diese beiden Stellen eingenommen. Denn so sehr die Bibel durch schlichte Schönheit besticht, so tief gehen doch dieselben Verse trotzdem, wenn man die Bereitschaft erlebt, nicht an der Oberfläche hängenzubleiben, und man den Mut hat, vorgefertigte Meinungsbilder durch die Realität vom unendlich-dimensionalen, unerschöpflichen Wort Gottes korrigieren zu lassen.

Die erste Stelle ist also 1.Johannes 2,15ff. Im Altgriechischen ist eine der gängigen Überlieferungen von folgendem Wortlaut:

,μη αγαπατε τον κοσμον μηδε τα εν τω κοσμω εαν τις αγαπα τον κοσμον ουκ εστιν η αγαπη του πατρος εν αυτω,

Eine traditionelle Übersetzung ins Deutsche lautet dazu:

,Liebet nicht die Welt, noch was in der Welt ist. Wenn jemand die Welt liebt, so ist die Liebe des Vaters nicht in ihm., (Elberfelder)

Und jetzt einmal eine Übersetzung der einzelnen Bestandteile, möglichst wortgetreu, wie es etwa in bestimmten Disziplinen der Sprachwissenschaft üblich ist (,Glossierung' genannt):

'nicht liebt die [äußerliche] Welt (Kosmos = Schmuck, Verzierung, s. o.) nicht-auch das in der Welt wenn/denn jemand/etwas liebt die (=Akkusativ) Welt nicht seiend die Liebe des (=Genitiv) Vaters in sich-selbst.'

Dies nun wiederum etwas ,geglättet', um einen grammatisch-korrekten deutschen Satz zu erhalten,

255

könnte so lauten:

‚Liebt nicht die äußerlich herrschende Weltordnung (bzw. ‚die Verzierung‘, ‚das sich äußerlich Schmückende‘) und auch nicht das in dieser äußerlich herrschenden Weltordnung vorhandene, wenn [bzw: für den Fall, dass] jemand [unter euch] Liebe hat zu der äußerlich herrschenden Weltordnung, darinnen nicht die Liebe des Vaters ist.‘

Also: Einem jeden zuliebe, der (noch) Welt-Liebe OHNE die Vaterliebe darin hat, soll man selbst GAR KEINE Liebe zur Welt zeigen, damit diesem jeweiligen nicht ein falscher Eindruck vermittelt wird (da derjenige eben (noch) nicht sieht, dass der entscheidende Unterschied gerade darin besteht, dass einmal die Vaterliebe als Kern vorhanden ist, und einmal nicht.

Oder auch mit der Übersetzung ‚harmonisches Weltganzes‘ anstatt der ‚äußerlich herrschenden Weltordnung‘:

‚Liebt nicht das harmonische Weltganze und auch nicht das (Einzelne,) in diesem harmonischen Weltganzen vorhandene, wenn in solcher Liebe zu dem harmonischen Weltganzen selbst darinnen nicht die Liebe des Vaters ist.‘

Entsprechend wären dann die Folgeverse vor diesem Hintergrund zu lesen (hier zunächst in Elberfelder-Übersetzung, dann in leicht modifizierter Variante, die wiederum näher an der Original-Grammatik und, damit einhergehend, Original-Bedeutung bleibt):

‚denn alles, was in der Welt ist, die Lust des Fleisches und die Lust der Augen und der Hochmut

256

des Lebens, ist nicht von dem Vater, sondern ist von der Welt.

Und die Welt vergeht und ihre Lust; wer aber den Willen Gottes tut, bleibt in Ewigkeit.'

,denn alles, was in der äußerlich herrschenden Weltordnung vorhanden ist [als Bestandteil derselben] – die Lust des Fleisches und die Lust der Augen und der Hochmut des Lebens – ist nicht vom Vater her, sondern ist von [eben] d[ies]er äußerlich herrschenden Weltordnung her.

Sowohl die(se) äußerlich herrschende Weltordnung vergeht, als auch (jegliches) eigenes Verlangen (vergeht); wer aber den Willen Gottes tut, überdauert bis hinein in das Weltzeitalter (der Ewigkeit).'

Zum Schluss sei aber nochmal betont: Die hier angebotene Alternativ-Übersetzung des Urtextes ist NICHT ,die einzig richtige'! Die gängigen Übersetzungen haben ganz klar ihre Berechtigung, insbesondere schon dadurch, DASS es eben die GÄNGIGEN sind. Und ,falsch' sind sie an sich erst einmal auch nicht – lediglich schwierig mit dem Rest der Bibel (bzw. mit bestimmten einzelnen Versen) in Einklang zu bringen. Aber zu dieser scheinbaren Widersprüchlichkeit wird weiter unten noch manches angeführt.

Der zweite ,berühmt-berüchtigte' Vers ist dann Jakobus 4,4; zunächst hier wiederum im Altgriechischen Original[525]:

---

525 ... von den verschiedenen überlieferten Varianten des Verses wird hier die längste gewählt

,μοιχοι και μοιχαλιδες ουκ οιδατε οτι η φιλια του κοσμου εχθρα του θεου εστιν ος εαν ουν βουληθη φιλος ειναι του κοσμου εχθρος του θεου καθισταται,

In einer gängigen Übersetzung der Schlachter-Bibel wird dies dann zu:

,Ihr Ehebrecher und Ehebrecherinnen, wisset ihr nicht, daß die Freundschaft mit der Welt Feindschaft gegen Gott ist? Wer immer der Welt Freund sein will, macht sich zum Feinde Gottes!'

… wobei dies eine der schlechteren Übersetzungen ist, die viele Verzerrungen der Ur-Bedeutung birgt.

Die Elberfelder-Bibel übersetzt stattdessen:

,Ihr [Ehebrecher und] Ehebrecherinnen, wisset ihr nicht, daß die Freundschaft der Welt Feindschaft wider Gott ist? Wer nun irgend ein Freund der Welt sein will, stellt sich als Feind Gottes dar.'

Diese Übertragung ist zwar besser als die von Schlachter, aber sie ist immer noch einen haarsträubenden Fehler bergend: sie übersetzt ,Feindschaft WIDER Gott', wo der Urtext-Grammatik nach aber schlicht der Genitiv steht, also ,Feindschaft DES Gottes'. Nicht also wird der betreffende Mensch zu einem Feind Gottes, sondern er macht umgekehrt Gott zum Feind seinerselbst.

Luther hat sich demgegenüber in seiner Übersetzung keine derartigen Interpretationen erlaubt, sondern bleibt in der Sache dem Original treu (auch, wenn es insgesamt durchaus etwas freier übersetzt ist von der Formulierung her, als Elberfelder und Schlachter):

,Ihr Ehebrecher und Ehebrecherinnen, wisset ihr

nicht, daß der Welt Freundschaft Gottes Feindschaft ist? Wer der Welt Freund sein will, der wird Gottes Feind sein.'

Nun zuletzt auch einmal eine möglichst wörtlich-korrekte Übersetzung, mit einigen Anmerkungen zu einzelnen Begriffen und deren altgriechischer Grammatik, die aufgrund der Beschaffenheit der deutschen Sprache in einer reinen Übersetzung nicht völlig deutlich zur Geltung kommen können:

‚Ihr Ehebrecher und Ehebrecherinnen, wisst ihr nicht, dass die Freundschaft der[526] Welt (die) Feindschaft der[527] Gottheit ist[528]?[529] Derjenige also, im Falle, wo er sogar ein Freund der Welt zu sein BEGEHRT[530], macht sich [freiwillig] zum Feind der Gottheit.'

Nach dieser Bestandsaufnahme soll nun der scheinbare innere Konflikt der Bibel aufgelöst werden, bzw. seine ‚methodische' Berechtigung herausgestellt werden.

526 ... ausdrücklich NICHT ‚zur', weil hier der Genitiv, nicht der Akkusativ gebraucht wird!
527 ... wiederum Genitiv, nicht Akkusativ! Es geht hier also um die ‚Feindschaft', die Gott ganz ‚automatisch' hegt gegen jenen, welchen die ‚(äußerlich herrschende) Welt(ordnung)' als ihren ‚Freund' betrachtet.

528 ... Der Satz sagt also, dass ‚von der herrschenden äußerlichen Weltordnung als Freund betrachtet/behandelt zu werden', identisch ist mit ‚von Gott als Feind betrachtet/behandelt zu werden'.
529 ... wie alle Satzzeichen ist auch dieses Fragezeichen nicht im Original enthalten, ergibt sich jedoch recht sicher aus dem Kontext; ansonsten halt als ‚ihr wisst nicht, dass ...' zu lesen
530 ... Das hier genutzte Wort für ‚wollen' (boulomai) ist stärker als das andere, viel üblichere Wort für ‚wollen' (thelo, gegenüber boulomai 210 vs. 34 Erwähnungen in der Schrift des NT), auf EIGENwillen, auf ein ‚emotionales Begehren' bezogen

Das wesentliche Problem insbesondere mit der obigen Johannesbrief-Stelle ergibt sich aus dem Vergleich mit dem gesamten Rest der Bibel, speziell mit dem Johannesevangelium, und dort mit der berühmten Stelle Johannes 3,16: ‚Denn also hat Gott die Welt geliebt, dass er seinen eingeborenen Sohn gab, etc.'.

Wenn wir als Gläubige doch die ‚Liebe Gottes', die ‚Liebe des Vaters' (‚Agape'), in uns haben sollen, indem Christus in uns Wohnung nimmt, muss dann nicht auch Gottes ‚Liebe (Agape) zur Welt' darin inbegriffen sein, müssen wir dann also nicht auch diese ‚göttliche Liebe zur Welt' in uns haben?! Wie könnte dann jegliche ‚Liebe zur Welt' Ausschlusskriterium sein, die Liebe des Vaters in sich zu haben, wie es die gängigen Übersetzungen und Lesarten besagten Verses im ersten Johannesbrief[531] nahelegen?

… denn DASS wir die ‚Liebe des Vaters' in uns haben sollen, folgt ja klar als Umkehrschluss aus 1. Johannes 2,15; und siehe in diesem Zusammenhang dann auch z. B. Römer 8,39, wo ‚die Liebe [= Agape] Gottes, die in Christus ist' genannt wird; und dazu Galater 2,20, wo das ‚mit Christus gekreuzigt'-Sein damit assoziiert ist, dass dann ‚Christus lebt in mir' – zusammengenommen also ergibt sich, dass die Nachfolge Christi ‚bis zum Kreuz' mit sich bringt, Christus (als lebendige Kraft) in sich zu haben, der selbst wiederum die Liebe Gottes in sich hat, welche eben auch explizit ‚die [‚böse, sündige'] Welt' umfasst[532] …

---

531 … Kapitel 2, Vers 15
532 … siehe wiederum Johannes 3,16

Und vor allem: Sogar in demselben Brief des Johannes im vierten Kapitel findet sich folgende zusammenfassende Formulierung[533]: ‚Gott ist die Liebe, und wer in der Liebe bleibt, der bleibt in Gott und Gott in ihm'[534]. Das Wort für ‚Liebe' ist hierbei wohlgemerkt immer ‚Agape', also die 'selbstlose Liebe, sogar gegen alle Vernunft', nicht ‚Philia', die ‚freundschaftliche Zuneigung, weitgehend basierend auf Gegenseitigkeit'.

Ist die gängige Übersetzung von Kapitel 2, Vers 15 also völlig falsch und gehört durch die oben alternativ angebotene Übersetzung ersetzt[535]?

Nicht zwangsläufig, schließlich kann der griechische Urtext durchaus AUCH auf solche Art übersetzt werden, wie üblicherweise getan. Die Frage ist vielleicht eher, in welchem Kontext welche Übersetzungsmöglichkeit ‚greift'.

Die These hierzu nun ist: Ein notwendiger Zwischenschritt auf dem biblischen Weg des Glaubens ist, die (sündige) Welt(ordnung) 'nicht zu lieben', sich also als ‚frisch erlöstes' Kind Gottes von dieser feindlichen Umgebung aktiv ‚abzusondern'[536].

---

533 ... nachdem bereits der ganze Anfang dieses Kapitels auf den Zusammenhang zwischen ‚Liebe in uns' und ‚Gott in uns' hin arbeitet

534 ... 1. Johannesbrief 4,16b

535 ... also sinngemäß: ‚Liebt nicht die Welt und was in ihr ist, WENN in solcher Liebe zur Welt nicht die Liebe des Vaters [als der Kern derselben] enthalten ist' anstatt dem geläufigen ‚Liebt nicht die Welt und was in ihr ist; DENN wer die Welt liebt, der hat in sich nicht die Liebe des Vaters'

536 ... wie es ja auch eine der Bedeutungsnuancen des Begriffes

Doch am Ende des Glaubensweges, als Ziel also, steht unbedingt die LIEBE zur Welt, und ja: auch zur 'sündigen' Welt, zu jedem Sünder, zu ,jedem Zöllner und jeder Hure', und selbst zu allem und jedem ,abgrundtief Bösen'! So, wie eben auch Christus, als Sohn des Vaters, all dies IN UNS (mindestens als Potential vorhandene) auch liebt. Ohne deshalb zu wollen, dass es für die Ewigkeit so BLEIBT natürlich.

Der Aspekt der (gerade auch äußerlichen) ,Absonderung' im Rahmen der ,Heiligung' ist also nicht die Vollendung, sondern nur ein vorläufiger Schritt der Festigung, bevor dann irgendwann doch wieder die Einheit mit allem Umgebenden angestrebt werden kann[537] – nun mit der Zuversicht, nicht mehr ,korrumpierbar' zu sein, sondern im Gegenteil, nun selbst das umgebende Böse ,erleuchten' zu können: Das kleine flackernde Kerzlein, das anfangs noch bei all dem windigen Dunkel drumherum leicht erloschen wäre, ist nun eine unlöschbare Fackel geworden, die das auch noch so laut und bedrohlich brausende Finstere rundherum zunehmend erhellt, also die Finsternis einfach in Licht ,umwandelt'. Hier erst ist die endgültige Befreiung da: Nachdem sich durch die willentliche Absonderung von allem ,Bösem' in einer bereitwilligen Offenständigkeit für die Gnade geübt worden ist, kann diese Gnade nun in Gestalt des Erlösers die Befreiungstat vollenden.

---

der ,Heiligkeit' vom Hebräischen her ist: ein ,Absondern/Abgesondert-Sein für Gott'

537 ... ist doch der Aspekt der ,Ganzheit', des ,Heilen', AUCH im Begriffe der ,Heiligkeit' mit enthalten – insbesondere in der deutschen Sprache gut erkennbar

Diese ‚Stufenfolge‘, bzw. dieser ‚Dreischritt‘ der Erlösung hat seine Entsprechung auch auf ‚makrokosmischer‘ Ebene in der Ersterwählung des abgesonderten Volkes Israel, das als ‚Licht für die Völker‘ fungiert (1.), bis es dann in die Zerstreuung gerät, ins Exil (2.) – aber GERADE HIERDURCH den ‚Heiden‘ später den Zugang zum Heil ermöglicht (3.)! Sodass am Ende das ‚Volk Israel‘ (wenigstens potentiell) aus der gesamten Menschheit besteht, die dann ‚erleuchtet‘ worden ist, indem sich die zunächst streng Abgesonderten (1.) nun wieder der umgebenden ‚Dunkelheit‘ geöffnet haben (2.), und so nach und nach die Dunkelheit in Licht überführen können (3.).

Wie ja auch Christus zunächst nur ein einzelner Mensch ist (1.), der dann GERADE durch sein Sterben zum Samenkorn wird (2.), aus dem dann VIELE ‚Christen‘, also ‚Gesalbte‘ mit dem ‚Geist Christi‘, dem ‚Geist der Heiligkeit‘, dem Geist Gottes in sich bergend also, hervorwachsen (3.).

Wer nun aber ‚Christus NICHT sterben lassen will‘, das heißt auch, wer sich auf ewig (nur) ‚absondern‘ will von der Mitmenschenwelt, und wer somit die ‚böse Welt‘ um ihn herum niemals zu lieben wagt, – der ist wie Petrus, zu dem gesagt werden muss: ‚Weiche von mir, Satan!‘. Denn er will das begonnene Werk nicht zur Vollendung kommen lassen.


Und ja, der Prozess des Sterbens, das Wieder-Aufgeben jener Absonderung, in der man zwischenzeitlich, als ‚frisch-Umgekehrter‘, so

263

freudvoll seine eigene Erlösung als perfekten inneren Frieden genießen kann, dieser Prozess ist schmerzhaft, mit viel ‚Gericht‘, also Gerichtet-Werden der eigenen Macken und Verdrehtheiten einhergehend – es ist eben die ‚Vorbereitungszeit der Braut‘, die von allen ‚Runzeln gereinigt wird‘[538], und das heißt: ‚geläutert im Feuer‘, wie es die ‚Offenbarung des Johannes‘ in mythisch-gewaltigen Bildern detailliert beschreibt.

Aber am Ende steht eben die ‚Entdeckung der immer-währenden Präsenz des zur Herrschaft bestimmten Beistandes Gottes‘[539], die erlebte Erkenntnis, dass also Christus Jesus uns niemals verlassen hatte, so sehr es auch zwischenzeitlich so ausschaute, sich so anfühlte …

Aber er hat sein Versprechen, wie es am Ende des Matthäus-Evangeliums überliefert wird, nicht gebrochen, im Gegenteil. Wir müssen nur Seinen ‚Geist‘, den ‚Beistand und Tröster‘, als ‚wie der Wind wehend‘ erleben lernen[540]: nicht also als etwas, das wir beobachten (und BE-/ergreifen) können wie einen materiellen Körper, der Arbeit verrichtet, wie wir es hier als fleischliche Menschen auf Erden können, sondern als unsichtbare, nicht-(be-)greifbare Kraft, deren Wirkungen aber bis in die ganz handfeste Materialität hinein sichtbar, spürbar und erlebbar[541] sind!

---

538 … Epheser 5,26f

539 … = wörtliche Übersetzung der ‚Apokalypse/Offenbarung‘ der ‚Parousie/Wiederkunft Jesu Christi‘

540 … siehe Johannes 3, das Gespräch mit Nikodemus

Hallelujah!

## SCHRIFT und WORT
### *‚Schriftliche Thora' und ‚Mündliche Thora'*

Seit jeher besteht eine jegliche ‚Heilige Schrift' aus einerseits der Schrift selbst, dem Aufgeschriebenen ... und andrerseits dem AUSSPRECHEN dieses Niedergeschriebenen, dem Vorlesen, Vorsingen, Rezitieren und wie auch immer geartetem Verkünden – bis hin zu den mannigfaltigen ‚Auslegungen' jeder Schrift, den Anwendungen all des ewig in der jeweiligen Schrift Festgelegten auf die konkrete Alltagswelt, auf das Leben der Menschen, der ‚Gläubigen'.

In der Hebräischen Tradition der Bibel, deren ‚leibhaftige', lebendige Verwirklichung sich im ‚Messias' als einer konkreten Person offenbart, gibt es folgerichtig grundsätzlich ZWEI Seiten der ‚Thora', der Offenbarung des Willen Gottes: Die ‚Schriftliche Thora' und die ‚Mündliche Thora'. Und beide bilden eine untrennbare, eine heilige Einheit, sind die zwei Seiten der selben Sache, des selben Wunders.

Da diese Zweiheit von Schriftlichem und Mündlichem sehr grundlegend für die ganze Überlieferung der ‚Juden', bzw. der ‚Jehudim'[542] ist, soll in diesem kurzen Artikel das Wichtigste umrissen

---

541 ... vor allem auch ‚hörbar', als Stimme, bzw. STIMMUNG vernehmbar

542 ... also wörtlich etwa der ‚Lobpreisenden', derer, die ‚Gott aus Freude danken'

werden.

Die ‚Schriftliche Thora', hebräisch ‚Thorah sche-be-Kh'thav'[543], gilt als grundsätzlich unveränderlich, sie ist im Prinzip NUR im (größtenteils Hebräischen, an wenigen Stellen Aramäischen) Originaltext ‚gültig', d.h. Übersetzungen sind grundsätzlich nur Interpretationen[544].

Im Speziellen ist mit ‚Schriftliche Thora' gemeint: die ‚5 Bücher Mose'; im weiteren Sinn ist gemeint: die ganze Hebräisch(-Aramäisch)e Bibel, der sogenannte ‚ThaNaKh' - das ist der Komplex aus kanonisierten Schriften der traditionellen Einteilung in ‚Thorah', ‚Nevi'im' und ‚Khethuvim', d.h. ‚Weisung; Lehre', ‚Propheten' und ‚[andere] Schriften'.

Die Schriftliche Thora ist bis in die vermeintlichen ‚Schreibfehler' hinein exakt und genau SO, wie sie heute überliefert ist, endgültig fixiert – selbst einzelne Buchstaben, die größer oder kleiner geschrieben sind[545], oder die ‚falsch herum'

---

543 ... wörtlich etwa: ‚Weisung, welche im Aufgeschriebenen (ist)'

544 ... und damit sind sie gewissermaßen schon Teil der ‚Mündlichen Thora' – insbesondere gilt dies für alles auf den sogenannten ‚Massoreten' basierende (und damit für quasi JEDE moderne Übersetzung), deren Name bereits das ‚Überliefern/Verraten' in sich trägt, denn Hebräisch ‚massar' = ‚überliefern, tradieren; verraten' (aber auch das 'züchtigen, zurechtweisen', 'mussar' lässt sich von derselben Wurzel herleiten)

545 ... z. B. der allererste Buchstabe der Bibel, das Beth vom Wort ‚Bereschith', ‚Im Anfang', ist deutlich größer als normal geschrieben; oder das Quph im Wort ‚Wayiqra' zu Beginn des dritten Buchs Mose, ‚Und er rief', ist auffallend klein geschrieben

erscheinen[546], haben diese jeweilige Form als unabänderliche Tatsache.

Wichtig zu betonen ist hierbei nun ein weiteres Mal: Die Thora, die ‚Weisung Gottes‘, enthält keine ‚Gesetze‘ oder ‚Anweisungen‘ im modernen Sinne, sondern sie besteht dem Verständnis der Überlieferung nach genaugenommen aus schlichten Zustandsbeschreibungen – allerdings das ‚Ewige‘ betreffend, und damit NICHT ohne weiteres auf ‚unsere‘ Welt von Zeit und Raum zu übertragen (… dies wäre nämlich ein Entweihen des Heiligen). Und genau für diese ‚Übertragung‘ in unsere Alltagswelt existiert die ‚Mündliche Thora‘ mit ihren mannigfaltigen Abstufungen.

Die ‚Mündliche Thora‘, hebräisch ‚Thorah sche-be-,al-Peh‘[547], gilt gegenüber der streng fixierten ‚Schriftlichen‘ als ‚fließend‘, als grundsätzlich NICHT tatsächlich zu fixieren[548]. Diese Mündliche Thora muss immer wieder neu auf die jeweilige Zeit hin und auf die Lebenswirklichkeit der heute lebenden Menschen bezogen werden. Die Ausdrucksweisen im Text dieser Mündlichen Thora folgen zwar auch wieder ‚ewigen Mustern‘[549] – jedoch können diese Dinge nicht für alle Zeiten die selbe Form im Äußeren bewahren, weil sich menschliches Zusammenleben, menschliche

---

546 … siehe etwa die scheinbar nicht bedeutungstragenden Nun's, die ‚falsch herum‘ stehend die beiden in der Tradition besonders hervorgehobenen Verse Numeri 10,35-36 einrahmen

547 … wörtlich etwa ‚Weisung, welche (dar)in (besteht), (dass sie) auf dem Mund (basiert)‘

548 … wenn sie auch heute freilich in vielen Bereichen fixiert ist, als ‚historische Momentaufnahmen‘

Kommunikation usw. ständig entwickelt, und die Mündliche im Gegensatz zur Schriftlichen Thora eben näher am ‚Alltag' zu sein hat.

Kern der Mündlichen Thora ist die sogenannte ‚Mischnah'[550]. Um diesen Kern legt sich die nächste Schicht, die ‚Gemara'[551], und zusammen sind diese beiden Hauptkomponenten der Grundkorpus des sogenannten ‚Talmud'[552]. Dieser Talmud liegt in leicht unterschiedlichen Versionen vor[553] und ist traditionell regelmäßig mit den durchgängigen, ‚fortlaufenden' Kommentaren von ‚Raschi'[554] und von dessen Schülern[555] versehen.

Darüber hinaus gibt es viele, viele weitere Kommentare, die sogenannten ‚Posskim'[556], die direkt von diesem Talmud ausgehen.

Gewichtig sind auch die ebenso vielen, vielen

---

549 … nämlich denselben Begriffen und sprachlichen Bildern, die schon aus der Schriftlichen Thora bekannt sind, sowie darüber hinaus solchen, die aus der natürlichen Schöpfung um uns herum hergeleitet sind

550 … = ‚Wiederholung/Lehre/Lernen (der Weisung)'

551 … ‚Vollendung'

552 … = ‚Lernen; Studium'

553 … speziell ‚Babylonischer' und ‚Jerusalemer', wobei ersterer der weitaus bekanntere und umfangreichere ist

554 … Akronym für ‚Rabbi Schlomoh Jitzchaki', lebte in Mitteleuropa des sogenannten ‚Spätmittelalters'

555 … die ‚Tosafoth', ‚Zusätze, Ergänzungen'; nicht fortlaufend, nur stellenweise

556 … wörtlich einfach ‚Verse', aber sinngemäß ‚Erklärer; erklärende Verse'

‚Midraschim' jenseits des ‚Haupt'-Talmud-Komplexes, etwa in sogenannten ‚Baraita'- und ‚Tosefta'-Sammlungen; diese Midraschim, wörtlich etwa ‚Studien, Auslegungen', ‚Erforschungen', sind ganz allgemein Texte, in denen Themen der Schriftlichen Thorah von verschiedenen Seiten beleuchtet werden, mal eher theoretisch, mal in erläuternden Erzählungen (genannt ‚halakhisch' und ‚aggadisch'). Der Übergang ist gelegentlich recht fließend. Überhaupt sind ‚Midraschim' häufig aus Zusammenstellungen von Talmud-Abschnitten entstanden, die alle einen bestimmten Teil der Bibel betreffen, im Talmud selbst jedoch nach ganz anderen Ordnungskriterien verteilt, quasi ‚zerstreut' sind.

Aus all den ‚halakhischen' Midraschim und insbesondere aus den halakhischen Talmud-Abschnitten hat sich (historisch betrachtet, aber dem geistigen Prinzip nach natürlich immer schon im Kern angelegt,) in der Folge besagten Raschis etwas herausgebildet, was heute, nach einem der wichtigsten Werke dieser Gattung, als ‚Schulchan ‚Arukh' (‚Gedeckter Tisch') bezeichnet wird, und eine Art Zusammenfassung aller Empfehlungen für den Alltagswandel, einen ‚Verhaltenskodex' der ‚Kinder Israels' bietet, bzw. speziell für den Alltagswandel des ‚Südreiches', des ‚Hauses Judah', also der ‚Jehudim'[557].

Dieser ‚empfohlene Alltagswandel' nennt sich dann

---

557 ... wie schon angemerkt oben: dieses Wort bedeutet eigentlich wörtlich in etwa ‚(aus Freude) Gott-Lobpreisende, -Dankende'; gemeinhin als ‚Juden' übersetzt und damit zu einer Art Ethnie/Religionsgruppe profanisiert ...

auch ‚die Halakhah'[558], was einfach ‚Wandel; Gehen (des Weges)' bedeutet.

Das erste große Werk diesbezüglich ist die ‚Mischneh Thorah' von Maimonides, dem sogenannten ‚RaMBaM'[559]. Darauf folgen insbesondere die Arba'a Turim von Jakob ben Ascher, und dann endlich der erste ‚Schulchan Arukh' von Josef Karo[560]. Eine heute (insbesondere für Aschkenazim) wichtige ‚Zusammenfassung' dieses ursprünglichen ‚Schulchan Arukh' ist der ‚Kitzur Schulchan Arukh' aus dem Jahre 1870 von Schlomoh Ganzfried.

Neben der Halakhah, als eine der zwei Hauptsäulen der Jüdischen Überlieferung, also der ‚Mündlichen Thora', gibt es dann noch, wie bereits oben erwähnt, die sogenannte Sparte der ‚Aggadah', das ist die ‚homiletische' Seite des Ganzen, also die erzählenden, illustrierenden Geschichten; einerseits von ‚Alternativ-Erzählungen', bzw. Ergänzungen zu biblischen Narrativen, andererseits Legenden über wichtige Persönlichkeiten der Mischnah- und Gemara-Zeit (die sogenannten ‚Tannaim/Tannaiten/Tannäer' und ‚Amoräer'). Hier ist eine wichtige Sammlung solcher erzählerischen Abschnitte aus dem Talmud zum Beispiel der ‚Ayin Jaakov'[561], und die größte Sammlung von Aggadah-

---

558 ... bzw. in aschkenazisch-jiddischem Dialekt ‚Haloche/Haluche'

559 ... oft wird auch das ganze besagte Werk einfach als ‚Rambam' bezeichnet

560 ... der zunächst mit seinem ersten Hauptwerk namens Bejt Jossef einen sehr ausführlichen Kommentar zu den Arba'a Turim geschrieben hatte

561 ... das ‚Auge Jakobs' oder die ‚Quelle Jakobs'

Texten jenseits des Talmuds ist der sogenannte ‚Midrasch Rabbah'[562].

Der Begriff ‚Kabbalah' oder ‚Qabbalah' zuletzt bedeutet eigentlich einfach ‚Überlieferung', wird jedoch meist speziell auf eher ‚mystische' Schriften und Traditionen bezogen. Die Wurzel ‚Qof-Beth-Lamed' vom Wort Kabballah trägt gleichermaßen die Bedeutung von ‚überliefern, übergeben', als auch von ‚empfangen'.

Alle echte ‚mystische' Kabbalah (im historischen Sinne) basiert immer auf den zuvorgenannten Bereichen der Mündlichen Thorah, insbesondere auf dem Talmud. Selbsternannte kabbalistische ‚Lehren', die nicht von der Jüdischen Überlieferung ausgehen, sind damit im Grunde schon ein lächerlicher Selbstwiderspruch und daher mit Vorsicht, bzw. Skepsis zu betrachten (auch, wenn sie auf anderer Ebene durchaus ihren Wert haben können; nur eben nicht als tatsächliche ‚Kabbalah' im historisch-jüdischen Sinn).

Einige ganz fundamentale Standpunkte der Überlieferung im Bezug auf das Deuten von biblischen Texten sollten nun einmal kurz hervorgehoben werden: NIEMALS darf in der Praxis ein ‚ausrotten', eine ‚Tierschlachtung', eine ‚Todesstrafe' etc., die in der Thora genannt wird, HIER im Zeiträumlichen vollzogen werden! All dies ist SOWIESO ‚da' im Ewigen, im Heiligen, als feststehende Wenn-Dann-Beziehung zwischen einer ‚Verfehlung' oder ähnlichem, und der

---

562 … oft in gedruckten Ausgaben noch einmal in kleinere Teile untergliedert, die den Büchern der Bibel zugeordnet sind

entsprechenden ‚Strafe‘, bzw. Konsequenz[563]. Und dennoch kann alles ein Leben lang immer noch ‚gesühnt werden‘, indem der Ewige ‚gnädig‘, ‚barmherzig‘ ist, sich ‚dessen erbarmt, dessen er sich erbarmt‘, außerhalb jeder für uns fassbaren Gesetzmäßigkeit.

Und ganz wichtig: Jenseits der schriftlich fixierten ‚Bibel‘ und der historisch gewachsenen ‚Jüdischen Überlieferung‘ kann nun all das bis hierher Gesagte ebenfalls gesehen werden: Im weiteren Sinne ist nämlich ‚die Schrift‘ all das, was sich uns durch die harte Realität der äußeren Welt als die Schöpfung offenbart, und das für uns so als die ‚große Heilige Schrift der ganzen Natur‘ zu entziffern ist – die ‚in die Schöpfung hineingegrabenen Spuren des Ewigen‘ sozusagen. Und ‚das Wort‘, also die zu dieser ‚Schrift‘ dazugehörige ‚Mündliche Überlieferung‘, ist all das, was ganz individuell zu uns je nach Situation unseres Lebensvollzuges ’spricht‘: als unser Wahrnehmen und Einordnen, als unser ‚Ausdeuten‘, Interpretieren der ‚Heiligen Schrift der Natur‘, wie diese sich als Rahmen unseres persönlichen Alltags und Lebens(ver)laufes zeigt.

Nur mit einem solchen Verständnis von ‚Heiliger Schrift‘ werde ich stets die gebotene Toleranz leben können, die nötig ist, um in dieser Welt, die von unserem geliebten Vater im Himmel in solch unerschöpflicher Vielfalt und Buntheit gestaltet ist, Liebe und Mitgefühl für ALLE Menschen mit ihren auch (scheinbar) noch so weit auseinander gehenden

---

563 … die dann aus unserem Unbewussten heraus als eine Art ‚Stimmung‘ auch bis in unser Bewusstsein und Empfinden hindurchbricht

Überzeugungen und Traditionen zu empfinden.

Gelobt sei der Ewige!

## ÜBERFLUSS

‚Überfluss' sei die dritte und abschließende der drei Hauptkategorien dieses Büchleins. Und dieses Wort selbst trägt die Doppelwertigkeit in sich: ‚überflüssig' im Sinne von ‚unnötig' kann es sein, sich die folgenden Ausführungen zu Gemüte zu führen – oder ‚überfließende' Seelenfreuden können daraus hervorquellen. Und ob für dich, lieber Leser, dieses oder jenes der Fall ist, ist nicht davon abhängig, was für ein ‚guter' oder ‚weniger guter' Mensch, Christ, G*ttesdiener, etc. du bist. Nicht jeder muss in jede Richtung seine Wanderschaften antreten.

Aber jenem, der sich in alle Tiefen der Heiligen Schrift und besonders in alle Tiefen der Berichte vom LEIBHAFTIGEN WIRKEN dieser Heiligen Schrift (in der Welt überhaupt und nicht zuletzt in der eigenen Seele) hinein-sehnt ... jenem könnten, so G*tt will, in der folgenden ‚Übersetzung', bzw. Übertragung und Kommentierung des Evangeliumsberichtes nach Johannes so manche schöne Impulse zu empfangen ermöglicht werden. Möge also der Ewige uns beistehen, nur Heilsames aus einem so waghalsigen Vorhaben zu ziehen, den altgriechischen Urtext in eine Art ‚abstraktes heutiges Deutsch' zu überführen (das Vorwort sollte übrigens unbedingt gelesen werden) ...

Im Optimalfall bietet das so gelesene Evangelium nach Johannes einen Leitfaden, an dem entlang nun wieder explizit der EINZELNE ALLEIN[564] seinen

---

564 ... gegenüber der Rubrik des 'Erbaulichen', die möglichst von

Weg findet, hier unten 'im Tale des Todes', in der Sphäre von Vergänglichkeit und Unbeständigkeit der Umstände, im Gefilde der oft erschreckenden Unberechenbarkeit des jeweiligen 'Schicksals' - in diesem 'dunklen Erdental' dennoch 'Weisheit' zu finden, und zwar 'Weisheit' verstanden als eine Art 'gelassene Heiterkeit'[565] der Welt, dem Leben und dem Schicksal gegenüber.

Und Lohn dieses 'Strebens nach Weisheit', zu dem die ganze Kraft des innersten menschlichen WILLENS notwendig ist, wird ab einem bestimmten Punkte sein: die Akzeptanz der Notwendigkeit des Sterbens in dieser Welt, des Sterbens als eines VERWANDELNS, und zwar in der Tat als eines STÄNDIG SICH VOLLZIEHENDEN Verwandelns - sodass das Leben im Fleische selbst plötzlich als ein einziges 'Sterben' empfunden wird, jedoch als ein Sterben des Alten Menschen, zugunsten des Neuen Menschen, des Geistesmenschen, der dem Fleischesleib mehr und mehr entflieht, sich von ihm löst: 'das Fleisch löst sich von den Knochen'[566], das Vergängliche trennt sich vom Beständigen, um so zum wahren Verständnis des Todes und gleichzeitig

---

einer Glaubenspraxis in der Gemeinschaft begleitet wird - oder, in Ermangelung einer solchen Gemeinschaft im Äußerlichen, doch wenigstens in einem Sich-Anschließen bestimmten Traditionen und Bräuchen, die einen durch ihr Praktizieren zumindest im Geiste mit allen anderen Praktizierenden dieser Bräuche in allen Zeitaltern verbinden

565 ... wie es Friedrich Weinreb gerne nannte, sein Andenken zum Segen

566 ... dieser Wortlaut im Hebräischen auch als 'die (äußerlich erscheinende) Botschaft löst sich vom (innersten) Selbst' zu übersetzen

des NAMENS Gottes, des sogenannten 'Tetragrammatons' JHWH zu kommen: 'Er, Der da war, Der da ist, und Der da sein wird'. Das schließlich, der WAHRE NAME GOTTES[567] ist es, was Jesus uns bekannt macht[568]!

---

567 ... welcher in menschlichen Wörtern freilich immer nur schwächlich angedeutet werden kann ...

568 ... siehe etwa Johannes 17,6 und das gesamte dort im Kapitel überlieferte Gebet Jesu

\*

## Die Frohe Botschaft
## laut der
## Gnade G\*ttes
## Erste Hälfte: ‚Vorhof des Heiligtums'

\*

*Die ersten ‚zwölf Kapitel' (nach biblischer Unterteilung) des sogenannten ‚Evangelium(berichte)s nach Johannes', wortwörtlich übersetzt in ein heutiges, abstraktes Deutsch (in 12 Abschnitten nicht-biblischer Unterteilung)*

\*

***Im Namen Jesu Christi des Nazaräers – unseres Herrn, Sohn G\*ttes, gezeugt durch den Heiligen Geist, empfangen von der Jungfrau Sofia, als der Menschensohn erhöht und gekreuzigt auf Golgatha bei Jerusalem, so als das geschlachtete Lamm G\*ttes die Sünde der Welt hinfortnehmend.***

\*

*Im Verständnis des innersten Wesens des zur Herrschaft über alle Lebens- und Seelenkräfte Gesalbten Beistandes durch das Ewig-Lebendige*

277

*Prinzip aller Wirklichkeit, das in seiner leiblichen Verwirklichung von der Region desjenigen auszugehen scheint, das in sich selbst mit Gewissheit die Wahrheit schauend ist – wobei dieser Beistand durch das Ewig-Lebendige Prinzip aller Wirklichkeit, welcher von uns als Bewerkstelligendes und rechtmäßiger Meister anerkannt ist, in Wahrheit als das vollkommene Abbild des Ewig-Lebendigen Prinzips aller Wirklichkeit selbst gezeugt ist von dem von keiner Leiblichkeit beeinträchtigten Geist, empfangen durch die Ur-Lautere Weisheit, sodass es in die Welt kommt als das vollkommene geistige Abbild des Erdenmenschen, das sich an die Crux der Fleischlichkeit hat binden lassen an der Schädelstätte vor der Stadt des Friedens, um sich so selbst aufzuopfern für die Aufhebung der Absonderung unserer Ordnung von der g\*ttlichen Wahrheit und Rechtleitung.*

\*

### Einleitendes Vorwort zu dieser Textfassung

Das Evangelium nach Johannes sei für die im Folgenden dargelegte Übersetzungsebene grundsätzlich ‚methodisch-materialistisch‘ aufgefasst als die G\*tt-gegebene symbolisch-mythische Beschreibung des einzelmenschlichen (wie auch des gesamt-menschheitlichen) *Reifeprozesses*. Dieser ‚Reifeprozess‘ ist zu verstehen als das nach gewissen Gesetzmäßigkeiten fortschreitende Wirksamwerden ‚Jesu Christi‘, sprich: des ‚(zur alleinig-bestimmenden Herrschaft) Gesalbten G\*ttesbeistands‘ in der individuellen, wie kollektiven Existenzerfahrung – somit sind die Geschehnisse des

Evangeliumberichtes als historische Begebenheiten selbst *ein kosmisches Nachzeichnen (bzw. Vorzeichnen)* der obligatorischen Phasen dieses Wirksamwerdens; die ganze Menschheitsentwicklung konzentriert sich dadurch in diesem Sinne ‚in drei Jahren überlieferter Historie'.

Die Welt, aus der die Evangelienschriften berichten, sei somit als das in Bildern und Gleichnissen dargebrachte Innerseelische eines jeden Einzelnen[569] verstanden, in welchem sich für die religiöse Praxis einer tatsächlichen ‚Christusjüngerschaft' das ‚Mysterium von Golgatha' (nach) zu vollziehen hat.

Oberstes Grundprinzip bei der sprachlichen Übertragung des Urtextes in heutige abstrakte Sprache bleibt die Wortwörtlichkeit – wenn dies auch sicher an vielen Stellen recht seltsam anmuten wird. Und nicht selten ist die Wortwörtlichkeit auch 'nur' die Brücke, um dann vor dem Hintergrund der Hebräischen/Jüdischen Überlieferung[570] eine tiefere Ebene der Bedeutung anzunähern. Besonders Namensetymologien sind daher zu berücksichtigen, angefangen beim Namen Jesus, über den Namen Mose und die Namen der (in bestimmten Situationen) genannten Jünger, bis hin zu Gruppen-Namen wie die der Pharisäer, Hohepriester, Römer oder Juden und die Namen sämtlicher explizit genannter Regionen und Örtlichkeiten.

Eine Erweiterung dieses Grundprinzips der

---

569 … und makrokosmisch dann eben als ‚Innerseelisches der ganzen Erde'

570 … und allgemein der jeweiligen Hebräischen Begriffe, die als Ursprung der Griechischen Textstelle in Frage kommen

Wortwörtlichkeit von Namen ist, es auf Nomen, also Namenwörter auszudehnen. So kommt es zu einer ganz allgemeinen ‚Ver-Abstrahierung' von scheinbaren Konkreta; angefangen bei Modalwörtern von Zeit, Raum, Richtung – über die wortwörtlichen Bedeutungen zusammengesetzter Tätigkeits- und Eigenschaftsbezeichnungen – bis hin zu abstrakten Umschreibungen von Alltags-Entitäten (‚Wasser', ‚Brot', etc.) anhand der Alleinstellungsmerkmale um das Zentrum eines ‚innersten Wesenskernes' des Bezeichneten herum – wodurch dann auch die ‚Ver-Abstrahierung' des Wortes ‚Name' gewonnen ist.[571]

Personen und Personengruppen können so als personifizierte wirkende Kräfte, und/oder Seelenschichten erfasst werden, (Haupt-)Landstriche als die Haupt-Pole des menschlichen Lebenswelterfahrens, darin befindliche Ortschaften sind aufzufassen als mehrere zusammenhängende ‚Wohnlager', also ‚temporäre Aufenthaltsmöglichkeiten für Individuen und Gruppen, in denen sich Erlebnisse abspielen' – sie sind damit seelisch betrachtet als besondere Ebenen/Zustände des Bewusstseins zu verstehen. Hierzu ist anzumerken, dass ‚Stadt' im Hebräischen'

---

571 … Solche Beispiele für Abstrahierung wären etwa: Sohn=(vollkommenes)Abbild (oder auch ‚Erbauung', um den Hebräischen Ursprung hervorzuheben, wo die Wurzel des Wortes ‚bauen' dieselbe ist, wie die des Wortes für ‚Sohn'); Hand=Taten; Füße=mit Irdischem in ständigen Kontakt kommende Vehikel (oder auch ‚Gewohnheiten', hebräisch dasselbe Stammwort wie ‚Füße/Beine'; auch allgemein ‚Lebenswandel'); Berg=Erhebendes oder VerBERGendes (hierbei dann eher vom Deutschen ausgehend – jedoch auch durch das Hebräische untermauerbar, wo ‚Berg' dieselbe Wurzel hat, wie ‚Schwangerschaft', in der ja auch etwas ‚geborgen/verborgen' am entstehen ist); etc

auch von der Wurzel ‚Erwachen; wachsam-sein; bewusst sein' abgeleitet ist (oder jedenfalls den Buchstaben nach ohne Mühe so gedeutet werden kann). Eine Stadt könnte also schlicht ein bestimmter ‚Bewusstheits-Zustand' sein.

Auf diese Weise kann man aus quasi jedem Wort eine abstrakte Umzeichnung seinerselbst herausdistillieren, die so etwas wie ihren eigentlichen ‚Namen', ihr innerstes Wesen repräsentiert. So ergeben sich möglicherweise Entsprechungsverhältnisse, die individuell ungefähr folgendermaßen in kurze Formeln zu pressen wären: Name = innerstes Wesen; Mutter = empfangende Gebärende [Substanz]; Vater = Schöpfer/Versorger/direkter Erzeuger/'barmherzige Quelle allen Seins', bzw. Vorvater; Kind = direkter Nachkomme; Jünger = Lehrling; oder bildlicher ‚aus (etwas) [als neuer Zweig] Herauswachsende(s)'; die Schrift = die in die Schöpfung hineingegrabenen Spuren; glauben = vertrauen (auf etwas) und damit einhergehend treu sein; Stimme = bedeutungsvoll (von etwas her) Erklingendes; Gericht = Berichtigung(sprozess).

Solcherlei eher ‚alltägliche' Worte müssen freilich immer vielschichtig sein, um gleichzeitig die vordergründigen Geschehnisse wiedergeben zu können, während sie auf einer nach Innen gewandten Ebene die nicht minder gewichtigen ‚kleineren' Träger (‚Substanz') der sich offenbarenden mystischen Essenz sind, gegenüber den ‚hervorgehobeneren' Begriffen, wie eben Namen und ‚Fachwörter' oder dergleichen. Daher erschien es für vorliegende Übersetzung sinnvoll, solche eher

‚kleinen' Wörter des Textes zwar auch abstrahiert, aber nicht so feststehend, wie die nun im nächsten Absatz genannten zu übersetzen. Das heißt, Wörter wie ‚gesandt'/'eingesetzt'/'ausgehend von' (aposteleo) oder ‚gesandt'/'entlassen'/ausgehend von' (pempeo) werden zwar in ihrer altgriechischen Unterschiedlichkeit gewürdigt und auch ihrem Kontext entsprechend differenzierend übersetzt – doch steckt hier dann kein so ‚rein-logisches' System mehr dahinter, wie bei den Wörtern des folgenden Absatzes, kann also von Dogmatikern stellenweise vermutlich als ‚willkürlich' abgetan werden. Dessen ungeachtet kann allerdings auch von dieser Seite erwartet werden, dass zumindest die Begrifflichkeiten folgenden Absatzes als relativ eindeutig einzusehen sind, will man nicht die gesamte Überlieferung der Menschheitsgeschichte und im Besonderen die sogenannte ‚jüdisch-christliche' Überlieferung ganz offen ‚über Bord werfen'. Die folgende Aufzählung soll daher auch möglichst unkommentiert bleiben, um des Lesenden eigene Konnotationen aufkommen zu lassen, die ihm wohl am besten helfen können, sich selbst besser kennenzulernen, um auf diesem nach innen gewandten Wege die mystische Ausdrucksweise mit der Zeit auf sich selbst, auf das eigene Seelen- und Geistesleben anwenden zu können.

Jordan(fluss) = Das Hinabsteigende (= das alles durchziehende niedere Geistige, ‚rohes Ich')

Judäa = G\*tteslob(-Region) (= der ‚Seelenleib' mit allem Vorstellungsleben)

Jerusalem = Stadt des Friedens;

‚Bewusstheitszustand der Vollkommenheit' (samt ‚Steinpflaster' und ‚Schädelstätte') (= Höheres Seelisches)

[Bethlehem = Haus des Brotes (im ‚Johannesevangelium' wortwörtlich ungenannt, wohlgemerkt)]

Samaria = Region des Bewachenden/Bewahrenden (= niederes Seelisches; das ‚zu Läuternde an der Grenze von Seelischem und Leiblichem', worin jedoch der Höherwertige Kern letztlich enthalten ist, nur ‚befreit' werden muss, wie die Samaritaner von ihrem ‚Götzendienst', um wieder zum wahren ‚Israel' zu werden, bzw. zurückzufinden)

Sychar = Taumelndes

Galiläa = Kreis[lauf] (= das Geistig-Formgebende des leiblichen Ausdruckes, das unmittelbare Wollen und Handeln, samt Gewohnheiten)

Kana = Gerüst; Aufrechtes

Nazareth = Region des in-sich-selbst-mit-Gewissheit-die-Wahrheit-Schauenden[572]

Kapernaum = Bequemlichkeitsbereich

Betsaida = Haus des Fischens

See von Tiberias/Galiläisches Meer = Süßwassersumpf/Meer des Kreislaufes

Die Pharisäer = die Sich-Abspaltenden

---

572 … siehe eine nähere Herleitung für diese Deutung bei der ersten Erwähnung im Evangeliumstext

Die Propheten = die Sehenden[573]

Mose = [Die als Essenz] Herausgezogene [Wahrheit]

[Dies natürlich eine noch deutlich erweiterbare Liste, doch man wird es schon beim Studium des Textes im Folgenden erleben, wie weit diese ‚Verabstrahierung' geht – Jedenfalls fließen in die Wahl zu den jeweiligen Übersetzungen von einzelnen Worten und Begriffen viele Aspekte mit hinein; und zwar unter anderem: Ausführungen Rudolf Steiners[574]; die jüdische Überlieferung, wie sie besonders von Friedrich Weinreb einem deutschsprachigen Interessentenkreis zugänglich gemacht wird; allgemeine Doppeldeutigkeiten der Hebräischen Sprache, die als DIE Sprache G*ttes auch bei einem griechischen Urtext als immer aus dem Hintergrund mitwirkend begriffen werden muss. Das 'Grundgerüst' der Übertragung bildet übrigens eine gängige Luther-Übersetzung (auch wenn wohl kaum mehr viel davon erkennbar ist); aus dieser Luther-Variante sind insbesondere auch die Hervorhebungen von bestimmten Versen in Fettdruck übernommen.]

Es sei noch darauf hingewiesen, dass die grammatische Zeit bei der Übersetzung – dem Hebräischen Grundprinzip entsprechend (oder dieses zumindest so gut es geht andeutend) – grundsätzlich als ‚Gegenwart' wiedergegeben wird, auch wenn

---

573 … noch präziser vom Hebräischen her könnte man sagen: ‚die, denen es kommt, und die es dann bringen (und zwar das ‚Gesehene')'

574 … speziell etwa beim Prolog des Evangeliumtextes, Kapitel 1,1-5

natürlich im Griechischen durchaus zwischen verschiedenen Zeitformen in der Sprache unterschieden wird. Um das beschriebene Geschehen des Evangeliumberichts jedoch für unsere Zwecke in vorliegender Übertragung gerade auf seine EWIGE Geltung hin hervorzuheben, sei diese Maßnahme ergriffen, der Grammatik des griechischen Urtextes zum Trotz. Gelegentlich wird dann in Klammern auch noch mal explizit auf diese Dimension des ‚Immer-Gültigen' hingewiesen, wo es sich besonders anbietet. An der ‚abstrakten Wortwörtlichkeit' ändert diese Modifikation der grammatischen Zeit nichts, denn die beschriebenen Sachverhalte bleiben exakt dieselben, egal aus welcher zeitlichen Perspektive man sie betrachtet, ob eher ‚historisch' oder eher ‚universal-mystisch-metaphorisch/symbolisch'.

ABER: Das Evangelium sollte bei aller abstrakten Wortwörtlichkeit immer AUCH ganz anschaulich, konkret, als historischer Tatsachenbericht von der erstmaligen Niederkunft des lebendigen G\*ttes in einen Menschenleib erzählend, somit als die *Geschichte vom größten Geschehen auf Erden* aufgefasst werden. Konkret und Abstrakt sollen im individuellen Bewusstsein die zwei Pole einer Ganzheit, eines Heilen sein, die im Herzen ihre Einheit stets bewahren und nur nach außen hin projiziert überhaupt als eine Zweiheit erscheinen können. Denn die Ereignisse selbst – mit dem richtigen Bewusstsein nacherzählt in der richtigen Bildersprache – verdeutlichen durch ihre bloße Veranschaulichung implizit bereits den innersten Kern aller Wahrheit[575].

---

575 ... und zwar konkret unsere Schöpfung *im Großen*, unser

Aus dem immer tiefergehenden Erfassen nun 1. der konkreten Einzelheiten, 2. der übergeordneten Zusammenhänge und 3. zuletzt der inneren Komposition der in den Situationen jeweils umrissenen Begrifflichkeiten, - erwächst immer mehr ein Alltags-Bewusstsein für die Omnipräsenz der Bezüge auf das Mysterium in der scheinbar ‚gewöhnlichen‘ Um- und Mit(menschen)welt.

Iesus CHristus muss so zum *innersten Wesen* des Wortes ‚ICH‘ werden – in welcher Form auch immer das Wort ‚Ich‘ gedacht, gesagt oder geschrieben wird; bei jeder Tat, die bewirkt wird durch ein ‚Ich‘ innerhalb der Welt(lichen Ordnung), muss das innerste Wesen dieses wirkenden ‚Ich's *eines* sein: Iesus CHristus, der zur Königsherrschaft über alle Lebens- und Seelenkräfte Gesalbte *Beistand* durch das ewig-lebendige Gestaltungsprinzip aller Wirklichkeit.

Ein ‚Evangeliumsbericht‘ ist nun grundsätzlich als eine anschauliche Erlebnisfolge eine nähere Ausführung dessen, als was genau und in welcher Form sich ‚Jesus Christus‘, also der *‚zur alleinig-bestimmenden Herrschaft über alle Lebens- und Seelenkräfte Gesalbte Beistand durch den lebendigen G\*tt‘* tatsächlich auslebt im individuellen Erleben eines prototypischen Erdenmenschen, welcher danach strebt, ein ‚in-seiner-ganzen-Existenz-aus-dem-G\*ttesbeistand-wie-ein-neuer-hervorblühender-Zweig-Herauswachsender‘ zu sein – sprich: ein tatsächlicher ‚Christus-Jünger‘.

---

Geschöpf-*Sein* im Grundsatz und unser *eigenes Schöpfen-Können* im Kleinen betreffend

Das vorliegende ‚Evangelium nach Johannes', namentlich die zunächst zu erfassenden ersten '12 Kapitel' desselbigen, stellen nun ihrem bildsprachlichen Inhalte nach dar, wie das Individuum 'sich des G\*ttesbeistandes durch eine Gnade G\*ttes bewusst wird' – und wie sich dieser G\*ttesbeistand in der Konsequenz zunehmend *einwirkt* in die Geschehnisse der (Innen-)Welt mit seinem Einfluss.

Das ‚Meta-Individuum', in dessen Seele sich also das Erzählte abspielt, nimmt zu Beginn des Bewusstwerdungsprozesses deshalb erstmals die ‚Idee' namens ‚Jesus Christus' auf, bzw. wird sich dieser Idee erstmals gewahr. Daraufhin wird diese Idee zur ‚Obersten' erklärt (‚gesalbt'), wodurch sie gewisse Wege zu gehen in Anschlag nimmt; diese Wege stellen sich dar als das ‚Wirken Jesu Christi im Palästina der Zeitenwende (bis kurz bevor den Geschehnissen um und auf Golgatha)', das sich in der Seele des Christusjüngers widerspiegelt und auf die eine oder andere Art durch diesen nacherlebt wird – mal mehr, mal weniger bewusst.

Dieser Prozess entspricht einem geistigen ‚Schreiten durch den Vorhof des Heilgtums', also der ‚Mischkan', der Stiftshütte, bzw. des ‚Jerusalemer Tempels', des ‚Heiligtums in der Stadt des Friedens'. Die eigentlichen Geschehnisse des Mysteriums selber, das in Getsemane eingeleitet wird, auf Golgatha gipfelt und das in der Niederkunft des Heiligen Geistes als Pfingstereignis vollendet wird – diese Geschehnisse erst bilden das Erleben des *Inneren* des Heiligtums, inklusive des *Allerheiligsten*, das dann durch die ‚Kreuzigung' des ‚Gesalbten

G\*ttesbeistands' an der ‚Schädelstätte' offenbar wird, indem auf diesem Wege erst ‚der Menschensohn erhöht und verherrlicht' (und für alle sichtbar) wird (das ‚Zerreißen des Vorhangs im Tempel von Jerusalem', siehe etwa Lukas- und Markus-Evangelium): Die Einheit aus ‚Grablegung, Auferstehung, Himmelfahrt und Pfingstniederkunft' wird empfunden als ein inneres Erleben der das Gesetz enthaltenden Bundeslade mit ihrem Sühnedeckel und den zwei Cherubimen darauf, unter deren Flügeln das Höchstgeheiligte im Erdenmenschen – der erhöhte und verherrlichte Menschensohn – mit seinem Himmlischen Vater in Berührung gelangen kann, am Tag der Versöhnung.

Die ‚Idee namens Jesus Christus' muss also in der Seele des Christusjüngers zunächst überhaupt den ‚Vorhof durchschritten haben', um das eigentliche Mysterium zu bewirken. Dieses ‚Schreiten durch den Vorhof', wie es in den (biblisch unterteilten) zwölf ersten Kapiteln des Evangeliums nach Johannes dargestellt ist, entspricht demnach dem naturgemäßen ‚Verdauungsprozess' der besagten ‚Idee namens Jesus Christus', welcher sich in vier grundsätzliche Phasen gliedert[576]: 1. Erfassen der Idee und erstes Eingehen in die Gewohnheiten mithilfe des Ritualhaften; 2. Hinüberspielen aus den Gewohnheiten in die Seelenäußerungen hinein, indem eine Grenze (zwischen Innenleben und Außendarstellung) bewusst überwunden wird, um diese aus-der-neuen-Gewohnheit-stammenden

---

576 … Rudolf Steiner sprach einst von dieser Viergliedrigkeit, siehe daher bei ihm die entsprechenden Begrifflichkeiten seiner Weltanschauung zu den folgenden abstrakten Formulierungen

Seelenäußerungen dadurch von der Außenwelt (unter anderem durch eine Art Prüfungsvorgang) befruchten zu lassen; 3. Wieder-Einfließen-Lassen des Befruchteten in die Gewohnheiten hinab, um alte (bereits vorhandene) Gewohnheiten so mit neuer (innerer) Essenz (‚wieder') zu beleben; 4. Hineinwachsen der Idee in das unmittelbare Alltags-Handeln, indem die erneuerten Gewohnheiten durch die vorherige ‚äußerliche Befruchtung in der Grenzüberwindung' nun sich-selbst-berichtigend geworden sind, wodurch alles Agieren des Individuums (auch nach Außen hin) zunehmend von der ‚Idee namens Jesus Christus' durchwirkt wird.

Es handelt sich also bei der ‚Idee namens Jesus Christus' um eine solche, die für sich in Anspruch nimmt, dass sie durch das bloße *Aufnehmen* der Idee in ihren relevanten Grundzügen – *in welcher Form auch immer* – zwangsläufig dazu führt, dass diese Idee früher oder später *alles Handeln* des betreffenden Bewusstseins durchwirken wird. Zwangsläufig. Wobei die Freiheit des Erdenmenschen dennoch darin bestehen bleibt, dass das ‚früher oder später' in seiner konkreten Realisierung davon abhängt, wie sehr sich das Individuum diesem Prozess des ‚Antretens der Königsherrschaft Jesu Christi' durch Eigenwille *in Widerspenstigkeit* entgegenstellt.

Das ‚Schreiten durch den Vorhof des Heiligtums' namens ‚Jesus Christus', bzw. ‚Mysterium von Golgatha' lässt sich vor diesem Hintergrund einer ‚vier-phasigen Ideen-Niederkunft' unterteilen in zwölf im Wesentlichen aufeinanderfolgende Phasen oder Eckpunkte, die sich jeweils vorwiegend in einer

289

ganz bestimmten Region des ‚gelobten Landes‘ vollziehen. Jede Phase baut dabei also (mindestens bis zu einem gewissen Grad) auf den vorherigen auf, sodass die Reihenfolge der geschilderten (inneren) Ereignisse im Großen und Ganzen universal ist. Als die drei grundsätzlichen Regionen lassen sich zunächst umreißen: ‚Einsamkeit‘, ‚Kreislauf‘ und ‚G*tteskundigkeit‘; mit ihren Grenzbereichen ‚Kreislauf-Meer samt Ufer‘ (zwischen ‚Einsamkeit‘ und ‚Kreislauf‘) und ‚Bewachendes‘ (zwischen ‚Kreislauf‘ und ‚G*tteskundigkeit‘). Alles durchziehend ist hintergründig das ‚Hinabsteigende‘. Innerhalb der ‚G*tteskundigkeit‘ ist als Zentrum des Geschehens hervorzuheben die ‚Stadt des Friedens‘, in dieser wiederum das eigentliche (und höchste) ‚Heiligtum‘; innerhalb des ‚Kreislaufes‘ bildet das ‚Gerüst‘ ein gewisses Zentrum, wobei die ausschlaggebende ’Versammlungsstätte‘ des ‚Kreislaufes‘ in der dortigen ‚Bequemlichkeitsregion‘ angesiedelt ist (= die ‚Synagoge von Kapernaum‘).

Das ‚Schreiten durch den Vorhof des Heiligtum in der Stadt des Friedens‘ stellt sich nun vor dieser Kulisse dar als eine *Vierheit aus jeweils drei Abschnitten.* Die drei ‚Abschnitte‘ einer jeden der vier Hauptphasen (welche oben als der unterstellte Weg einer ‚geboren-werdenden Idee‘ in der Menschenseele umrissen worden sind) setzen sich übrigens abstrakt zusammen aus 1. einem Erfassen der Ausgangslage, 2. der Beschreibung des zu gehenden Weges und 3. dem Beschreiten des Weges – was nicht verhindern darf, sich die Erlebnisse ganz plastisch und konkret zeitlich vorzustellen, schildern sie schließlich trotz ihrer ‚Archetypizität' eine *Entwicklung;* und wir haben in dieser Auseinanderfaltung der vier Hauptphasen eine Art von ‚Inhaltsverzeichnis' der ersten Hälfte des Evangeliumberichtes nach Johannes für die vorliegende Übersetzung[577]:

*1. in der Einsamkeit: Erstes Gewahrwerden des G\*ttesbeistands durch eine Gnade G\*ttes*

*2. am Hinabsteigenden: Heiligung des G\*ttesbeistands zur alleinig-bestimmenden Herrschaft*
*3. am Gerüst des Kreislaufes: Chymische Hochzeit als erste Offenbarung des Menschensohnes*

*4. Reinigen in der G\*tteskundigkeit*
*5. Zug durchs Bewachende*
*6. Fest in der Friedensstadt: Identifizierung des Menschensohnes mit dem G\*ttessohn*

*7. am Meer des Kreislaufes: Hineinwachsen des Menschensohnes in die ganze Erde*
*8. Laubhüttenfest: Hinüberheben der ganzen Überlieferung auf eine neue, geistigere Ebene*

*9. Heiligtum der Friedensstadt: Entschleierung des*

---

577 ... diese 12 Abschnitte sind wohlgemerkt nicht exakt identisch mit den gängigen Bibeleinteilungen, welche ja bekanntlich ebenfalls in ähnlich menschlicher Willkür durch die selbsternannte(n) Kirche(n) vorgenommen werden und nicht durch die Feder, bzw. den ursprünglichen Mund des Evangelisten selbst gesetzt sind

*10. Umkehr irdischer Verhältnisse nach Geistesmaß*
*als Beweis für (wahre) G\*tteskundige*
*11. Tempelweihe: G\*ttes Beistand als das offene Tor*
*zwischen dem Schöpfer und seinen Schafen*
*12. Erweckung des Lieblingsjüngers und freiwilliger*
*Antritt des Selbstaufopferungspfades*

**Zu letzt sollte wohl noch einmal sicherheitshalber angemerkt werden: Die hier angebotene ‚Übersetzung‘, bzw. Übertragung und Kommentierung des Ur-Textes ist NICHT als ‚die einzig wahre‘ zu betrachten!! Es ist schlichtweg EINE weitere mögliche Betrachtungsweise, die, so G\*tt will, dem einen oder anderen von erbaulichem Wert sein möge. Aber, wie die Kategorie in der dies hier veröffentlicht ist, andeutet: Eigentlich ist es ‚Überfluss – ob nun im Sinne von ‚unnötig‘ oder im Sinne von ‚Segen in Fülle‘, das wird sich jedem Suchenden schon zeigen zu seiner Zeit. Gepriesen sei der Ewige von Ewigkeit zu Ewigkeit! Amen we'Amen (wie im Himmel, so auf Erden).**

\*\*\*

*Erstes Gewahrwerden des G\*ttesbeistands durch eine Gnade G\*ttes*

Aus den Urkräften heraus sprosst das (Geistes-)Wort, und dies Wort ist [ursprünglich] bei dem [lebendigen] G\*tt, und es ist [selbst schöpferisch] von g\*ttlichem Wesen.

Dies Wort (also) ist als Erstgezeugtes am sprossen aus den Urkräften des einzigen Unerschaffenen hervor.

Alle (Schöpfungen) sind in diesem ([ursprünglichen, schöpferischen] Geistes-)Wort am geboren werden, und außerhalb desselben ist nichts je gewesen, das [innerhalb jeder erdenklichen/vorstellbaren (nicht nur ‚linearen') Zeitlichkeit] entstanden ist, entsteht und noch entstehen wird.

In diesem Geistes-Wort liegt [alles Potential zum] Leben[ und Lebendigsein], und dieses Lebendigsein ist dabei, das (innere) Licht der (Erden-)Menschen zu werden[578].

Und das Licht scheint in der Finsternis[, es webt als das Lebendigsein in der Materie]; und die Finsternis [der Materie kann das Licht des Lebens nicht löschen, die Finsternis] kann dem Licht (auch) niemals gleich werden( – sie weicht also stattdessen dem Licht).

---

578 ... als der Weg zur Selbsterkenntnis und Welterkenntnis, die beide letztlich zusammenlaufen, und darin dann auch die Gotteserkenntnis sind

*Eingesetzt* von G\*tt her ist der Erdenmensch, dessen innerstes Wesen die Gnade G\*ttes ist. Diese (Gnade) kommt (in die Welt der Absonderung) zum Zeugnis, um von dem Licht zu zeugen, auf dass durch dieses Zeugnis (eines Tages) alle Schöpfung (auf den lebendigen G\*tt) vertraue und ihm treu sei.

Die G\*ttliche Gnade ist nicht selbst das Licht, sondern dergestalt, dass ihre bloße Existenz von dem Licht zeugt.

Das ist aber das wahrhaftige Licht, das – in die (geschaffene eigene) Ordnung hinein gelangend – *jeden* Erdenmenschen *erleuchtet*. Es war (stets) in d(ies)er (seiner eigenen) Ordnung, und diese Ordnung gestaltet sich (seit jeher, in ihrem zeitlichen Wandel) durch (di)es(es Licht) – doch die Ordnung ist sich ihres eigenen Ursprungs (zunächst) nicht gewahr.

Dieses (Licht, als der Ursprung und Gestalter dieser Ordnung) kommt (somit immerzu) in sein Eigenes(, das von ihm abstammt), doch dies Eigene (in seiner Vielgestaltigkeit) nimmt (di)es(es Licht) nicht in die Gestaltung der eigenen Existenz auf[579].

So viele es aber (in dieser Weise dann doch) aufnehmen, denen gibt es die Kraft, direkte Abkömmlinge des lebendigen G\*ttes zu sein; denen, die auf sein innerstes Wesen vertrauen und diesem treu sind – die ihre individuelle Existenz nicht aus

---

579 ... indem es sich der absoluten Bedeutung dieses es werden-lassenden Lichts für sein relatives Sein gewahr wird, es zum Zentrum der je eigenen Existenz macht

dem Blut[580], noch aus Fleischeswille[581], noch aus Eigenwille[582] herleiten, sondern allein aus (dem lebendigen) G\*tt[583].

Und das (ursprüngliche Geistes-)WORT (des lebendigen G\*ttes) ist (auf diese Weise tatsächlich, für uns ganz ‚historisch‘,) FLEISCH[584] geworden (und ist auch jetzt noch immer weiter ‚am Fleisch werden‘), (und beginnt seitdem) bleibend zu existieren inmitten von uns, und wir schauen [auf diese Weise] Seine Herrlichkeit [mit Sinnesaugen] an[585] – eine Herrlichkeit als eines *Eingeborenen* vom (allmächtigen geistigen) Vater, der ewigen Quelle, die alles am erzeugen ist[586], *voll von Güte und Wahrheit.*

G\*ttes Gnade gibt Zeugnis von Selbigem und ist (geradezu) am schreien, aussagend: Dieses ist es, von dem ich (stets) gesagt habe: Nach mir wird kommen, das (bereits) vor mir zu existieren bewirkt wurde;

---

580 ... also dem Sitz der animalischen Seele, dem Sinnbild auch aller ‚leiblichen Abstammung‘

581 ... das ist der Wille, eine EIGENE Botschaft zu verkörpern, anstatt der allgemeinen, umfassenden Botschaft

582 ... das heißt, aus einem bloßen Lust- und Bequemlichkeitsantrieb

583 ... dem 'Ewig-Lebendigen Gestaltungsprinzip aller Wirklichkeit'

584 ... = ‚lebendig erscheinende Botschaft‘

585 ... indem wir diese Herrlichkeit überall um uns herum in der Schöpfung erblicken, als eine Heiligen Schrift, die direkt zu uns, ganz intim, am sprechen ist

586 ... = keines *Zwei*geborenen von Vater und Mutter, als welcher der Erdenmensch ‚regulär‘ seine Lebensetappe von Geburt bis Tod beginnt

denn es ist eher als ich entstanden. **Und von seiner Fülle haben wir alle empfangen Gutes um Gutes. Denn der Trampelpfad [der g\*ttlichen Rechtleitung[587]] ist [zwar] vermittels der (als Essenz herausgezogenen) Wahrheit (den Menschen) gegeben worden; die Gnade [und Güte] (aber) und die Wahrheit (selbst) kommen zur Existenz (allein) durch den zur Königsherrschaft über alle Lebens- und Seelenkräfte** *Gesalbten Beistand durch das Ewig-Lebendige G\*tteswalten.*

Niemand ist (bis hierhin) des (lebendigen) G\*ttes je (innerhalb der Außen-Welt, als bewusstes Individuum) *schauend* gewahr geworden; das Eingeborene (jedoch), das G\*tt selbst ist, und (das) in(nerhalb) des allmächtigen Schöpfers lebendigem Leibes-Sprießen existiert [und sich dabei seiner selbst bewusst ist] – dies hat Ihn uns (nun auch in seiner anschaulichen Form) kundgetan.


*Heiligung des G\*ttesbeistands zur alleinig-bestimmenden Herrschaft*

Und dies ist das Zeugnis der Gnade G\*ttes, als die

---

587 ... das ist die ‚Weisung‘, die uns als Heilige Schrift und als deren traditionelle Auslegung durch die Menschheitsgeschichte vom Himmel her gegeben ist

G*ttpreisenden[588] von ‚Seinem Entwurf des Friedens‘[589] her zu ihm hin senden Vermittler[590] und (Männer) von der Gefolgschaft der (dem lebendigen G*tte) Angedienten[591], dass sie ihn fragen: Wer (und was) bist du? Und er bekennt und leugnet nicht, und er gibt bekannt: Ich bin nicht das (zur Königsherrschaft über alle Lebens- und Seelenkräfte) Gesalbte. Und sie fragen ihn: Was dann? Bist du der ‚Ewige Weg‘[592]? Er spricht: Ich bin's nicht. Bist du der (lange erwartete) Sehende? Und er antwortet: Nein. Da sprechen sie zu ihm: Wer bist du dann?, dass wir Antwort geben denen, die uns senden. Was sagst du von dir selbst? Er spricht: »Ich [- die Gnade G*ttes -] bin das Erklingen eines Rufenden in der Einsamkeit[593] (einer Menschenseele in demütiger Innigkeit) [mit der Aufforderung]: Ermöglicht das

588 ... = ‚Juden‘, noch präziser als ‚die den Ewigen und das Ewige aus Dankbarkeit Lobenden‘ zu übersetzen; implizit auch einfach als ‚die G*tteskundigen‘ zu begreifen, indem die wahre Kunde von der höchsten Gottheit gerade in der immerwährenden Freude und Dankbarkeit über das Ewige besteht, die sich in GELEBTEM Dank ausdrückt - also nicht so sehr in ständig ausgesprochenem Dank, der allzu oft Hülse und Heuchelei sein kann ...)

589 ... = ‚Jerusalem‘, vereinfacht auch als ‚Stadt des Friedens‘ zu verstehen; und das Wort ‚Stadt‘ vom Hebräischen her auch als ‚Bewusstheits-Zustand‘ begreifbar

590 ... = Priester, Hebräisch ‚Kohanim‘, von ‚Kohen‘, wörtlich auch als ‚Wie sie (die ‚Himmlischen Heerscharen‘)‘ gedeutet in der jüdischen Überlieferung

591 ... oder: ‚Begleitende‘; ‚Leviten‘

592 ... ‚Elijah‘, auch ‚mein Gott ist der Ewige, das allumfassende Sein‘

593 ... bzw. im intimen ‚Gespräch mit Gott‘; siehe die Doppeldeutigkeit des Hebräischen Wortes für ‚Wüste‘

Fortschreiten des euch-Bewerkstelligenden!«, wie der(jenige) Sehende(, dessen innerstes Wesen) ewiges Errettet-Sein (ist,) es (voraus)sagt.

Aber es sind (auch) von den Sich-Abspaltenden (einige) Abgesandte (dabei) und diese fragen ihn und sprechen zu ihm: Warum reinigst du denn durch Eintauchen-Lassen [,in den Zeitstrom'], wenn du nicht der (zur Herrschaft über alle Lebens- und Seelenkräfte) Gesalbte bist, noch der ,Ewige Weg', noch der (erwartete) Sehende? Die g*ttliche Gnade antwortet ihnen und spricht: Ich lasse untertauchen mit dem Fließendem [der vergehenden Zeit]; aber Er ist mitten unter euch getreten, den ihr nicht kennt. Der wird nach mir kommen, der (bereits) vor mir zu existieren bewirkt wurde, und ich bin nicht das Richtige, dass ich die Binden dessen löse[n könnte], das unter Seine Füße gebunden ist[594]. Dies geschieht im Hause der Fähre-über-den-See jenseits des Hinabsteigenden, wo die Gnade G*ttes in den Zeitstrom untertauchen lässt.

Am folgenden Tag wird die Gnade G*ttes gewahr, dass der Beistand G*ttes *zu ihm kommt*, und spricht: **Siehe, *das* ist G*ttes Lamm, das der (weltlichen) Ordnung Absonderung hinfortnimmt!** Dieses ist's, von dem ich sage: Nach mir kommt ein Mann, der (bereits) vor mir zu existieren bewirkt wurde, denn Er ist eher als ich entstanden. Und ich kannte ihn nicht. Aber damit Er den Streitenden für G*tt offenbart werde, darum bin ich gekommen, zu reinigen mit dem Fließen der Zeit.

---

594 … 'Schuhe/Sandalen' = dasjenige, was ihn trägt und ihn dabei vom Erdboden gleichermaßen trennt und ihn doch mit diesem verbindet

Und die Gnade G*ttes bezeugt und spricht: Ich sehe, dass der G*ttliche Hauch herabfährt wie eine Taube aus dem Himmel und bleibt auf diesem. Und ich kannte es nicht. Aber dasjenige, wovon her ich eingesetzt bin, um untertauchen zu lassen mit dem Fließenden, das spricht so zu mir: Auf welches du siehst den Hauch herabfahren und darauf bleiben – dieses ist's, das mit dem *Heiligen[, mit dem von aller Leiblichkeit freien] Hauche* untertauchen lässt. Und ich sehe es und bezeuge: Dieses ist des lebendigen G*ttes vollkommenes Abbild[, sein ‚Sohn'].

Am folgenden Tag steht die Gnade G*ttes abermals da, und zwei seiner ‚Jünger'/Lehrlinge[595]; und als er den G*ttesbeistand vorübergehen sieht, spricht er: Siehe, das ist G*ttes Lamm! Und die zwei aus-ihm-Herauswachsenden vernehmen in Verständnis was er redet und folgen dem G*ttesbeistand nach. Und der Beistand G*ttes wendet sich herum und sieht sie nachfolgen und spricht zu ihnen: Was sucht ihr? Sie aber sprechen zu ihm: Bewerkstelligendes – das heißt außerdem: Meister –, wo ist deine Heimstatt[, dein Ursprung und dein Endziel]? Er spricht zu ihnen: Kommt und schaut! Sie kommen und schauen es und bleiben diesen Tag bei ihm. Es ist aber um die zehnte Stunde.

Einer von den Zweien, die G*ttes Gnade gehört hatten und (daraufhin) dem G*ttlichen Beistand nachfolgen, ist der Mannhafte, der Bruder des Hörenden Felsens. Der findet zuerst seinen Bruder, den Hörenden, und spricht zu ihm: Wir haben den Messias gefunden, das heißt übersetzt: der Gesalbte.

---

595 ... = ‚(als Zweige) aus-ihm-Herauswachsende'

Und er führt ihn zum Beistand durch G\*tt. Als der G\*ttesbeistand seiner gewahr wird, spricht er: Du bist der Hörende, das vollkommene Abbild der (überschäumenden) Taube; du sollst [Ge]Fest[igt]es zu deinem innersten Wesen haben, das heißt symbolisch: Fels.

Am folgenden Tage will der Beistand G\*ttes in den Kreis(lauf hinein) gehen und findet den Pferdemögenden und spricht zu ihm: Folge mir nach! Der Pferdemögende aber ist aus dem Hause des Fischens, der Wohnstätte des Mannhaften und des Felsens. Der Pferdemögende findet das von G\*tt Gegebene und spricht zu Selbigem: Wir haben dasjenige gefunden, von dem die (als Essenz herausgezogene) Wahrheit in der Ewigen Weisung, und von dem die Sehenden geschrieben haben: der G\*ttesbeistand, das vollkommene Abbild des von G\*tt Hinzugefügten, aus der Region desjenigen, das (in sich selbst) [mit Gewissheit die Wahrheit] schauend ist[596]. Und das von G\*tt Gegebene spricht zu ihm: Was kann aus der Region desjenigen, das (in sich selbst) [mit Gewissheit die Wahrheit] schauend ist, Gutes kommen!? Der Pferdemögende spricht zu ihm: Komm und sieh es!

Der G\*ttliche Beistand sieht das von G\*tt Gegebene kommen und sagt von Selbigem: Siehe, ein Rechtschaffenes aus der Gefolgschaft der Streitenden für G\*tt, in dem kein Falsch ist. Das von G\*tt Gegebene spricht zu ihm: Woher weißt du von mir? Der G\*ttesbeistand antwortet und spricht zu ihm: Bevor der Pferdemögende dich rief, als du unter dem

---

596 ... = Nazareth, begriffen als vom Worte für ‚Wacht; beschützen; in sich selbst bewahren' abgeleitet

Feigenbaume weiltest, sah ich dich schon. Das von G\*tt Gegebene antwortet ihm: Bewerkstelligendes, du bist (des lebendigen) G\*ttes vollkommenes Abbild, du bist der Alleinige Bestimmer über die Streitenden für G\*tt!

Der Beistand G\*ttes antwortet und spricht zu ihm: Du vertraust auf dies, weil ich dir gesagt habe, dass ich dich gesehen habe unter dem Feigenbaume. Du wirst noch Größeres als das sehen. Und er spricht zu ihm: In G\*tt ist es begründet – ja, in G\*tt ist folgendes begründet, indem der (sich in Liebe zu aller Schöpfung selbst aufopfernde) G\*tt (aus dem Inneren heraus) euch offenbaren kann: Ihr werdet den Himmel offen sehen und die Botenwesen G\*ttes hinauf- und herabfahren über dem vollkommenen geistigen Abbild des Erdenmenschen[, dem sogenannten ‚Menschensohn'].

### Chymische Hochzeit als erste Offenbarung des Menschensohnes

Und am dritten Tage ist eine Vermählung am Gerüste[597] des Kreis(lauf)es, und die empfangende Gebärende (Substanz) des G\*ttesbeistands ist dort [vorhanden], und sowohl der G\*ttesbeistand (selbst), als auch die aus-ihm-Herauswachsenden sind zu der Vermählung [mit dieser Substanz, welche die Ur-Lautere Weisheit[598] ist,] gerufen worden.

Und (wegen) des schwindenden Überschäumenden wendet sich die empfangende Gebärende (Substanz) an den G\*ttesbeistand: Sie halten das

---

597 … oder ‚Aufrechten, Aufgerichteten'

598 … ‚Sophia' genannt von mancher gnostischen Schule

301

Überschäumende nicht [bei sich]. Der Beistand G*ttes spricht zu ihr: Was geht's dich an, Erscheinende(s), was ich bewirke? Meine Stunde ist noch nicht gekommen. Seine empfangende Gebärende (Substanz) spricht zu den Dienenden: Was er euch sagt, das tut.

Es liegen aber dort ausgebreitet sechs steinerne[599] ‚Fließenlassende'[600] für die Reinigung nach g*tteskundigem[601] Ritual, und in jeden passen zwei oder drei Maße. Der G*ttliche Beistand spricht zu ihnen: (Er-)füllt die Fließenlassenden mit Fließender (Zeit)! Und sie füllen sie bis obenan. Und er spricht zu ihnen: Schöpft nun und bringt's dem Ältesten unter den die-Dreiheit-Dehnenden! Und sie bringen es ihm. Als aber der Älteste unter den die-Dreiheit-Dehnenden das Überschäumende kostet, das (zuvor) [ruhiges, gewöhnliches] Fließendes gewesen war, und nicht weiß, woher es kommt – die Dienenden aber wissen es, die das Fließende geschöpft haben –, da ruft der Älteste unter den die-Dreiheit-Dehnenden den Verschleierten[602] an und spricht zu ihm:

---

599 … ~ 'in Unendlichkeit für diese Welt bestehende'

600 … diese 'steinernen Fließenlassenden', bzw. 'Krüge', könnte man zum Beispiel deuten als so etwas wie 'Leiber, die eine relative Beständigkeit der Existenz von an sich stets verfließender Zeit ermöglichen, man denke z. B. an die Fähigkeit des Menschenleibes im Innern ‚Erinnerungen', bewusst und unbewusst, zu 'speichern', bewahren, vermittels der materiellen Hirnstrukturen'; auch ein Bezug zu den sogenannten 'Rädern'/'Chakren' östlicher Denk- und Glaubensrichtungen könnte gegeben sein

601 … bzw. ‚G*tt aus Freude preisendem'
602 … oder, vom Hebräischen Wort für den Bräutigam und der dazu gehörigen jüdischen Deutung her: den ‚Mann der (Zahl) Acht'

302

Jedermann gibt zuerst das gute Überschäumende und, wenn sie betrunken werden, das geringere; du aber hast das gute Überschäumende bis jetzt zurückbehalten.

Das ist das erste Zeichen, das der Beistand G\*ttes bewirkt, geschehend am Gerüste des Kreis(lauf)es, und er offenbart seine Herrlichkeit. Und die aus ihm Herauswachsenden vertrauen auf Selbiges.

Danach geht der g\*ttliche Beistand hinab nach der Bequemlichkeitsregion[603], er, seine empfangende Gebärende (Substanz), seine Brüder und die aus ihm Herauswachsenden, und sie bleiben nicht lange dort.

Und das Fest des Auszuges [und des Befreit-Werdens] der G\*ttpreisenden ist nahe, und der Beistand G\*ttes zieht hinauf nach dem Bewusstheitszustand der vollkommenen Ausgeglichenheit [und des Friedens]. Und er findet im Heiligtum die Händler, die Rinder, Schafe und Tauben verkaufen, und die Wechsler, die da sitzen. Und er macht eine Geißel aus Stricken und treibt sie alle aus dem Heiligtum hinaus samt den Schafen und Rindern und schüttet den Wechslern das Geld aus und stößt die Tische um und spricht zu denen, die die Tauben verkaufen: Tragt das weg und macht nicht meines Vaters Haus zu einer Markthalle! Die aus ihm Herauswachsenden aber bedenken (dabei), dass ja geschrieben steht[604]: »Der Eifer um dein Haus wird mich verzehren.«

---

603 ... oder: zum ‚Vergeben/Zudecken des Lieblichen'; das Wort 'Kapernaum' bietet verschiedene Möglichkeiten der Herleitung

604 ... = dass sich aus den in die Schöpfung hineingegrabenen Spuren ergibt

Da fangen die G*tteskundigen(, die freudvoll das Ewige Preisenden,) an und sprechen zu ihm: Was zeigst du uns für ein Zeichen, dass du dies tun darfst? Der G*ttesbeistand antwortet und spricht zu ihnen: Brecht dieses Heiligtum ab und in drei Tagen will ich es aufrichten. Da sprechen die G*tteskundigen: Dieses Heiligtum ist in sechsundvierzig Jahren erbaut worden, und du willst es in drei Tagen aufrichten? Er aber war am reden von dem Heiligtume seines (menschlichen) Leibes. Wenn Er (dann später) auferstanden ist von den Toten, denken die aus ihm Herauswachsenden daran, dass er dies gesagt hatte, und vertrauen der in die Schöpfung eingegrabenen Spur und dem Wort, das G*ttes Beistand (immer schon) gesprochen hatte (und noch am sprechen ist und immer sein wird).

Als Er aber am Fest des Auszuges in seinem Entwurf der Vollkommenheit ist, vertrauen viele auf sein innerstes Wesen und sind/werden ihm treu, da sie die Zeichen sehen, die er bewirkt. Aber der G*ttesbeistand vertraut sich ihnen nicht an; denn er kennt sie alle und bedarf nicht, dass ihm jemand Zeugnis gibt vom Erdenmenschen; denn er weiß, was im Erdenmenschen ist.

### *Reinigungsprozesse innerhalb der G*tteskundigkeit*[605]

Es ist nun (aber) aus den Sich-Abspaltenden heraus derjenige Erdenmensch geworden, dessen innerstes Wesen der Sieg bei dem (einfachen) Volke ist, (und

---

605 … bzw. im Bezug auf das Loben G*ttes

welcher) ein Ältester unter den kundigen G*tt-Preisenden (ist).

Dieser gelangt (nun) in Unbewusstheit zum *Beistand durch G\*tt*, und spricht zu diesem: Mein Bewerkstelligendes, unsereins[606] weiß, dass du ein von G\*tt ausgehendes Erläuterndes (und ‚Erleuchtendes') bist – denn nichts und niemand kann solcherlei Zeichen bewirken, wie die, die du bewirkst, es sei denn, G\*tt (selbst) ist mit demjenigen.

Und der *Beistand G\*ttes* gibt Auskunft und verkündet ihm: In G\*tt ist es begründet – ja, in G\*tt ist folgendes begründet, indem der (sich in Liebe zu aller Schöpfung selbst aufopfernde) G\*tt (aus dem Inneren heraus) dir offenbaren kann: *Es sei denn, dass jemand von Oben her (wiederum) gezeugt-und-geboren wird, kann er nicht das (alle Schöpfungen) durchreichende (Wirken) des lebendigen G\*ttes (erkennend) schauen. [...]*[607] *Es sei denn, dass jemand gezeugt-und-geboren ist aus der Fließenden (Zeit) und dem (Leben- und Seele-) Hauchenden heraus, kann er nicht (selbst) in das (alle Schöpfungen) durchreichende (Wirken) des lebendigen G\*ttes hineinwachsen.*

Was (noch) aus dem (äußerlichen) Fleische heraus gezeugt-und-geboren ist, das ist (auch selbst) Fleisch;

---

606 ... = ein jeder wahrhaft zu den G\*tteskundigen Zählender

607 ... an dieser Stelle ist lediglich ausgespart, was soeben bereits sehr ausführlich als 'Übersetzung' des berühmten 'Wahrlich, wahrlich, ich sage euch:' dienen sollte, nämlich das: 'In G\*tt ist es begründet – ja, in G\*tt ist folgendes begründet, indem der (sich in Liebe zu aller Schöpfung selbst aufopfernde) G\*tt (aus dem Inneren heraus) dir offenbaren kann'

was (dagegen) aus dem *Hauchenden heraus* gezeugt-
und-geboren ist, das ist *selbst Hauchendes*. […][608]
*Der Hauch* weht, wo immer er will, und dir erklingt
(dabei) das Tönen desselben, doch du weißt nicht,
von woher er erwächst und wo(hin) er entschwindet.
Derselben Art ist alles *aus dem Hauche heraus*
Gezeugt-und-Geboren-Werdende.
Der Sieg beim (einfachen) Volke antwortet und
spricht zu Ihm: Wie kann dies geschehen? Der
Beistand G*ttes antwortet und spricht zu ihm: Du
bist einer der Erläuternden unter den Streitenden für
G*tt – und weißt das nicht? […] Wir reden, was wir
wissen, und bezeugen, was wir gesehen haben (und
was wir am sehen sind); ihr [Euch-Abspaltende] aber
nehmt unser Zeugnis nicht an. Glaubt ihr nicht, wenn
ich euch von irdischen Verhältnissen (etwas) sage,
wie werdet ihr glauben, wenn ich euch von
himmlischen Verhältnissen (etwas) sage?

Und niemand ist gen Himmel aufgefahren außer
dem, der vom Himmel herabgekommen ist, nämlich
das vollkommene geistige Abbild des
Erdenmenschen. Und wie ‚die lebendige Wahrheit'
[als die Herausgezogene (Essenz)] in der Einsamkeit
des Gespräches mit dem Ewigen die Schlange[nhafte
Triebgesteuertheit des Erdenmenschen] (zu einem
potentiell Heilenden für die Allgemeinheit) erhöht
(und dadurch bewahrt, und auf eine höhere Ebene
gehoben, so also auch ‚weitergetragen'[609]) hat[,
indem sie sie ‚versteinert' und aufgerichtet und somit
zum (vorwarnenden) Anschauungsobjekt ‚gerinnen'

---

608 … siehe vorherige Fußnote
609 … siehe zum 'Aufheben' noch einmal den Artikel zum
     'Gericht' in der Rubrik 'Grundlage'

306

lassen hat], so muss (auch) das vollkommene geistige Abbild des Erdenmenschen (zu einem Heilenden für die Allgemeinheit) erhöht werden[, indem es zu einem für alle 'sichtbaren' Anschauungsobjekt ‚gerinnt', durch das willentliche, öffentliche ‚Hineinsterben' in die historische Zeitlichkeit, ‚in die allgemein(-bekannt)e Menschheitsgeschichte hinein'], damit alle, die auf dieses vertrauen und diesem Vertrauen gemäß treu handeln, ewiglich das Lebendigsein halten werden.

Denn **also hat G\*tt (schon immer) [sogar]** *die[se]* **Ordnung geliebt, dass er [in diese Ordnung hinein, zu diesem Zwecke] sein einziggeborenes, vollkommenes Abbild** *spendet*, **damit alle, die auf dieses (Abbild) vertrauen und ihm treu sind, nicht verloren werden, sondern ewiglich das Lebendigsein halten werden.** Denn G\*tt sendet sein eigenes vollkommenes Abbild nicht dazu in die Ordnung, dass es die Ordnung [be]richt[ig]e, sondern (in erster Linie,) dass die Ordnung durch es aufgelöst [und damit *er*löst] werde. Wer auf Selbiges vertraut, der wird nicht [be]richt[ig]t (werden müssen); wer aber nicht (auf Selbiges) vertraut, der *ist* schon [be]richt[ig]t, denn er handelt nicht treu in Bezug auf das innerste Wesen des ein- und erstgeborenen vollkommenen Abbildes (des lebendigen) G\*ttes[610].

Dergestalt ist aber das [die Ordnung in sich selbst] (Be)richt(ig)ende, dass das Licht in die Ordnung gekommen ist, und die Erdenmenschen lieben (in ihrer Ausgangslage) die Finsternis mehr als das

---

610 … und hat damit nicht das ewige Leben, sondern vergeht von selbst früher oder später, insofern er in sich nicht das Ebenbild G\*ttes trägt, bzw. zu tragen bereit ist

Licht, denn ihre Werke sind böse[611]. Wer Böses tut, der hasst[612] das Licht und kommt nicht zu dem Licht, damit seine Werke nicht aufgedeckt werden. Wer aber die Wahrheit[, das ‚Unverdeckte'[613]] tut, der kommt zu dem Licht, wodurch offenbar wird, dass seine Werke in (den lebendigen) G*tt (hinein) gewirkt sind.

Danach kommt G*ttes Beistand mit den aus-ihm-Herauswachsenden in das Gebiet der G*tteskundigkeit und bleibt dort eine Weile mit ihnen und ‚reinigt' (durch Untertauchen in das Fließen der Zeit). G*ttes Gnade aber reinigt auch (auf diese Art) noch am *Quellenden*, nahe beim Fried(lich)en, denn es ist dort [unerschöpflich] viel Fließende (Zeit) vorhanden; und sie kommen und lassen sich untertauchen. Denn die g*ttliche Gnade ist noch nicht in [materielle] Gebundenheit versetzt.

Da erhebt sich ein Streit zwischen den aus-der-G*ttesgnade-Herauswachsenden und einem G*tteskundig-den-Ewigen-Preisenden über das Wesen der Reinigung (durch Untertauchen und Wiederauftauchen im Strom der Fließenden Zeit). Und sie gelangen zu G*ttes Gnade und sprechen zu Selbiger: Bewerkstelligendes, Dasjenige, welches bei dir war jenseits des Hinabsteigenden, von dem du

---

611 ... bzw. (selbst-)zerstörerisch

612 ... = verwirft

613 ... vgl. hiermit auch den koranisch-arabischen Begriff des 'Kufr', der der Wurzel nach so etwas wie 'Verdecken; Verdeckertum' bedeutet, jedoch meist stark verflachend als 'Unglaube' übersetzt wird (siehe die hebräische Wurzel Kaph-Phe-Resch, wie z. B. in 'Jom Kippur', 'Tag der Bedeckung (von Sünde)')

Zeugnis gegeben hast, siehe, das reinigt, und *jedermann* gelangt zu ihm. G*ttes Gnade antwortet und spricht: Ein Erdenmensch kann nichts nehmen, wenn es ihm nicht vom Himmel gegeben ist. Ihr selbst seid meine Zeugen, dass ich gesagt habe: Ich bin nicht der (zur Königsherrschaft über alle Lebens- und Seelenkräfte) Gesalbte, sondern *in Vorbereitung von* Selbigem her gesandt.

Wer die Verschleierte[614] hat, der ist der Verschleierte[615]; der Freund des Verschleierten aber, der dabeisteht und ihm zuhört, freut sich sehr über das von dem Verschleierten her bedeutungsvoll Erklingende. Diese meine Freude ist nun erfüllt. **Er muss wachsen, ich aber muss abnehmen.**

Der von oben her kommt, ist über allen. Wer von der Erde ist, der ist von der Erde und redet von der Erde. Der vom Himmel kommt, der ist über allen und bezeugt, was er gesehen und gehört hat; und sein Zeugnis nimmt niemand an. Wer es aber annimmt, der besiegelt, dass (der lebendige) G*tt wahrhaftig ist.

Denn der, der von G*tt her eingesetzt ist, redet G*ttes Worte [einfach aus sich selbst heraus]; denn G*tt gibt den Hauch nicht nach [besonders wohlgeformt zur Schau getragenem] (Vers-)Maß[616].

Der Schöpfer hat das vollkommene Abbild seiner

---

614 … bzw. die ‚Vollendete‘, Hebr. 'Kalah', von 'kol', 'Alles'

615 … bzw. der ‚Mann der Zahl Acht‘, Hebr. 'Chattan', von 'chet', Name des achten Zeichens des Hebräischen Alphabeths

616 … sondern nach der Herzenshaltung des Sprechenden (wobei hierzu freilich noch viele, viele weitere Dimensionen der Auslegung denkbar sind)

selbst lieb[617] und hat ihm alles in sein freies [aus Seelenregungen geformtes] Bewirken gegeben. **Wer auf das vollkommene Abbild [des himmlischen Schöpfers innerhalb der irdischen Welt] vertraut, der hält (in sich) ewiglich das Lebendigsein.** Wer aber diesem vollkommenen Abbild (in sich selbst) nicht gehorsam ist, der wird das (wahre) Leben nicht sehen, sondern der Zorn G*ttes bleibt über ihm.

### Zug durchs Bewachende/Bewahrende

Als sich nun das Bewerkstelligende dessen bewusst wird, dass die Sich-Abspaltenden in Verständnis vernommen hatten, dass [es selbst, als] der Beistand G*ttes mehr zu aus-ihm-Herauswachsenden macht und (durch Untertauchen in, und Wieder-Auftauchen lassen aus der Zeitlichkeit) reinigt als die [bloße] *Gnade* G*ttes – obwohl der G*ttesbeistand nicht *selber* reinigt, sondern die aus-ihm-Herauswachsenden –, verlässt er die G*ttes-Lob(-Region) und geht wieder in den Kreis(lauf). Er muss (dazu) aber durch das Bewachende reisen.

Da kommt er in einen Bewusstheitszustand des Bewachenden und Bewahrenden, der heißt ‚Taumelndes‘, nahe bei der Erquickungsregion, die der an-der-Ferse-Festhaltende[618] seinem eigenen vollkommenen Abbild[, dessen innerstes Wesen] G*ttes Hinzufügung [ist, ] gegeben hat. Es ist aber dort die Quellgrube des Ferse-Festhaltenden. Weil nun der G*ttesbeistand erschöpft ist von der Reise,

617 … bis hin zur bedingungslosen Selbstaufopferung

618 … = der ‚Trickster‘; der ‚Krumme‘, der ‚Mann der Alternative‘

310

setzt er sich an der Quellgrube nieder; es ist um die sechste Stunde.

Da kommt ein (im Äußerlichen) Erscheinendes, eine ‚umhüllende Erscheinung', aus dem Bewachenden, um Fließende (Zeit) zu schöpfen. Der Beistand G\*ttes spricht zu ihr: Gib mir zu trinken! Denn die aus-ihm-Herauswachsenden waren in die Stadt gegangen, um Essen zu erlangen. Da spricht die aus dem Bewachenden stammende Erscheinung zu ihm: Wie, du bittest mich um etwas zu trinken, der du ein G\*tt-aus-Freude-Lobender bist und ich eine Erscheinung von den Bewachenden? Denn die G\*tt-Lobenden haben (typischerweise) keine Gemeinschaft mit den Bewachenden. – Der G\*ttesbeistand antwortet und spricht zu ihr: Wenn du erkennst die Gabe G\*ttes und was das ist, das zu dir sagt: Gib mir zu trinken!, dann bittest DU es (stattdessen) und es gibt dir *lebendige* Fließende (Zeit). Da spricht zu ihm die Erscheinung: Bewerkstelligendes, hast du doch nichts, womit du schöpfen könntest, und die Quellgrube ist tief; woher hast du dann lebendige Fließende (Zeit)? Bist du mehr als unser Erzeuger, der an-der-Ferse-Festhaltende, der uns diese Quellgrube gegeben hat? Und er selbst hat (schon) daraus getrunken, und auch seine direkten Nachkommen und sein Vieh[619]. Der G\*ttliche Beistand antwortet und spricht zu ihr: Wer von diesem Fließenden trinkt, den wird wieder dürsten; wer aber von demjenigen Fließenden, derjenigen Art von Zeiterleben ‚trinken'[620] wird, das

---

619 ... = seine ‚Herden', das sind: seine ganze Seelen- und Leibes-Erfahrung

620 ... das heißt 'sich einverleiben'

311

*ich* ihm gebe, den wird in Ewigkeit nicht dürsten, sondern das Zeiterleben das ich ihm geben werde, das wird selbst *in ihm* eine Quellgrube des Zeiterlebens werden, die *in das ewige Leben hinein* quillt. Spricht die Erscheinung zu ihm: Bewerkstelligendes, gib mir solches Zeiterleben, damit mich nicht dürstet und ich nicht (immer wieder neu) herkommen muss, um zu schöpfen! Der G*ttesbeistand spricht zu ihr: Geh hin, ruf[621] dein ‚Inneres Feuer‘[622] und komm wieder her! Die Erscheinung antwortet und spricht zu ihm: Ich habe kein Inneres Feuer. G*ttes Beistand spricht zu ihr: Du hast recht geantwortet: Ich habe kein Inneres Feuer. Fünf (verschiedene Ausprägungen von) Innerem Feuer hast du erlebt, und dasjenige, das du jetzt gerade erlebst, ist nicht das DIR zugemessene Innere Feuer, nicht dein eigener Wesenskern; das hast du recht gesagt.

Die Erscheinung spricht zu ihm: Bewerkstelligendes, ich sehe, dass du ein Sehender bist. Unsere Vorväter haben auf diesem Verbergenden hier sich dem lebendigen G*tte genähert[ in ihrem geistigen und leiblichen Lebenswandel], und ihr sagt, in dem Bewusstheitszustand des Friedens (und des vollkommenen Ausgleichs) sei die Stätte, wo man sich dem lebendigen G*tte [im Lebenswandel] nähern soll. Der Beistand G*ttes spricht zu ihr: Glaube mir, du umhüllende Erscheinung, es kommt die Zeit, dass ihr euch [in eurem Lebenswandel] weder vermittels dieses Verbergenden hier, noch in

---

621 … vom Hebräischen her ist ‚rufen‘ übrigens im Kern mit ‚begegnen‘ identisch, nämlich die Wurzel Quph-Resch
622 … = deinen Wesenskern

der (materiellen) ‚Stadt des Friedens'[623] dem (wahren) Schöpfer nähern werdet. Ihr wisst nicht, wem und was ihr euch (eigentlich) nähert; wir dagegen wissen, was und wem wir uns nähern; denn das Heil kommt von denen, die den Ewigen aus Freude am Preisen sind. Aber es kommt die Zeit und ist schon jetzt, in der die wahren sich-dem-lebendigen-G\*tte-Nähernden sich dem (himmlischen) Vater, unserer aller Quelle, [ihren Lebenswandel betreffend] nähern werden *im Hauchenden und in der Wahrheit*; denn auch der Ewige Erzeuger, unser Ursprung, will solche sich-Ihm-Nähernde haben. **G\*tt (selbst) ist (Lebenspendender, alles umspielender)** *Hauch*, **und die sich ihm [durch ihren Lebenswandel] nähern (wollen), die müssen sich ihm** *im Hauchenden und in der Wahrheit* **nähern.** Spricht die Erscheinung zu ihm: Ich weiß, dass das Erlösende kommt, dessen innerstes Wesen das zur alleinig bestimmenden Herrschaft Gesalbte ist. Wenn dieses kommt, wird es uns alles verkündigen. G\*ttes Beistand spricht zu ihr: Ich *bin es*[624] – [so, wie es gerade] mit dir redend [ist, in dieser Situation hier].

Unterdessen kommen die aus-ihm-Herauswachsenden, und sie wundern sich, dass er mit einer umhüllenden Erscheinung redet; doch sagt niemand: Was fragst du?, oder: Was redest du mit ihr?

Da lässt die Frau ihr Fließenlassendes stehen und

---

623 ... also in einem allein von äußerlichen Umständen herrührenden Bewusstheistzustand des Friedens

624 ... = *das wahrhaftig begriffene ‚Ich' des Menschen ist es*

geht in die Stadt und spricht zu den Leuten: Kommt, seht einen Menschen, der mir alles gesagt hat, was ich getan habe, ob er nicht der Gesalbte sei! Da gehen sie aus der Stadt heraus und kommen zu ihm.

Inzwischen mahnen ihn die aus-ihm-Herauswachsenden und sprechen: Bewerkstelligendes, iss! Er aber spricht zu ihnen: Ich habe eine Speise zu essen, von der ihr nicht wisst. Da sprechen die aus-ihm-Herauswachsenden untereinander: Hat ihm jemand zu essen gebracht? Der G*ttesbeistand spricht zu ihnen: Meine Speise ist die, dass ich bewirke den Willen dessen, der mich entlassen hat, und so sein Werk vollende.

Sagt ihr nicht selber: Es sind noch vier Monde, dann kommt die Ernte? Siehe, ich sage euch: Hebt eure Augen auf und seht auf die Felder, denn sie sind weiß zur Ernte. Wer die Konsequenzen seiner Handlungen aktiv annimmt, der empfängt so bereits seinen Lohn und sammelt Frucht zum ewigen Lebendigsein, damit sich miteinander freuen, der da sät und der da erntet(, der bewirkt, und der erleidet, der gibt und der empfängt – als wären beide ein und derselbe). Denn in diesem (Sinne) ist das Wort voll Wahrheit: Der eine sät, der andere erntet. Ich habe euch gesandt (ein Solches) zu ernten, wo(für) ihr nicht selbst die Erschöpfung empfunden habt; andere haben Erschöpfung empfunden, und euch ist ihr Abschnitt zugute gekommen.

Es vertrauen nun auch viele der Bewachenden aus dieser Stadt auf ihn, um der Rede der umhüllenden Erscheinung willen, die am bezeugen ist: Er hat mir alles gesagt, was ich getan habe. Als nun die

Bewachenden zu ihm kommen, bitten sie ihn, bei ihnen zu bleiben; und er bleibt zwei Tage da. Und noch viele mehr beginnen zu vertrauen um seines Wortes willen und sprechen zu der Erscheinung: Von nun an vertrauen wir nicht mehr um deiner Rede willen (auf dieses); denn wir haben selber gehört und erkannt: **Dieses ist wahrlich *der Heiland* der [unsrigen] Ordnung.**

Aber nach zwei Tagen geht er von dort weiter in Richtung des Kreis(lauf)es. Denn er selber, der Beistand G\*ttes, bezeugt, dass ein Sehender dort, von wo er ursprünglich ausgeht, keine Ehre hält[625]. Als er nun nach dem Kreislauf kommt, nehmen ihn die im Kreislauf-Wohnenden auf, die alles gesehen haben, was er im Bewusstheitszustand der Harmonie auf dem Fest getan hat; denn sie waren auch zum Fest gekommen.

Und der Beistand G\*ttes kommt abermals nach dem Gerüste im Kreislauf, wo er die Fließende (Zeit) in Überschäumendes verwandelt hat. Und es gibt (dort) einen dem alleinig-Bestimmenden Dienenden; dessen vollkommenes Abbild lag krank im Bequemlichkeitsbereich.

Dieser hört, dass der G\*ttesbeistand aus der G\*tteskundigkeitsregion nach dem Kreis(lauf)e kam, und geht hin zu ihm und bittet ihn, herabzukommen und seinem (eigenen) vollkommenen Abbild zu helfen; denn dieses ist in Besorgung (für immer) zu ersterben. Und der G\*ttliche Beistand spricht zu ihm: Wenn ihr nicht Zeichen und Wunder seht, so seid ihr

---

625 ... = er weiß, dass gerade dasjenige an seiner Existenz, das ihn ‚individuell' macht, NICHT das wichtige ist

nicht treu und vertraut nicht. Das Innere Feuer spricht zu ihm: Bewerkstelligendes, komm herab, bevor mein direkter Nachkomme (für immer) erstirbt[626]! Der G*ttesbeistand spricht zu ihm: Geh hin, dein vollkommenes Abbild ist lebendig! Der Mensch glaubt dem Wort, das G*ttes Beistand zu ihm sagt, und geht hin.

Und während er hinabgeht, kommen ihm schon seine Dienenden entgegen und sagten: Dein direkter Nachkomme lebt. Da erforscht er von ihnen die Stunde, seit der dieser sich (wieder) ‚wohl-gewandet' hielt. Und sie antworten ihm: Gestern um die siebente Stunde verließ ihn das Entflammte. Da merkt der Erzeuger, dass es die Stunde war, in der G*ttes Beistand zu ihm gesprochen hat: Dein vollkommenes Abbild ist lebendig. Und er vertraut von nun an mit seinem ganzen Hause (auf den Beistand G*ttes) und ist treu.

Das ist nun das zweite Zeichen, das der Beistand G*ttes tut, wenn er aus der G*tteslob-Region (wieder) nach dem Kreis(lauf)e kommt.

### Zusammenkunft im Bewusstheitszustand der Vollkommenheit: Identifizierung des Menschensohnes mit dem G*ttessohn

Danach ist eine Zusammenkunft[627] der G*tt-aus-freudiger-Dankbarkeit-Preisenden, und der G*ttesbeistand steigt auf in den Bewusstheitszustand

---

626 … = bevor das von mir Erbaute zunichte wird und ich umsonst mich gemüht habe

627 … = ‚Verabredung mit dem Ewigen'

316

der Vollkommenheit. Es ist aber in diesem Bewusstheitszustand der Vollkommenheit vor dem Tor der Schafe ein Teich, der heißt in der Transzendenten Sprache ‚Haus der Gnade‘. Dort sind fünf Hallen; in denen liegen viele Kranke, Blinde, Lahme, Ausgezehrte, *die warten, wann sich das dortige Fließende (der Zeit) in Schwingung zeige. Denn ein Botenwesen (des lebendigen G\*ttes) fährt in festen Rhythmen in den Teich herab und versetzt so das Fließende in Schwingung. Welcher nun zuerst, nachdem das Fließende in Schwingung (versetzt worden) ist, hineinsteigt, der wird geheilt, mit welcherlei Seuche er auch behaftet ist.*

Es existiert aber dort ein Erdenmensch, der liegt schon achtunddreißig Wiederholungen lang krank. Als der G\*ttesbeistand den liegen sieht und vernimmt, dass er schon so lange gelegen hat, spricht er zu ihm: Willst du geheilt werden? Der Kranke antwortet ihm: Bewerkstelligendes, ich habe keinen Menschen, der mich in den Teich bringt, wenn die Fließende (Zeit) in (die rechte) Schwingung gerät; wenn ich aber hinkomme, so steigt ein anderer vor mir hinein. Der G\*ttliche Beistand spricht zu ihm: Steh auf, nimm dein Lager[628] und geh hin! Und sogleich ist der Mensch geheilt und nimmt sein Lager [bzw. ’seine (bisherigen) Maßstäbe‘] und geht hin[629].

---

628 … hier kann ein Hebräisches Wortspiel gesehen werden: Lager = Bett; und ‚Bett‘, ‚Mitah‘ ~ ‚Maß(stab)‘, ‚Midah‘ (siehe hierzu auch die Geschichte vom sogenannten 'Prokrustes-Bett', wie es in den Midraschim zur Stadt Sodom auftaucht: Alles wird den Maßstäben angepasst, um jeden Preis, auch den Tod des so 'passend-gemachten' in Kauf nehmend … z. B. Talmud Bavli, Sanhedrin 109b)
629 … = er ‚ändert diese bisherigen Maßstäbe‘, nimmt einen neuen Standpunkt ein

Es ist aber gerade der Siebente Tag[630]. Da sprechen die G\*tteskundigen zu dem, der geheilt worden ist: Es ist heute Sabbat; du darfst dein Lager nicht tragen [auch: ‚deine Maßstäbe nicht ändern']. Er antwortet ihnen: Der mich geheilt hat, sprach zu mir: Nimm deine Maßstäbe und ändere sie! Da fragen sie ihn: Wer ist der Mensch, der zu dir gesagt hat: Nimm deine Maßstäbe und ändere sie? Der aber geheilt worden ist, weiß (noch) nicht, wer es war; denn G\*ttes Beistand war entwichen, da Pöbel(ei) an dem Ort ist.

Danach findet ihn der Beistand G\*ttes im Heiligtum und spricht zu ihm: Siehe, du bist geheilt worden; sondere dich hinfort nicht mehr ab (von der Ewigen Weisung, der ‚Thora'; bzw. von ‚dem g\*ttlichen Rechtleitungs-Trampelpfad'), dass dir nicht etwas Schlimmeres widerfahre.

Der Mensch geht hin und berichtet den G\*tteskundigen, es sei der Beistand G\*ttes (selbst), der ihn heilt. Darum verfolgen die G\*tteskundigen den G\*ttesbeistand, weil er dies am Sabbat bewirkt.

Der G\*ttesbeistand aber antwortet ihnen: Meine Quelle[, der direkte Erzeuger meiner Existenz,] *wirkt* bis auf diesen Tag, und ich wirke (dadurch zwangsläufig) ebenso.

Darum trachten die G\*tteskundigen noch viel mehr danach, ihn zu töten, weil er nicht allein den Sabbat

---

630 ... der Tag der Ruhe zu Ehren des lebendigen G\*ttes, des Bewerkstelligenden – wie im Grunde begriffen die GANZE unsere Welt der Zeitlichkeit der kosmische ‚7. Tag' ist, an dem alles 'sehr gut' ist, wie G\*tt am Ende des sechsten Tages spricht, in Genesis 1,31

[durch ein 'noch höheres Gesetz', das unter den entsprechenden Umständen greift,] [scheinbar] außer Kraft setzt, sondern auch sagt, (der lebendige) G\*tt sei sein unmittelbarer Erzeuger [wie Er eines jeden lobenswerten Wesens unmittelbarer Schöpfer ist], und stellt sich (implizit) selbst G\*tt gleich (dar).

Da antwortet der Beistand G\*ttes und spricht zu ihnen: In G\*tt ist es begründet[...][631]: Das vollkommene Abbild(, das, was erbaut wird,) kann nichts von sich selbst aus tun, sondern nur, was es seinen direkten Erzeuger tun sieht; denn was dieser tut, das tut gleicherweise auch dessen vollkommenes Abbild(, als dessen Erbauung).

Denn der liebende Erzeuger, die Ewige Quelle, der Ursprung von Allem, hat sein eigenes vollkommenes Abbild lieb und offenbart Selbigem alles, was er bewirkt, und wird ihm noch größere Werke offenbaren, sodass ihr euch verwundern werdet. Denn wie der Ursprung von Allem das allerlei Tote auferweckt und es lebendig macht, so macht auch sein vollkommenes Abbild lebendig, wen und was immer es will. Denn der (ursprüngliche) Schöpfer (selbst) *berichtigt* (nichts und) niemand(en mehr in der Welt[, seit er sie geschaffen hat und die er immerzu weiter am schaffen ist]), sondern hat alles Berichtigen dem vollkommenen Abbild seiner selbst *übergeben*, auf dass sie alle das lebendige Abbild [und zwar in JEDEM Wesen, insbesondere in jedem

---

631 ... siehe hier und bei allen folgenden Auslassungen mit dieser Kennzeichnung von drei Punkten in eckigen Klammern die entsprechende Fußnote diesbezüglich weiter oben, wo das erste Mal das 'Wahrlich, wahrlich', bzw. das 'Amen, amen' übersetzt wird

Menschen!] ehren, wie sie auch den Schöpfer ehren. Wer das lebendige Abbild nicht ehrt, der ehrt dessen direkten Erzeuger[, den ursprünglichen Schöpfer] nicht, von welchem es ausgeht.

In G*tt ist es begründet[…]: **Wer die Bedeutung meiner Äußerungen in erklingender Form wahrnimmt, und vertraut auf das, wovon ich entlassen bin (und diesem Vertrauen gemäß treu ist), der hält (dadurch bereits) [in sich] ewiglich das Lebendigsein und kommt nicht in die (schmerzhafte Läuterung des) Berichtigungsprozesses, sondern er ist (bereits auf Erden) vom Tode zum Leben hindurchgedrungen.** […] Es kommt die Stunde und ist schon jetzt, dass (sogar) die Toten hören werden die Stimme des vollkommenen Abbildes des lebendigen G*ttes, und die sie hören werden, die werden lebendig sein. Denn wie der direkte Erzeuger (des vollkommenen Abbildes und aller Schöpfung) das Leben hat *in sich selber*, so hat er auch dem eigenen vollkommenen Abbild (die Möglichkeit) gegeben, das Leben zu haben *in sich selber*; und **er hat diesem (seinem vollkommenen Abbild) alle Gewalt gegeben, den (ständigen) Berichtigungsprozess (an seiner Schöpfung) zu erhalten, (und zwar) dadurch, dass selbiges (Abbild des lebendigen Schöpfers) (gleichsam auch) das vollkommene *geistige Abbild des Erdenmenschen* ist.**[632]

---

632 … Es sei hervorgehoben: Hier wird durch den Beistand des Ewigen selbst die ehrfurchtgebietende Einsicht offenbart, **dass die G*ttesebenbildlichkeit des Menschen in seiner perfekten Form, wie sie der Messias vorstellt, identisch ist mit der ‚G*tteskindschaft' eines jeden Menschen und der Menschheit als Ganzes, insofern sich auf diese G*tteskindschaft besinnt**

Wundert euch darüber nicht. Denn **es kommt die Stunde, in der alle, die in den Gräbern**[633] **sind, seine Stimme hören werden und werden hervorgehen; dort, wo sie Gutes getan haben, zum Heraufkommen des (erneuerten) Lebens, dort, wo sie aber Böses getan haben, zum Heraufkommen des Berichtigungsprozesses.**

Ich kann nichts von mir aus tun. Wie ich die lebendigen Worte (des Schöpfers) vernehme, so richte ich (mich nach ihnen), sodass mein Berichtigen (stets) gerecht ist; denn ich suche nicht meinen eigenen Willen, sondern den Willen dessen, der mich sendet.

Wenn ich von mir selbst zeuge, so ist mein Zeugnis nicht wahr. Ein anderer ist's, der von mir zeugt; und ich weiß, dass das Zeugnis wahr ist, das er von mir gibt.

Ihr habt (bisher) an die *Gnade* G\*ttes (eure Anfragen) geschickt, und die Gnade G\*ttes hat (für euch) die [innerste Quelle aller] Wahrheit bezeugt[, indem diese G\*ttesgnade den G\*ttes*beistand* in der Fließenden (Zeit) des Hinabsteigenden *gereinigt* hat, wodurch der G\*ttesbeistand mit dem Hauch des lebendigen G\*ttes in Gestalt einer Taube[634] gesalbt

wird, somit der ‚Gesalbte' in der eigenen Seele lebendig wirken darf.

633 ... vom Hebräischen her sind ‚Gräber', ‚Grüfte' bzw. ‚Gruben', unter anderem mit dem ‚tief Nachforschen' (Wurzel Schin-Waw-Cheth), dem ‚(teilweise gar quälend) Fragenden' (Wurzel Schin-Aleph-Lamed), und natürlich mit dem ständigen ‚Fordern' (ebenso Wurzel Schin-Aleph-Lamed) der uns beraubenden Zeit und des Todes assoziiert
634 ... = eine 'stets Zurückkehrende', aber auch mit dem Begriff

worden und so für alle offenbar geworden ist). Ich (nun) aber[, der ich selbst dieser leibhaftige *Beistand* durch G\*tt *bin*(, der also seitdem zur alleinig-bestimmenden Herrschaft über alle Lebens- und Seelenkräfte gesalbt ist,)] empfange kein Zeugnis (mehr), das ausgeht von einem (Erden-)*Mensch(lich)en*; sondern ich spreche Folgendes, damit ihr selig sein werdet: Die G\*ttesgnade ist ein brennendes und scheinendes Licht; ihr aber wollt eine Stunde fröhlich sein in dem von der G\*ttesgnade ausgehenden Licht. Ich aber habe ein (noch) größeres Zeugnis als das der Gnade G\*ttes; denn die Werke, die mir der Schöpfer gegeben hat (zu bewirken), damit ich sie vollende(, indem *meine ganze Existenz selbst* das vollendete Werk sei); eben diese Werke, die ich bewirke, bezeugen von mir, dass mich der Schöpfer (dazu) einsetzt. Und der Schöpfer gibt, (gerade) *indem er mich (in dieser Weise) entlässt*, von mir Zeugnis.

Ihr habt niemals seine Stimme gehört noch seine Gestalt gesehen und sein Wort habt ihr nicht bleibend in euch; denn ihr glaubt dem nicht, den er einsetzt. Ihr sucht in den Spuren[, die in die Schöpfung hineingegraben sind], denn ihr meint, ihr haltet ewiglich das Lebendigsein durch die[ Tatsache, dass alle]s [je Geschehene als derlei Spuren in die Schöpfung eingegraben ist]; auch die[se Spuren aber] sind e(twa)s, das von *mir* zeugt; aber ihr wollt nicht zu mir kommen, auf dass ihr (wirklich) das Lebendigsein haltet.

Ich nehme nicht Ehre von Menschen; aber ich kenne

---

des ‚Überschäumens‘ zusammenhängend

euch, dass ihr nicht G\*ttes Liebe in euch habt. Ich bin gekommen *im Verständnis des innersten Wesens meiner Ur-Quelle [und der Quelle eines jeden ‚Ich'-Bewusstseins]* und ihr nehmt MICH[635] nicht an. Wenn ein anderer kommen wird im [vermeintlichen] Verständnis seines ‚eigenen' innersten Wesens, den werdet ihr annehmen. Wie könnt(et) ihr glauben, die ihr Ehre *voneinander* annehmt, und die Ehre (und Gewichtigkeit und Herrlichkeit), die von dem alleinigen G\*tt ist, sucht ihr nicht?

Ihr sollt nicht meinen, dass ich euch vor dem Schöpfer verklagen werde; es ist (aber dennoch) eines, das euch (zwangsläufig) verklagt: Die [Wahrheit selbst nämlich, als die] Herausgezogene (Essenz), auf welche ihr (doch scheinbar) hofft.

Wenn ihr (aber) der Herausgezogenen Essenz (wahrhaftig) glaubt, so glaubt ihr (zwangsläufig) auch mir; denn Selbige hat immer schon VON MIR kündend ihre Spuren in die Schöpfung hineingegraben. Wenn ihr aber nun diesen Spuren (des essentiell Herausgezogenen) nicht glaubt, wie werdet ihr meinen Worten glauben?

### *Meer des Kreislaufes: Hineinwachsen des Menschensohnes in die ganze Erde*

Danach entgleitet der Beistand G\*ttes, hinfort über das den Kreislauf betreffende Meer, das auch See des Süßwassersumpfes heißt. Und es zieht ihm viel Pöbel nach, weil sie die Zeichen sehen, die er an all dem Kranken tut. G\*ttes Beistand aber zieht hinauf auf

---

635 … = diese durch mich vorgelebte Art des Selbstbewusstseins

ein Sich-Erhebendes (und dabei-etwas-Bergendes) und setzt sich dorthin mit den aus-ihm-Herauswachsenden.

Es ist aber kurz vor dem Auszuge[636], dem Fest der kundig G\*ttlobenden. Da hebt der Beistand G\*ttes seine Augen auf und sieht, dass viel Volk zu ihm kommt, und spricht zum Pferdemögenden[637]: Wo kaufen wir Brot, damit diese zu essen haben? Das sagt er aber, um ihn zu prüfen; denn er weiß wohl, was er tun will. Der Pferdemögende antwortet ihm: Für zweihundert Silbergroschen Brot ist nicht genug für sie, dass jeder ein wenig bekomme. Spricht zu ihm einer der aus-ihm-Herauswachsenden, der Mannhafte, der Bruder des Hörenden Felsens: Es ist ein Neubeginn hier, der bringt fünf Gerstenbrote und zwei Fische; aber was ist das für so viele? Der G\*ttesbeistand aber spricht: Lasst die Menschen sich lagern. Es ist aber ein großes Beet in der Gegend. Da lagern sich die Kerle, (und zwar) numerisch als (ein) fünftausendfaches. Der G\*ttesbeistand aber nimmt die Brote und gibt sie in dankender Weise denen, die sich gelagert haben; desgleichen auch von den Fischen, soviel sie wollen.

Als sie aber gefüllt sind, spricht er zu den aus-ihm-Herauswachsenden: Sammelt die übrigen Stücke,

---

636 ... dem Auszuge aus der Knechtschaft, ermöglicht durch ein ‚Überspringen des eigentlich gesetzmäßig zu Erwartenden' – namentlich des Todes

637 ... beim Begriff des 'Pferdes' sei dessen mythische Assoziation mit Konzepten wie dem 'Intellekt', mit dem 'Mond', dem 'Wasser' und ähnlichem angemerkt; auch die biblische Assoziation von Pferden mit 'Ägypten' und dem 'Pharao' sei nicht übersehen (siehe etwa das 'Verbot' für Israels König, sich 'viele Pferde anzuschaffen', siehe Deuteronomium 17,16; auch Psalm 33,17)

damit nichts umkommt. Da sammeln sie und füllen bis obenan von den fünf Gerstenbroten zwölf Särglein mit Stücken, die denen übrig bleiben, die gespeist werden. Als nun die Menschen das Zeichen sehen, das G\*ttes Beistand bewirkt, sprechen sie: Das ist wahrlich der Sehende, der in die (gefallene) Ordnung (dieser Welt) kommen soll.

**Als G\*ttes Beistand nun (aber) merkt, dass sie (zu ihm) hin gelangen würden und ihn [be]greifen( wollen), um ihn [auf diesem zu kurz greifenden Wege] zum (anschaulichen) alleinig-Bestimmenden zu machen, entweicht er wieder auf das Sich-Erhebende(, bzw. in das Verbergende hinein), er selbst allein.**

Am Abend aber gehen die aus-ihm-Herauswachsenden hinab an den See, steigen in ein Boot und fahren über den See, den Bequemlichkeitsbereich ansteuernd. Und es ist schon finster geworden und G\*ttes Beistand ist noch nicht zu ihnen gelangt.

Und die See erwacht von einem großen hauchenden Winde. Als sie nun etwa eine Stunde am rudern sind, sehen sie G\*ttes Beistand auf dem See wandeln und nahe an das Boot herankommen; und sie fürchten sich. Er aber spricht zu ihnen: Ich bin es; fürchtet euch nicht! Da wollen sie ihn ins Boot nehmen; und sogleich ist das Boot am Land, wohin sie fahren wollen.

Am nächsten Tag sieht das Volk, das am andern Ufer des Sees[638] steht, dass kein anderes Boot da ist als das

---

638 … das ‚Volk‘ also, das durch ‚das Reservoir voll von fließender Zeit‘ vom G\*ttesbeistand getrennt ist

eine, und dass der G\*ttesbeistand nicht mit den aus-ihm-Herauswachsenden in das Boot gestiegen ist, sondern dass die aus-ihm-Herauswachsenden allein weggefahren sind. Es kommen aber andere Boote vom Süßwassersumpf her nahe an den Ort, wo sie das Brot gegessen haben unter der Danksagung des Bewerkstelligenden. Als nun das Volk sieht, dass G\*ttes Beistand nicht da ist, und auch nicht die aus-ihm-Herauswachsenden, steigen sie in die Boote und fahren in die Bequemlichkeitsregion und suchen G\*ttes Beistand (dort). Und als sie ihn finden am andern ‚Ufer des Sees'[639], fragen sie ihn: Bewerkstelligendes, wann bist du hergekommen? G\*ttes Beistand antwortet ihnen und spricht: […] Ihr sucht mich[, den Beistand des lebendigen G\*ttes] nicht, weil ihr Zeichen gesehen habt, sondern weil ihr von dem Brot gegessen habt und satt geworden seid. Schafft euch Speise, die nicht vergänglich ist, sondern die bleibt zum ewigen Lebendigsein. Diese [Speise] wird euch das vollkommene geistige Abbild des Erdenmenschen geben; denn auf diesem ist das Siegel (des lebendigen) G\*ttes, des Schöpfers.

Da fragen sie ihn: Was sollen wir tun, dass wir G\*ttes Werke wirken? Der Beistand G\*ttes antwortet und spricht zu ihnen: **Das ist G\*ttes Werk, dass ihr [bewusst] auf dasjenige vertraut, das von Ihm ausgeht**[640]. Da sprechen sie zu ihm: Was tust du für

---

639 … sie dieses ‚Reservoir voller Zeitlichkeit' also überquert und diese Überfahrt auch gut ‚überstanden' haben

640 **…** **denn das von-G\*tt-Ausgehende ist das Gelobte;** man vergleiche hierzu auch den zweiten Teil der Kurzform des ‚islamischen Glaubensbekenntnisses': **‚Mohammed (=der Gelobte) ist der Gesandte G\*ttes'**, oder wörtlicher: ‚Gelobtes

ein Zeichen, damit wir sehen und dir glauben? Was für ein Werk bewirkst du? Unsre Vorväter haben sich in der Einsamkeit (ihres '40 Jahre dauernden'[641] Gespräches mit dem Ewigen) von dem Manna[642] ernährt, wie geschrieben steht: ‚Er gab ihnen Brot aus dem Himmel zu essen.‘ Da spricht G\*ttes Beistand zu ihnen: […] Nicht das (als Essenz) Herausgezogene[, die Wahrheit,] hat euch das Brot aus dem Himmel gegeben, sondern mein direkter Erzeuger [und unmittelbarer Schöpfer] gibt euch (auch heute noch) das *wahre Brot aus dem Himmel*. Denn G\*ttes Brot ist das, das (fortwährend) aus dem Himmel kommt und das dieser (weltlichen) Ordnung (überhaupt erst) das (wahre) Lebendigsein (vom Geiste her) schenkt.

Da sprechen sie zu ihm: Bewerkstelligendes, gib uns allezeit solches Brot. G\*ttes Beistand aber spricht zu ihnen: **Ich (selbst)** *bin* **das Brot des Lebens. Wer zu mir kommt, den wird nicht hungern; und wer auf mich vertraut und mir treu ist, den wird nimmermehr dürsten.** Aber ich habe euch (ja) gesagt: Ihr habt mich gesehen und vertraut doch nicht. Alles, was mir meine Quelle (zu empfangen) gibt, das gelangt (auch zwangsläufig) zu mir; und **was zu mir gelangt, das werde ich nicht (wieder aus mir) hinausstoßen.** Denn ich komme vom Himmel her, nicht damit ich meinen eigenen Willen tue, sondern den Willen dessen, von welchem ich ausgehe. Das ist aber der Wille dessen, von welchem ich ausgehe, dass ich nichts verliere von allem, was

---

**ist das von G\*tt Ausgehende‘**

641 … = ‚die ganze Zeit hindurch dauernden‘

642 … = von dem erstaunten Fragen ‚Was ist das?!‘

mir von diesem her gegeben ist, sondern dass ich es auferwecke ‚am Jüngsten Tage'[643]. Denn das ist der Wille meines Erzeugers und Versorgers, dass, wer sich Seines vollkommenen Abbildes gewahr wird[, das auch in einem jeden selbst als Potential schlummert], und vertraut auf Selbiges, das Lebendigsein *auf ewig* halte; und ich werde ihn (somit) auferwecken (können) a(n jede)m Jüngsten Tage.

Da murren die G\*tteskundigen über ihn, weil er sagt: Ich bin das Brot, das aus dem Himmel gekommen ist, und sprechen: Ist dieser nicht der [altbekannte] Beistand G\*ttes, vollkommenes Abbild des von-G\*tt-Hinzugefügten, dessen befruchtenden Erzeuger und dessen empfangende Gebärende (Substanz) wir (bereits gut) kennen (als etwas ganz und gar irdisches)? Wieso spricht er dann: Ich komme aus dem Himmel?

G\*ttes Beistand selbst antwortet und spricht zu ihnen: Murrt nicht untereinander. Es kann niemand zu mir kommen, es sei denn, ihn ziehe (zu mir) der uns alle liebende Schöpfer selbst, der MICH[644] gesandt hat, und ich werde ihn auferwecken am Jüngsten Tage.

Folgendes ist herauslesbar aus den in die Schöpfung hineingegrabenen Spuren der Sehenden früherer Zeiten: ‚Sie werden [eines Tages zwangsläufig] alle von G\*tt gelehrt sein.' Wer (di)es von der

---

643 … und dieser ist im Grunde in jedem neuen Moment, schließlich ist die Gegenwart IMMER die ‚jüngste' Zeit von unserem je individuellen Standpunkt aus!

644 … und: ‚das Ich', das wahre Selbst

barmherzigen Quelle allen Seins selbst hört und lernt, der gelangt zu *mir*[, das heißt: er gelangt zu demjenigen G*ttesbeistand, der auch tatsächlich zur *Herrschaft über alle Lebens- und Seelenkräfte gekommen* ist]. Nicht als ob jemand den Schöpfer geschaut hätte außer demjenigen, das von G*tt selbst ausgegangen ist; dieses (allein) hat den Schöpfer gesehen.

[…] **Wer vertraut und seinem Vertrauen (auch bis ins Äußerlichste hinein) treu ist, der hat das ewige Leben.** Ich bin das Brot des Lebens. Eure Vorväter haben sich in der Einsamkeit von dem Manna ernährt und sind (doch) gestorben. Dies (hier) ist das Brot, das aus dem Himmel kommt, damit, wer davon isst, *nicht sterbe*. Ich bin das *lebendige* Brot, das (ständig) aus dem Himmel am kommen ist. Wer von *diesem* Brot sich ernährt, der wird leben innerhalb der [Sphäre der] Ewigkeit. Und dieses Brot ist *mein Fleisch*[645], das ich am spenden sein werde für das (Ewig-)Leben(digsein) der Ordnung.

Da streiten die G*tteskundigen untereinander und sagen: Wie kann der uns sein eigenes Fleisch zu essen geben? Der G*ttliche Beistand spricht zu ihnen: In G*tt ist es begründet […]: Wenn ihr euch nicht von dem Fleische [also von der 'sich materialisierenden Botschaft'] des vollkommenen geistigen Abbildes des Erdenmenschen ernährt und sein Blut[646] zum Stillen eures Durstes (an)nehmt, so haltet ihr kein (wahres) Leben in euch. Wer sich von meiner Botschaft ernährt und mein schweigendes

---

645 … = meine Botschaft, mein Erscheinen hier als ein Symbol für jeden, der es schaut
646 … = sein Gleichnis; auch: sein Schweigen

Gleichnis zum Stillen seines Durstes (an)nimmt, der hält ewiglich das Lebendigsein, und ich(, das ‚wahre Selbst' eines Jeden,) werde ihn am Jüngsten Tage auferwecken.

Denn meine Botschaft ist wahrhaftig *(alle) Speise*, und mein Gleichnis ist wahrhaftig *(aller) Trank*. Wer (weiß, dass er) ‚mein Fleisch isst und mein Blut trinkt'[, während er sich von der Erde ernährt, sei es ganz handfest im physischen Essen, sei es im geistig-seelischen ‚Sich-Nähren' von den wundervollen Gaben der Natur (und Kultur)], der bleibt in mir und ich in ihm[647].

Wie mich der lebendige Schöpfer gesandt hat (und immerzu am senden ist) und ich lebe um des Schöpfers willen, so wird auch, wer mich als sein Nährendes zu sich nimmt, leben um meinetwillen. *Dies ist* das Brot, das aus dem Himmel gekommen ist. Es ist (nun) nicht (mehr) wie bei den Vorvätern, die (es) gegessen haben und gestorben sind. Wer von (jetzt an in) dies(em Bewusstsein) ‚Brot isst' (wiederum: physisch genauso, wie im übertragenen Sinne), der wird leben innerhalb der [Sphäre der] Ewigkeit.

Dies sagt er (jedoch) an der(jenigen) Versammlungsstätte, an der er im Bequemlichkeitsbereich zu lehren pflegt. Viele nun der aus-ihm-Herauswachsenden, die das hören, sprechen: Das sind hart[ zu verstehend]e Aussagen; wer kann sie (an diesem Ort schon begreifend) hören?

---

647 ... also auch zu verstehen auf der Ebene: ‚derjenige bleibt im wahren Selbst, und das wahre Selbst bleibt in ihm'

330

Da G*ttes Beistand aber in sich selbst bemerkt, dass die aus-ihm-Herauswachsenden darüber murren, spricht er zu ihnen: Ärgert euch das? Wie, wenn ihr nun sehen werdet das vollkommene geistige Abbild des Erdenmenschen auffahren dahin, wo er zuvor war? Der Hauch ist's, der lebendig macht; das Fleisch[648] ist nichts nütze. Die *Worte*, die ich zu euch geredet habe, *die* sind (g*ttlich) Hauchendes und sind Lebendiges. Aber es gibt einige unter euch, die vertrauen nicht(, sodass sie auch nicht treu sein können).

Denn G*ttes Beistand weiß aus den Urkräften heraus, wer die sind, die nicht glauben, und wer (von ihnen) ihn (daher der Ordnung der Welt) überliefern würde (müssen).

Und er spricht: Darum habe ich euch gesagt: Niemand kann zu mir kommen, es sei ihm denn von der Quelle selbst her (als seine schicksalhafte Bestimmung) gegeben.

Von da an wenden sich viele der aus-ihm-Herauswachsenden ab und machen hinfort keine (Fort-)Schritte mehr mit ihm. Da fragt G*ttes Beistand die Zwölf(heit, die ihn als den ,Dreizehnten'[649] umringt): Wollt auch ihr fortgehen? Da antwortet ihm der Hörende Felsen: Bewerkstelligendes**, wohin sollen wir gehen? Du hast Worte des ewigen Lebendigseins; und wir**

---

648 ... also die bloße Erscheinung, ohne die Essenz der Botschaft, die sie trägt

649 ... 'Dreizehn': Echad (Aleph-Cheth-Daleth; 'Eins, Einheit'), Ahavah (Aleph-Heh-Beth-Heh, 'Liebe'), Ajev (Aleph-Jod-Beth, 'anfeinden'); zudem die Hälfte von 26 (der Zahl von JHWH), das Viertel von 52 (der Zahl des 'Sohnes', 'Ben'), etc. pp.

**haben vertraut und erkannt: Du bist das Heilige[ und Höchstgeheiligte] (des lebendigen) G\*ttes.** Der Beistand G\*ttes antwortet ihnen: Habe ich nicht euch Zwölf erwählt? Und einer von euch ist ein Auseinanderwerfender[, ein Spalter]. Er redet (dabei) aber von dem (einen) G\*tt-Lobenden, von dem Sohn des Hörenden aus dem (baulich) Zugerichteten (auch bekannt als der ‚Mann des Risses‘). Der überliefert ihn hernach und ist einer von den Zwölf[650].

*Laubhüttenfest: Hinüberheben der ganzen Überlieferung auf eine neue, geistigere Ebene*

Danach zieht der G\*ttesbeistand umher im Kreislauf[651]; denn er will nicht in der Region der G\*tteskundigkeit umherziehen, weil ihm die G\*tteskundigen (und G\*tt-Preisenden) (typischerweise) nach dem Leben trachten.

Es ist jedoch nahe das Laubhüttenfest dieser G\*tt-aus-Freude-Preisenden. Da(her) sprechen seine Brüder zu ihm: Mach dich auf von hier und geh nach

---

650 … und zwar durchaus wesentlicher Bestandteil dieser Zwölfheit, ohne den das Ganze nicht wäre, was es ist – und was es sein SOLL!

651 … sei es, im Sinne einer bestimmten Ebene der Existenz, die als ‚Kreislauf‘ bezeichnet wird (im ‚hart-materiellen‘ also etwa der Blutkreislauf des Körpers; oder im Seelischen die ‚Gewohnheiten‘), oder sei es im Sinne eines Kreislaufes, den das Wirken des G\*ttesbeistands bildet – ein Wirken, das also nicht einfach ein lineares Erreichen eines Ziels über die Strecke A nach B ist, sondern vielmehr ein ständiges Umkreisen des anvisierten Zentrums, wie in einer Spiralbewegung, wodurch sich in jedem Umlauf dem Zentrum immer mehr genähert wird, während man ‚Runde um Runde dreht‘ in seinem Streben

der Region der G\*tteskundigkeit, damit auch die aus-dir-Herauswachsenden die Werke sehen, die du bewirkst. Niemand tut etwas im Verborgenen und will doch öffentlich etwas gelten. Willst du das, so offenbare dich vor der Ordnung (der Welt). Denn auch seine Brüder vertrauen nicht auf ihn. Da spricht der G\*ttesbeistand zu ihnen: Meine Zeit ist noch nicht da, eure Zeit (jedoch) ist da in jeder Hinsicht. Die (weltliche, äußerlich herrschende) Ordnung kann euch nicht hassen/verwerfen. Mich aber hasst/verwirft sie, denn ich bezeuge von ihr, dass ihre Werke/Wirkungen böse/zerstörerisch sind. Geht ihr hinauf zu dieser festlichen Verabredung (mit dem Ewigen)! Ich will nicht hinaufgehen zu dieser Verabredung, denn meine Zeit ist noch nicht erfüllt. Das sagt er und bleibt in dem Kreislauf. Als aber seine Brüder hinaufgegangen sind zum Fest, da geht auch er hinauf, nicht öffentlich, sondern heimlich.

Da suchen ihn die G\*tt-Preisenden auf dem Fest und fragen: Wo ist er? Und es ist ein großes Gemurmel über ihn im Volk. Einige sprechen: Er ist gut; andere aber sprechen: Nein, sondern er verführt das Volk. Niemand aber redet offen über ihn aus Furcht vor den G\*tteskundigen.

Aber mitten während der Zusammenkunft [der Gläubigen mit dem Ewigen, innerhalb der Zeitlichkeit,] zieht der G\*ttesbeistand hinauf in das Heiligtum und lehrt. Und die G\*tteskundigen verwundern sich und sprechen: Wie kann dieser die Schrift verstehen, wenn er es doch nicht [‚ordnungsgemäß'] gelernt hat? Der G\*ttliche Beistand antwortet ihnen und spricht: **Meine Lehre**

333

ist nicht von mir selbst (ausgehend)[652], sondern (unmittelbar) von demjenigen (ausgehend), das mich gesandt hat[, von dem also ich selbst als Ganzes ausgehe]. Wenn jemand [aufrichtigen Herzens] dessen Willen tun will, wird er (zwangsläufig) innewerden, ob diese Lehre hier aus (dem lebendigen) G\*tte [heraus gesprochen] ist oder ob ich von mir selbst aus rede.

Wer von sich selbst aus redet, der sucht seine eigene Ehre; wer aber die Ehre dessen sucht, der ihn gesandt hat, der ist wahrhaftig, und keine Ungerechtigkeit ist in ihm.

Hat euch nicht die als Essenz Herausgezogene (Wahrheit) den Trampelpfad [der g\*ttlichen Weisung] gegeben? Und doch: niemand unter euch *bewirkt* diesen Trampelpfad.[653] Warum versucht ihr MICH[654] (ab-) zu töten? Das Volk antwortet: Du bist besessen; wer sucht dich zu töten? G\*ttes Beistand antwortet und spricht zu ihnen: Ein einziges Werk habe ich getan und es wundert euch alle. Die Wahrheit selbst[, als die Herausgezogene Essenz] hat euch doch die (Methodik der) Beschneidung [eurer niedersten Triebe[655]] gegeben – nicht dass diese (Methodik)

---

652 … das heißt auch: ‚die Lehre hat nicht den g\*ttlich Lehrenden, welcher das ‚Wahre Selbst' verkörpert, als primären Bezugspunkt

653 … Denn die ‚Thora' muss als lebendige Kraft INNERHALB des Alltagslebens-Vollzugs verkörpert werden (durch denjenigen, der an sie ‚glaubt', also auf ihren Segen vertraut), um ihren offenbarten (und offenbarenden) Charakter für ALLE Menschen zu entfalten

654 … = das wahre, g\*ttliche Selbst eines jeden Menschen

655 … bzw. auch (von der physiologischen Symbolik und der

unmittelbar (durch Verständnis) aus der Wahrheit selbst entnommen wäre, sondern (überliefert ist sie euch worden) von den (noch nicht selbständig eingesehenen Traditionen von den) Vorvätern –, und ihr beschneidet den Menschen auch am Sabbat. Wenn nun ein Mensch am Sabbat die Beschneidung empfängt, damit nicht der Trampelpfad der Wahrheit übertreten/verlassen werde, was zürnt ihr dann mir, weil ich am Sabbat den *ganzen Menschen* geheilt habe?

Richtet nicht nach dem, was vor Augen ist, sondern richtet gerecht. Da sprechen einige aus einem Bewusstseinszustand des Friedens (heraus): Ist das nicht der, den sie zu töten suchen? Und siehe, er redet frei und offen und sie sagen ihm nichts. Sollten unsere Ältesten nun wahrhaftig erkannt haben, dass er der zur Königsherrschaft Gesalbte ist? Doch wir wissen, woher dieser ist; wenn aber der Gesalbte kommen wird, so wird (laut der Voraussage) niemand wissen, woher er ist.

Da ruft G*ttes Beistand, als er im Tempel lehrt: Ihr kennt mich und wisst, woher ich bin. Aber nicht von mir selbst aus bin ich gekommen, sondern es ist ein Wahrhaftiger, der mich sendet, den ihr nicht kennt. Ich aber kenne ihn; denn ich existiere (direkt) aus ihm (heraus), und so hat er mich eingesetzt.

Da suchen sie ihn zu (be)greifen; aber niemand kann ihn handhaben, denn seine Stunde ist noch nicht gekommen. Aber viele aus dem Volk vertrauen auf ihn und sprechen: Wenn der Gesalbte kommen wird,

---

daran anknüpfenden jüdischen Überlieferung her): ‚die (Methodik der) Freilegung eures fruchtbaren Kerns‘

wird er etwa mehr Zeichen bewirken, als dieser bewirkt (hat)?

Und es kommt den Sich-Abspaltenden zu Ohren, dass im Volk solches Gemurmel über ihn ist. Da senden die Höchst-Geheiligten[656] und die Sich-Abspaltenden einige ihnen-Dienende aus, die ihn begreifen sollen. Da spricht der Beistand G\*ttes zu ihnen: Ich bin noch eine kleine Zeit bei euch, und dann gehe ich hin zu dem, der mich entlassen hat. Ihr werdet mich suchen und nicht finden; und wo ich bin, könnt ihr nicht hinkommen. Da sprechen die G\*tteskundigen untereinander: Wo will dieser hingehen, dass wir ihn nicht finden könnten? Will er zu denen gehen, die in der Zerstreuung unter den schmutzigen Rückkehrern[657] wohnen, und diese Rückkehrer lehren? Was ist das für ein Wort, dass er sagt: Ihr werdet mich suchen und nicht finden; und wo ich bin, da könnt ihr nicht hinkommen?

Aber am letzten Tag des Festes, der der höchste ist, tritt der Beistand G\*ttes (offen) auf[658] und ruft: Wen da dürstet, der komme zu mir und trinke! **Wer auf**

---

656 ... = die ‚Größten unter den Vermittelnden zwischen Zeit und Ewigkeit'

657 ... = ‚Griechen'; vom Hebräischen her sind dies die ‚Tauben', oder auch die ‚Schlammigen'; und auch mit dem Namen des Propheten ‚Jonah' sind sie dem Wort nach verwandt; und sowohl Tauben, als auch dieser Prophet sind bekannt dafür, ‚zurückzukehren aus der Ferne', wie weit sie auch fort sind zeitweise – in welchen ‚Schlamm' ein Vertriebener auch geraten mag, G\*tt holt sein Volk aus dem Exil unter den Heidenvölkern wieder heim (siehe auch Jesu Gleichnis vom Verlorenen Sohn, der irgendwann bei den Schweinen sein Essen stehlen will ...)

658 ... als wohl gerade die traditionelle ‚Wasserschöpf-Zeremonie' der Juden begangen wird

mich vertraut, wie es die Spuren gebieten/empfehlen[, die von der als Essenz Herausgezogenen Wahrheit in die Schöpfung hineingegraben sind], aus dessen Leib werden Ströme von lebendig-fließender Zeit hinaus quellen.

Das sagt er aber für den (g\*ttlichen) Hauch, den diejenigen empfangen sollen, die auf ihn vertrauen; denn der Hauch ist [zu diesem Zeitpunkt] noch nicht [in dieser vollen Form] präsent; denn G\*ttes Beistand ist noch nicht verherrlicht worden[659].

Einige nun aus dem Volk, die diese Worte hören, sprechen: Dieser ist wahrhaftig der (lang erwartete) Sehende. Andere sprechen: Er ist der zur Herrschaft Gesalbte. Wieder andere sprechen: Soll der Gesalbte denn aus dem/einem Kreislauf hervorgehen? Sagt nicht die Spur [der Wahrheit]: Aus dem Geschlechte des G\*ttgeliebten[660] und aus dem Orte, dessen innerstes Wesen das Haus des Brotes ist, wo der G\*ttgeliebte zu sein pflegt, soll der Gesalbte kommen? So entsteht seinetwegen Zwietracht im Volk.

Es wollen aber einige ihn ergreifen; doch niemand legt Hand an ihn. Die Dienenden kommen zu den Höchst-Geheiligten und den Sich-Abspaltenden[, von denen sie ausgehen für ihre ‚Mission‘]; und die fragen sie: Warum habt ihr ihn nicht gebracht? Die Dienenden antworten: Noch nie hat ein Mensch so

---

659 … ‚Verherrlichung‘ ist vom Hebräischen her immer auch ‚Wichtig-Werden‘ und ‚Ehre empfangen‘

660 … oder auch: des ‚(in Liebe) Erhitzten‘

geredet wie dieser. Da antworten ihnen die Sich-Abspaltenden: Habt ihr euch auch verführen lassen? Vertraut denn einer von den Ältesten oder den Sich-Abspaltenden auf ihn? Nur das Volk tut's, das nichts vom Gesetz weiß; verflucht ist es.

Da spricht zu ihnen der Sieg beim (einfachen) Volke, der vormals zum Beistand G*ttes gelangt war und der (dennoch weiterhin) einer von den Sich-Abspaltenden ist: Richtet denn unser Gesetz einen Menschen, ehe man ihn verhört und erkannt hat, was er tut? Sie antworten und sprechen zu ihm: Bist du auch ein aus dem Kreislauf Hervorgehender? Forsche (in den in die Schöpfung hineingegrabenen Spuren der als Essenz Herausgezogenen Wahrheit) und sieh: Aus einem Kreislaufe heraus steht kein Sehendes auf[661]. Und jeder geht heim. G*ttes Beistand jedoch geht zur Erhebung (und [Ver-]Bergung) der Ölfrucht.

### Heiligtum im Bewusstseinszustand vollkommener Harmonie: Entschleierung des Zerstörerischen im Streiten mit Sich-Abspaltenden

Und bei Sonnenaufgang[662] nähert er sich wieder dem Heiligtum, und alles Volk gelangt zu ihm, und er setzt sich und lehrt sie. Aber die Schriftgelehrten[663] und die Sich-Abspaltenden bringen eine umhüllende

---

661 … eine Nebenbedeutung dieser (falschen) Behauptung der Pharisäer könnte hier auch sein: ‚aus einem Zirkelschluss kann keine (neue) Einsicht gewonnen werden'

662 ... = ‚im Osten'; ‚zum Ursprung hin'

663 … = ‚diejenigen, die in ihrem Alltagswandel einen besonderen Fokus auf die Entzifferung der in die Schöpfung gegrabenen Spuren des Ewigen legen'

Erscheinung herbei, beim ‚Ehebruch'[664] ergriffen, und stellen sie in die Mitte und sprechen zu ihm: Bewerkstelligendes, diese Umhüllung(, die eigentlich ihr ‚inneres Feuer' bewahren soll,) ist auf frischer Tat beim ausschweifen ergriffen worden[665]. Die als Essenz Herausgezogene Wahrheit aber empfiehlt uns durch den Trampelpfad der g*ttlichen Weisung, solche Erscheinungen zu 'steinigen'[666]. Was sagst du?

Das sagen sie aber, ihn zu versuchen, damit sie ihn verklagen könnten. Aber **der Beistand G\*ttes beugt sich hinab und gräbt mit dem Finger etwas in die Erde hinein.** Als sie nun fortfahren, ihn zu fragen, richtet er sich auf und spricht zu ihnen: **Wer unter euch ohne jede Absonderung (von der g\*ttlichen Ordnung) ist, der werfe den ersten Stein auf sie.**

Und er beugt sich wieder hinab und gräbt etwas in die Erde hinein. Die es Hörenden aber, unter dem (eigenen) Mitfühlen überzeugt werdend, verziehen sich, einer nach dem andern, beginnend bei den Ältesten; und G*ttes Beistand bleibt allein mit der umhüllenden Erscheinung, die in der Mitte (der Situation) steht. Der G*ttesbeistand aber richtet sich auf und fragt sie: Wo sind deine Verkläger, du

---

664 ... = ‚ihren eigentlichen Wesenskern verlierend sich fremder Herrschaft unterwerfen'

665 ... wie sie also ihr eigenes ‚inneres Feuer' (= ‚Mann'; vom Hebräischen her mit dem Begriff des ‚Feuers' verwandt, und als das Wort ‚männlich' auch mit dem ‚Innerlichen' – also ‚inneres Feuer') verließ und so bloßlegte, und stattdessen sich an ‚fremdem Feuer' wärmte (vgl. auch die Geschichte von ‚Nadav und Abihu' in Levitikus 10)

666 ... = dem Tod eines immerwährenden Materiellen zu überlassen

verhüllendes Wesen? Hat niemand gegen dich entschieden? Sie[667] antwortet: Niemand, Bewerkstelligendes. Und der G\*ttliche Beistand spricht: So entscheide ich auch nicht gegen dich; geh hin und sondere dich hinfort nicht mehr [durch ‚Trampelpfad-Übertretungen'] ab [von der g\*ttlichen Rechtleitung].

Da redet der Beistand G\*ttes abermals zu ihnen und spricht: **Ich bin das Licht dieser Ordnung[668]. Wer mir nachfolgt, der wird nicht wandeln in der Finsternis, sondern wird das Licht des Lebendigseins halten.**

Da sprechen die Sich-Abspaltenden zu ihm: Du gibst Zeugnis von dir selbst; dein Zeugnis ist nicht wahr. Der G\*ttesbeistand antwortet und spricht zu ihnen: Auch wenn ich von mir selbst zeuge, ist mein Zeugnis wahr; denn ich weiß, woher ich komme und wohin ich gehe; ihr aber wisst nicht, woher ich komme oder wohin ich gehe. Ihr (be)urteilt, indem ihr dabei nach dem Fleisch(lichen) schaut; ich (be)urteile nicht eines. Aber selbst falls ich (etwas) (be)urteile, so ist mein Urteilen nicht(s) verdeckend; denn ich existiere (beim Urteilen) nicht einzeln, sondern (als das Kollektiv) ‚ich und der Schöpfer, der mich entlassen hat'. Auch steht in eurem Trampelpfad (auf ewig) eingegraben, dass zweier Wesen Zeugnis wahr ist zur Berichtigung: Ich bin es, der durch sich selbst zeugt; und die ewige Quelle, die mich entlassen hat, zeugt durch mich.

---

667 … = die umhüllende Erscheinung

668 … = das Erleuchtende des ganzen Kosmos

Da fragen sie ihn: Wo ist deine ‚ewige Quelle'? Der G*ttesbeistand antwortet: Ihr begreift weder MICH[669] noch meine Quelle; wenn ihr MICH[, jenes ‚Wahre Selbst'] begreift, so müsstet ihr (zwangsläufig) auch meine Quelle[670] begreifen.

Diese Sätze äußert der Beistand G*ttes an der ‚Schatzwache', als er im Heiligtum lehrt; und niemand begreift ihn, denn seine Stunde ist noch nicht gekommen. Da spricht G*ttes Beistand abermals zu ihnen: Ich gehe hinweg und ihr werdet mich suchen und in eurer Absonderung (von der g*ttlichen Ordnung) sterben. Wo ich hingehe, da könnt ihr nicht hingelangen.

Da sprachen die G*tteskundigen: Will er sich denn selbst töten, dass er sagt: Wohin ich gehe, da könnt ihr nicht hingelangen?

Und er spricht zu ihnen: Ihr seid von unten her, ich bin von oben her; ihr seid von dieser Ordnung her, ich bin nicht von dieser Ordnung her. Darum habe ich euch gesagt, dass ihr sterben werdet in euren Absonderungen (von der WAHREN Ordnung); denn wenn ihr nicht glaubt, dass ich es bin[671], werdet ihr sterben in euren Absonderungen [von diesem Wahren Selbst, welches die wahre Ordnung, das hauptsächliche Richtmaß der ganzen Schöpfung ist].

Da fragen sie ihn: Wer bist ‚du' denn(, was ist dieses

---

669 … = auch: das ‚Wahre Selbst' des Menschen, der ganzen Menschheit

670 … = die Quelle dieses ‚Wahren Selbst'

671 … = ‚dass das Wahre Selbst der ganzen Menschheit wahrhaftig existiert, als in jedem einzelnen Menschen angelegt'

‚Wahre Selbst' der ganzen Menschheit)? Und G\*ttes Beistand spricht zu ihnen: Eben das, was ich euch sage (als) den Urbeginn. Ich habe vieles durch euch zu reden und zu beurteilen. Aber dasjenige, was mich entlassen hat[, von dem ich also direkt ausgehe], das ist wahrhaftig, und was ich von diesem her im Klange vernommen habe, solcherlei rede ich zu dieser Ordnung(, in der wir alle uns hier äußerlich bewegen).

Sie verstehen aber nicht, dass er zu ihnen vom (himmlischen) Schöpfer, der ewigen Quelle allen Seins spricht.

Da spricht der G\*ttesbeistand zu ihnen: Wenn ihr das vollkommene geistige Abbild des Erdenmenschen erhöht haben werdet, dann werdet ihr erkennen, dass dies das Wahre Selbst ist, und dass dieses nichts wegen sich selber bewirkt, sondern, wie dieses der (himmlische) Schöpfer gelehrt hat, so redet es( – so rede also ‚ich'). Und [Er, der himmlische Schöpfer, als] dasjenige, von dem ich ausgehe, ist (immer) mit mir. Er hat mich nicht als (einen) Einzelnen (von sich) fortgeschickt; denn ich bewerkstellige allezeit, was mit Ihm selbst übereinstimmt.

Als er das sagt, vertrauen viele auf ihn und sind ihm treu.

Da spricht nun der Beistand G\*ttes zu denjenigen G\*tt-aus-dankbarer-Freude-Preisenden, welche auf ihn vertrauen: **Wenn ihr bleiben werdet an meinem Wort, so seid ihr wahrhaftig die aus-mir-Herauswachsenden und ihr werdet die Wahrheit erkennen – und die Wahrheit wird euch frei machen.**

342

Da antworten sie ihm: Wir sind Nachkommen des Vaters-vieler-Völker und sind niemals jemandes Knecht gewesen. Wie sprichst du dann: Ihr sollt frei werden?

G*ttes Beistand antwortet ihnen und spricht: In G*tt ist es begründet[, indem der lebendige G*tt euch aus dem Inneren heraus offenbaren kann]: **Wer Absonderung (von der g*ttlichen Ordnung) bewirkt, der ist (zwangsläufig) dieser Absonderung Knecht.** Der Knecht bleibt nicht ewig im Haus[672]; das vollkommene Abbild [des ‚Hausherrn'] (hingegen) bleibt ewig. **Wenn euch nun dieses vollkommene Abbild frei macht, so seid ihr wirklich frei.** Ich weiß wohl, dass ihr (physische) Nachkommen des Vaters-vieler-Völker seid; aber ihr sucht mich zu töten, denn mein Wort findet bei euch keinen Raum. Ich rede, was ich von meinem direkten Erzeuger gesehen habe; und ihr tut, was ihr von eurem direkten Erzeuger gehört habt. Sie antworten und sprachen zu ihm: Der Vater-vieler-Völker ist unser direkter Erzeuger. Spricht der Beistand G*ttes zu ihnen: Wenn ihr Nachkommen des Vaters-vieler-Völker wärt, so tätet ihr (eines) Vaters-vieler-Völker Werke. Nun aber sucht ihr mich zu töten, einen Menschen, der euch die Wahrheit sagt, wie ich sie von G*tt gehört habe. Das hat der Vater-vieler-Völker nicht getan. Ihr tut die Werke eures (tatsächlichen) Erzeugers.

Da sprechen sie zu ihm: Wir sind nicht ‚unehelich'[673]

---

672 … 'Haus' = Welt

673 … = aus einer anderen Synthese entstanden als aus derjenigen von ‚Himmel und Erde', von G*tt und Schöpfung

geboren; wir haben *einen* Erzeuger: G\*tt.

Der g\*ttliche Beistand spricht zu ihnen: Wäre G\*tt euer direkter Erzeuger, so liebtet ihr mich; denn ich bin von G\*tt ausgegangen und komme von ihm; denn ich bin nicht von selbst gekommen, sondern er sendet mich. Warum versteht ihr denn meine Sprache nicht? Weil ihr mein Wort nicht hören könnt! Ihr habt den Auseinanderwerfenden zum direkten Erzeuger, und nach eures direkten Erzeugers Ur-Impuls wollt ihr tun. Der ist ein Menschheits/Menschlichkeits-(Ab-)Töter von Anfang an(, schon aus den Urkräften heraus,) und (be)steht nicht in der Wahrheit; denn die Wahrheit ist nicht in ihm. Wenn er Lügen redet, so spricht er aus dem Eigenen; denn er ist ein Lügner und der direkte Erzeuger und die Ur-Quelle aller Lüge. Weil ich aber die Wahrheit sage, glaubt ihr mir nicht. Wer von euch kann mich einer Absonderung (vom g\*ttlichen Willen) zeihen? Wenn ich aber die Wahrheit sage, warum vertraut ihr mir nicht? Wer von G\*tt ist, der hört G\*ttes Worte; ihr hört darum nicht, weil ihr nicht von G\*tt seid.

Da antworten die G\*tteskundigen und sprechen zu ihm: Sagen wir nicht mit Recht, dass du ein Bewachender[674] bist und einen Dämon hast?

G\*ttes Beistand antwortet: Ich habe keinen Dämon, sondern ich ehre meine Quelle(, indem ich diese als das Wichtigste darstelle), aber ihr nehmt mir die Ehre[675]. Ich suche nicht meine eigene Wichtigkeit; es ist aber einer, der sie sucht, und er berichtigt(, was

---

674 … auch: ‚Verhehlender'
675 … das heißt auch: 'ihr sprecht dem Wahren Selbst eines jeden Menschen die Wichtigkeit ab'

dem im Wege steht). In G\*tt ist es begründet […]: **Wer mein Wort hält, der wird den Tod nicht sehen in Ewigkeit.**

Da sprechen die G\*tteskundigen zu ihm: Nun wissen wir sicher, dass du einen Dämon hast! Der Vater-vieler-Völker ist gestorben und all die Sehenden auch, und DU sprichst: Wer mein Wort hält, der wird den Tod nicht schmecken in Ewigkeit?! Bist du etwa mehr als unser Vorvater, der Vater-vieler-Völker, der schließlich gestorben ist? Und auch die Sehenden sind gestorben – was machst du nur aus dir selbst?

G\*ttes Beistand antwortet: Wenn ich mich selber ehre, so ist meine Ehre nichts. Es ist aber mein direkter Erzeuger, der mich ehrt, von dem ihr sagt: Er ist unser G\*tt; und ihr kennt ihn nicht; ich aber kenne ihn. Und wenn ich sagen wollte: Ich kenne ihn nicht, so würde ich ein Lügner, wie ihr seid. Aber ich kenne ihn und halte sein Wort. Der Vater-vieler-Völker, euer Vorvater, wurde froh, dass er meinen Tag sehen sollte, und er sah ihn und freute sich.

Da sprechen die G\*tt-Lobenden zu ihm: Du bist noch nicht fünfzig Jahre alt und hast den Vater-vieler-Völker gesehen?

Der G\*ttesbeistand spricht zu ihnen: In G\*tt ist es begründet[…]: Ehe der Vater-vieler-Völker entstanden ist, bin ich[, das Wahre Selbst ALLER Menschen, bereits zu existieren bewirkt worden].

Da heben sie Steine auf, um auf ihn zu werfen. Aber der Beistand G\*ttes verbirgt sich und geht zum Heiligtum hinaus.

345

### Umkehr irdischer Verhältnisse nach Geistesmaß als Beweis den G\*tt-Preisenden

Und G\*ttes Beistand, (uns) näher führend, sieht einen Menschen, der blind geboren ist. Und die aus ihm Herauswachsenden fragen ihn und sprchen: Bewerkstelligendes, wer ist in Absonderung begriffen (gewesen), dieser oder seine Älteren/Erzeuger/Vorläufer, dass er blind geboren ist? Der G\*ttesbeistand antwortet: Es hat weder dieser sich (zwangsläufig jemals) in Absonderung befunden, noch dasjenige, das ihn erzeugt hat, sondern es sollen die Werke G\*ttes offenbar werden an ihm. Wir müssen die Werke dessen wirken, der mich entlassen hat, solange es hell ist; es kommt die (Unbewusstheit der) Nacht, da niemand wirken kann. Solange ich in der Ordnung (dieser Welt hier, als lebendige Botschaft verkörpert,) existiere, bin ich das Licht dieser Ordnung.

Als er das gesagt hat, spuckt er auf die Erde, macht daraus einen Brei und streicht den Brei auf die Augen des Blinden. Und er spricht zu ihm: Geh zum Teich, dessen innerstes Wesen das Eingesetzt-Sein [bzw. das ‚Vorbestimmte‘, das ‚uns Geschickte‘; das Schicksal] ist – das heißt übertragen: (aus)gesandt – und wasche dich! Da geht er hin und wäscht sich und kommt sehend wieder. Die Nächsten nun und die, die ihn früher als Bettler gesehen haben, sprechen: Ist das nicht der Mann, der dasaß und bettelte? Einige sprechen: Er ist's; andere: Nein, aber er ist ihm ähnlich. Er selbst aber spricht: Ich bin's. Da fragen sie ihn: Wie sind deine Augen aufgetan worden? Er antwortet: Der Mensch, dessen innerstes Wesen der Beistand G\*ttes ist, machte einen Brei und strich ihn auf meine Augen und sprach: Geh zum Teich, dessen innerstes Wesen das Eingesetzt-Sein ist, und wasche dich! Ich ging hin und wusch mich und ... ich sehe!

Da fragen sie ihn: Wo ist er? Er antwortet: Ich weiß es nicht. Da führen sie ihn, der vorher blind gewesen war, zu den Sich-Abspaltenden. Es war aber Sabbat an dem Tag, als der G\*ttesbeistand den Brei gemacht hat und seine Augen öffnete. Da fragen ihn auch die Sich-Abspaltenden, wie er sehend geworden wäre. Er aber spricht zu ihnen: Einen Brei legte er mir auf die Augen, und ich wusch mich und bin nun sehend. Da sprechen einige der Sich-Abspaltenden: Dieser Mensch ist nicht aus G\*tt, weil er den Sabbat nicht hält. Andere aber sprechen: Wie kann ein Mensch in Absonderung von g\*ttlicher Ordnung solche Zeichen tun? Und es entsteht Zwietracht unter ihnen. Da sprechen sie wieder zu dem Blinden: Was sagst du von ihm, dass er deine Augen aufgetan hat? Er aber spricht: Er ist ein (mit Gewissheit die Wahrheit) Sehender(, der auch zu uns kommt und uns diese geschaute Wahrheit bringt[676]).

Nun glauben die G\*tteskundigen ihm nicht, dass er blind gewesen und sehend geworden war, bis sie die Älteren/Vorläufer dessen rufen, der sehend geworden war, und sie fragen sie und sprechen: Ist das euer vollkommenes Abbild, von dem ihr sagt, er sei blind geboren? Wieso ist er nun sehend? Seine Erzeuger antworten ihnen und sprechen: Wir wissen, dass dieser unser vollkommenes Abbild ist und dass er blind geboren ist. Aber wieso er nun sehend ist,

---

676 ... denn das gängigste Hebräische Wort für ‚Prophet‘ leitet sich von dem Verb ab, das sowohl ‚kommen‘, als auch ‚bringen‘ bedeutet

wissen wir nicht, und wer ihm seine Augen aufgetan hat, wissen wir auch nicht. Fragt ihn, er ist alt genug; lasst ihn für sich selbst reden. Das sagen seine Älteren, denn sie fürchten sich vor den G*tteskundigen. Denn die G*tteskundigen haben sich schon geeinigt: wenn jemand ihn als den Gesalbten bekenne, der solle aus der Versammlung(sstätte) ausgestoßen werden. Darum (also) sprechen seine Älteren: Er ist alt genug, fragt ihn selbst.

Da rufen sie noch einmal den Menschen, der blind gewesen war, und sprechen zu ihm: Gib G*tt die Ehre! Wir wissen, dass dieser Mensch ein von aller g*ttlichen Ordnung abgesonderter ist. Er antwortet: Ist er (wirklich) ein (solcher) Sünder? Das weiß ich nicht; eins aber weiß ich: dass ich blind war und bin nun sehend. Da fragen sie ihn: Was hat er mit dir getan? Wie hat er deine Augen aufgetan? Er antwortet ihnen: Ich habe es euch schon gesagt und ihr habt's nicht gehört! Was wollt ihr's abermals hören? Wollt ihr (etwa) auch welche der aus-ihm-Herauswachsenden werden? Da schmähen sie ihn und sprechen: Du bist einer der aus-ihm-Herauswachsenden! … wir aber sind die Herauswachsenden aus der-(als Essenz)-Herausgezogenen-[Wahrheit]. Wir wissen, dass G*tt mit der (als Essenz) Herausgezogenen [Wahrheit] geredet hat; woher aber dieser ist, wissen wir nicht. Der Mensch antwortet und spricht zu ihnen: Das ist verwunderlich, dass ihr nicht wisst, woher er ist, und er hat (doch) meine Augen aufgetan. Wir wissen, dass G*tt diejenigen in Absonderung von Ihm nicht erhört; sondern den, der g*ttesfürchtig[677] ist und seinen Willen tut, den erhört er. Von Anbeginn der Ordnung an hat man nicht gehört, dass jemand einem Blindgeborenen die Augen aufgetan habe. Wäre dieser *nicht* aus G*tt, er könnte *nichts* tun. Sie antworten und sprechen zu ihm: Du bist ganz in Absonderungen geboren und lehrst uns? Und sie stoßen ihn hinaus.

Es kommt vor den G*ttlichen Beistand, dass sie ihn ausgestoßen haben. Und als er ihn findet, fragte er: Vertraust du auf das vollkommene geistige Abbild des Erdenmenschen? Er antwortet und spricht: Bewerkstelligendes, was ist dieses (vollkommene Abbild)?, dass ich darauf vertraue(n möge). Der G*ttesbeistand spricht zu ihm: Du hast es gesehen, und das(jenige, das in irgendeiner Weise, in jedem Moment deiner Existenz,) mit dir redet, das ist es. Er aber spricht: Bewerkstelligendes, ich vertraue! … und er beginnt sich ihm anzunähern[ im Lebenswandel, geistig, wie leiblich].

Und der G*ttesbeistand spricht: Ich bin zur Berichtigung in diese ([ab-]gefallene) Ordnung gekommen, damit, die nicht sehen, sehend werden, und die sehen, blind werden.

Das hören einige der Sich-Abspaltenden, die bei ihm sind, und fragen ihn: Sind wir denn auch blind? G*ttes Beistand spricht zu ihnen: Wäret ihr (tatsächlich) blind, so hieltet ihr (euch) nicht (in) Absonderung; weil ihr aber sagt: Wir sind sehend,

---

677 … = 'staunend über G*tt beim Erblicken Seiner Werke der Schöpfung'; das 'Fürchten' kommt im Hebräischen vom Begriff des 'Sehens' (Wurzel Resch-Aleph)

bleibt euer Zustand der Absonderung.

## Tempelweihe: G*ttes Beistand als Tor zwischen Schöpfer und Schafen

In G*tt ist es begründet – ja, in G*tt ist folgendes begründet, indem der (sich in Liebe zu aller Schöpfung selbst aufopfernde) G*tt (aus dem Inneren heraus)[678] dir offenbaren kann: Wer nicht zum Tor hineingeht in den Schafstall, sondern steigt anderswo hinein, der ist ein Dieb und ein Räuber. Der aber zur Tür hineingeht, der ist der Hirte der Schafe. Dem macht der Türhüter[679] auf, und die Schafe hören das von ihm her bedeutungsvoll Erklingende; und er ruft seine Schafe bei ihrem innersten Wesen und führt sie hinaus. Und wenn er alle seine Schafe hinausgelassen hat, geht er vor ihnen her[680], und die Schafe folgen ihm nach; denn sie kennen dasjenige, das von ihm her bedeutungsvoll erklingt. Einem Fremden[681] aber folgen sie nicht nach, sondern fliehen vor ihm; denn das von Fremden her bedeutungsvoll Erklingende kennen sie nicht. Dies Gleichnis sagt G*ttes Beistand zu ihnen; sie verstehen aber nicht, was er ihnen damit sagt.

Da spricht der G*ttesbeistand wieder: In G*tt ist es

---

678 … auch anzunähern im Begreifen als so etwas wie das kosmische ‚Ich‘, als das ‚Wahre Selbst‘ auch eines jeden Einzelnen

679 … = der ‚Hüter der Schwelle‘

680 … = ‚bahnt ihnen den Weg‘

681 … vom Hebräischen Wort her ist bei ‚fremd‘ auch immer zu denken an das ‚Äußerliche‘, an den ‚Kranz rund herum‘, das zwar evt. 'schmückende', aber doch nicht Wesentliche (Wurzel Zajin-Resch)

begründet [...]: ICH[682] bin das Tor zu den Schafen. Alle, die vor mir gekommen sind[683], die sind Diebe und Räuber; aber die Schafe haben ihnen nicht gehorcht. **Ich bin das Tor; wenn jemand durch mich hineingelangt, wird er errettet werden (aus seinem Verstricktsein in die Absonderung dieser Weltordnung von der g\*ttlichen Rechtleitung)** und wird ein- und ausgehen und wird Erquickung finden. Ein Dieb kommt nur, um zu stehlen, zu schlachten und umzubringen. Ich bin am kommen, damit sie das Lebendigsein und Darüberhinausgehendes[684] haben sollen.

**Ich bin der gute Hirte. Der gute Hirte lässt sein Leben für die Schafe.** Der Mietling aber[, derjenige, der egoistisch nur seinen eigenen Vorteil sucht, der nur aus ‚geschäftlichen Gründen' zur Hilfe an seinen Mitgeschöpfen bereit ist], der nicht Hirte ist, dem die Schafe nicht gehören, sieht den Wolf kommen und verlässt die Schafe und flieht – und der Wolf stürzt sich auf die Schafe und zerstreut sie[, zerstört ihre Einheit] –, denn er ist ein egoistischer Vorteil-Sucher und kümmert sich nicht um die Schafe. **Ich bin der gute Hirte und kenne die Meinen und die Meinen kennen mich, wie mich mein Schöpfer kennt und ich kenne den Schöpfer.** Und ich lasse mein Leben

---

682 ... = das ‚wahre Selbst'

683 ... also auch: ‚die sich vor mich stellen, Vorrang vor mir haben wollen', vgl. hierzu auch das ‚Gebot' aus den ‚Zehn Worten', dass dir ‚keine anderen Götter' VOR Seinem Angesicht seien, Exodus 20,3 wörtlicher übersetzt

684 ... ‚Überfluss', also das ‚Hervorquillen des innerlich Vorhandenen bis in das Äußere, Äußerste'; vgl. auch den Namen dieser dritten der drei Rubriken im vorliegendem Werk, nach 'Grundlage' und 'Erbauliches'

für die Schafe.

Und ich habe noch andere Schafe, die sind nicht aus diesem Hofe; auch sie muss ich herführen, und sie werden das von mir her bedeutungsvoll Erklingende in verständlichen Tönen vernehmen, und es wird *eine* einzige Herde und *ein einziger* Hirte werden. Darum liebt mich mein direkter Erzeuger, die Quelle allen Seins, weil ich mein Leben (da)hin stelle, um es daraufhin wieder zu nehmen. Niemand nimmt es (also) von mir (weg), sondern ich stelle es (da)hin von mir selbst. Ich habe Gewalt, es (da)hin zu stellen, und habe Gewalt, es wieder zu nehmen. Dies Gebot[685] habe ich entnommen von meinem direkten Erzeuger[686].

Da entsteht abermals Zwietracht unter den G*tt-Preisenden wegen dieser Worte. Viele unter ihnen sprechen: Er hat einen Dämon und ist von Sinnen; was hört ihr ihm zu? **Andere sprechen: Das sind nicht Worte eines von-einem-Dämon-Besessenen; kann denn ein Dämon die Augen der Blinden auftun?**

Es ist in diesem Augenblick[687] das Fest der Weihe des Heiligtums im Bewusstheitszustand der friedvollen Harmonie, und es ist Regenzeit[688]. Und der G*ttliche

---

685 … bzw. diese Empfehlung

686 … = ‚ich habe es mitgebracht schon von der ewigen Quelle her, aus der ich stamme‘; bzw. ‚das Wahre Selbst hat diese Grund-Empfehlung der freiwilligen Selbstaufopferung mitgebracht aus der Quelle, der es entstammt‘

687 … wie mystsich betrachtet eigentlich ‚in jedem Augenblick‘

688 … ‚Regen‘ = das ‚Wasser‘, die ‚Zeit‘, die uns vom Himmel her gegeben ist; grundsätzlich als Segen erlebt (Denn wir sehnen

Beistand geht umher im Heiligtum in der Halle des Friedvollen. Da umringen ihn die G*tteskundigen und sprechen zu ihm: Wie lange hältst du uns im Ungewissen? Bist du der (zur Königsherrschaft über alle Lebens- und Seelenkräfte) Gesalbte, so sage es frei heraus. Der G*ttliche Beistand antwortet ihnen: Ich habe es euch gesagt und ihr glaubt nicht. Die Werke, die ich tue im Verständnis des innersten Wesens meines direkten Erzeugers, meiner Urquelle, die zeugen von mir. Aber ihr vertraut nicht, denn ihr seid nicht von meinen Schafen. **Meine Schafe vernehmen in Verständnis das von mir her bedeutungsvoll Erklingende, und ich verstehe sie und sie folgen mir nach; und ich gebe ihnen das ewige Lebendigsein, und sie werden nimmermehr umkommen, und niemand wird sie aus meiner Hand reißen.** Mein mich liebender Erzeuger und Erzieher, der mir sie gegeben hat, ist größer als alles, und niemand kann sie aus dieses ewigen Schöpfers Hand reißen. [Das in aller Tiefe durchschaute ]**Ich und die ewige, barmherzige Urquelle allen Seins**

---

uns ‚hier unten' nach genug Zeit in dieser Welt, wir wollen hier nicht durch den Tod ‚weggenommen werden'; wir ‚fürchten die Dürre' aufgrund von ausbleibendem Regen, weil ‚Saat und Ernte', also die gesetzmäßige ‚Ursache-Wirkung'-Beziehungen, dadurch gestört werden, wir durch diese ‚Dürre', also durch den erbarmungslosen ‚Einschlag der Ewigkeit', aus unserem menschlich-‚logischen' Sinnzusammenhang gerissen zu werden scheinen); Aber wenn dieser ‚Regen' im Übermaß auf uns ergossen wird, kann er auch als der Anfang der ‚Sintflut' erlebt werden, die vom Hebräischen Originaltext her eigentlich eher als ‚Verwirrung' oder ‚Vernichtung' zu übersetzen ist. Denn ein Übermaß an ‚Zeit' lässt uns ertrinken darin, wir verlieren in ihr dann den Zugang zum ‚Trockenen', dem Ewigen, können keine ‚Luft', keinen Geist mehr in uns aufnehmen, die/der uns neben dem ‚Wasser', der fließenden Zeit, zum Leben so notwendig ist

**sind *eine Einheit*.**

Da heben die G*tteskundigen abermals Steine auf, um ihn zu steinigen. G*ttes Beistand spricht zu ihnen: Viele gute Werke habe ich euch erzeigt aus der Urquelle heraus; um welches dieser Werke willen wollt ihr mich steinigen? Die G*tteskundigen antworten ihm und sprechen: Um eines guten Werkes willen steinigen wir dich nicht, sondern um der G*tteslästerung willen, denn du bist ein Mensch und machst dich selbst zu G*tt. Der G*ttesbeistand antwortet ihnen: Steht nicht eingegraben in euren Trampelpfad der g*ttlichen Weisung: »Ich habe gesagt: Ihr seid Götter«? Wenn er *diejenigen* Götter nennt, zu denen das Wort G*ttes geschieht – und die [durch die Wahrheit] in die Schöpfung hinein gegrabene Spur kann doch nicht übergangen werden –, wie sagt ihr dann zu dem(jenigen), den/das die Ewige Quelle geheiligt und in die Ordnung dieser Welt hier entlassen hat: Du lästerst G*tt –, weil ich sage: Ich bin G*ttes vollkommenes Abbild[689]? Bewirke ich nicht die Werke meiner Urquelle, so glaubt mir (halt) nicht; bewirke ich sie aber, so glaubt doch den Werken, wenn ihr *mir* nicht glauben wollt, damit ihr erkennt und wisst, dass der Schöpfer *in mir*[690] ist und [dieses] ich *in ihm* [besteht]. Da suchen sie abermals, dies zu (be)greifen. Doch es entgeht (weiterhin) ihrer Handhabe.

Daraufhin entzieht es sich wieder, entweicht auf die andere Seite des Hinabsteigenden an den Ort, wo

---

689 ... bzw: ‚das Wahre Selbst ist das vollkommene Ebenbild des Ewigen‘

690 ... = ‚in dem wahrhaftigen ICH des Menschen/der Menschheit‘

vorher G\*ttes Gnade gereinigt hat (durch untertauchen in die Zeitlichkeit und wieder auftauchen lassen zur Ewigkeit hin), und bleibt dort. Und viele kommen zu ihm und sprechen: G\*ttes Gnade hat kein Zeichen getan; aber alles, was G\*ttes Gnade von *Diesem* gesagt hat, das ist wahr. Und es vertrauen dort viele auf ihn(, ihm treu werdend).

## *Erweckung des Lieblingsjüngers und freiwilliger Antritt des Selbstaufopferungspfades*

[Zum Begriff des ‚Lieblingsjüngers‘, wie ihn die christliche Tradition geprägt hat, sei kurz manches angemerkt: die wörtliche Übersetzung ist in etwa ‚der Jünger, den Jesus liebt(e)‘, wobei viermal dieses ‚lieben‘ im Sinne von ‚Agape‘, einmal (bei der Auffindung des leeren Grabes) im Sinne von ‚Philia‘ ausgedrückt wird. Agape betont vor allem die selbstaufopfernde Liebe (und liebevolle Hingabe) ‚um jeden Preis‘, auch ‚wider alle Logik und alles Nützlichkeitserwägen‘; Philia dagegen ist die ‚Freundschaft, freundschaftliche Zuneigung‘, die also eher mit gemeinsamen Interessen/Beschäftigungen, und/oder mit auf Gegenseitigkeit beruhender Loyalität zueinander assoziiert ist, tendentiell also nicht völlig ‚einseitig‘, keine ‚Einbahnstraße‘ sein kann (im ausdrücklichen Gegensatz zur Agape).

Dass es sich bei diesem ‚(besonders) geliebten Jünger Jesu‘ um den ‚Evangelisten Johannes‘ handelt, ist aus dem Ende des Evangeliumtextes zu entnehmen, wo ausdrücklich gesagt wird, dass es ‚dieser [= der Jünger den Jesus liebt] ist, der von diesen Dingen

zeugt, und der dieses aufgeschrieben hat'[691]. Und …
nur der Vollständigkeit halber: Dass ‚historisch-
kritische Theologen' an dieser Identifizierung des
Lieblingsjüngers mit Johannes dem Evangelisten ihre
hoch-wissenschaftlichen Zweifel hegen, könnte nun
wirklich kaum unerheblicher für die hier vorliegende
Befassung mit dem Evangeliumstext sein …

Jedenfalls wird für das folgende Kapitel dieser
Übertragung und Deutung/Kommentierung des
Evangeliumstextes. neben der Identifizierung des
Lieblingsjüngers mit Johannes, auch eine Auffassung
Rudolf Steiners zugrunde gelegt, nach der nämlich
der ‚durch Jesus vom Tode auferweckte Lazarus'
identisch mit dem Evangelisten Johannes ist[692]. Die
näheren Details zu dieser Auffassung Steiners mögen
bei Interesse bei ihm selbst nachgelesen werden.
Jedenfalls ergibt sich aus dieser Sichtweise, dass in
dem nun folgenden letzten der zwölf Abschnitte
dieser ‚Ersten Hälfte' des Mysteriums[693] eben gerade
durch das Wirken des G*ttesbeistands die
Möglichkeit geschaffen wird, dass dieses Wirken des
G*ttesbeistands uns ‚überliefert wird' – und zwar in
mindestens dreierlei Hinsicht: 1. Der Evangelist wird
wieder erweckt vom Tode, bzw, als Mensch
überhaupt erst zu einem echten ‚Evangelisten'
erweckt, als ein 'neuer' Mensch der nun zur
Weitergabe des Mysteriums in schriftlicher Form
befähigt ist. 2. Jesus besiegelt, vermittels dieser

---

691 … Johannes 21,24

692 … siehe hierzu auch die Charakterisierung des Lazarus durch Maria und Martha in
Johannes 11,3, als ‚der, den Du (Jesus) [freundschaftlich, ‚Philia'] lieb hast', und dann
Vers 5, wo alle drei Geschwister als von Jesus ‚geliebt [bis hin zur Selbstaufgabe,
Agape]' bezeichnet werden

693 … des ‚Vorhofs des Heiligtums' also, siehe Vorwort

(öffentlich ausgeführten) Tat der Totenerweckung[694], seine eigene Ermordung durch die ‚eifersüchtigen‘, bzw. schlichtweg verblendeten ‚Pharisäer‘. Und 3., Jesus tritt im Anschluss an dieses Geschehen auch bald seinen ganz bewussten Gang in die Gefangenschaft und den letztendlichen Tod am Kreuz an, indem er seine Jünger ein letztes Mal alle um sich versammelt und sie noch einmal ausführlich lehrt, insbesondere über den notwendigen Gang, den das sich selbstaufopfernde Ich des Menschen zu gehen hat, um zum (‚ewigen‘) Leben ‚aus dem Geist heraus‘ durchzubrechen. Und er tut dies erst *in Worten*, um dann all diese Worte durch sein eigenes Schicksal in ein lebendiges, *leibhaftiges Zeugnis* zu überführen, das dadurch bis in die historische Faktizität der Menschheitsgeschichte eingraviert ist[695].]

Es befindet sich aber [nun] einer in Kraftlosigkeit, (und zwar) der G\*ttgepanzerte[696], aus dem Hause des G\*tt-Gegebenen/Geschenkten[697], dem Gehege der Erbitterten und ihrer Schwester, der Gebieterin. Die

---

694 … die übrigens einem Einweihungsritual in antiken Mysterienkulten erstaunlich ähnlich erscheint

695 … unsere ‚Zeitrechnung‘ ist immerhin bis heute traditionell, wenigstens für einen sehr großen Teil der Erdbevölkerung, an der historischen Lebenszeit Jesu festgemacht!!

696 … oder ‚der, dem von der G\*tteskraft geholfen wird‘; da das Hebräische Verb im Namen Lazarus/Eleazar jedoch eher eine ‚weltliche Hilfe‘ meint, im Gegensatz zum Verb im Namen Jesus/Je(ho)schua, das eine ‚g\*ttliche Hilfe, himmlischen Beistand‘ meint, wird im Folgenden stets vom ‚G\*ttgepanzerten‘ geredet, was den mehr ‚weltlichen‘ Schutz hervorheben soll, der in dem Namen ‚Lazarus‘ von G\*tt gewährt wird

Erbitterte aber ist es, die das Bewerkstelligende mit Myrrhe gesalbt und die dessen [es-mit-dem-Irdischen-in-Kontakt-bringende] Vehikel mit ihrem eigenen Skalp ausgeknetet hat[698]. Deren Bruder, der G\*ttgepanzerte, ist kraftlos. Da(her) entsenden die Schwestern (etwas) zu ihm, um ihm zu sagen: Bewerkstelligendes, siehe, der, den du lieb hast, ist kraftlos. Als G\*ttes Beistand dies in Verständnis vernimmt, spricht er: Diese Kraftlosigkeit ist nicht zum Tode, sondern zur Verherrlichung (des lebendigen) G\*ttes, damit das vollkommene Abbild (des lebendigen) G\*ttes dadurch verherrlicht werde.

Der G\*ttesbeistand aber hat die Gebieterin lieb und ihre Schwester und den G\*ttgepanzerten. Als er nun hört, dass dieser kraftlos ist, bleibt er noch zwei Tage an dem Ort, wo er ist; danach spricht er zu den aus-ihm-Herauswachsenden: Lasst uns wieder in die Region des G\*tt-Lobpreisens ziehen! Die aus-ihm-Herauswachsenden aber sprechen zu ihm: Bewerkstelligendes, eben noch wollten die G\*tteskundigen dich steinigen, und du willst wieder

697 … dieses ‚Bethania‘ ist aber wohl auch über das Aramäische als ‚Haus der Dattel‘ oder ‚Haus der Trübsal‘ übersetzbar

698 … dieses vielleicht sehr rätselhafte Bild, in dem die Frau mit ihrem Haupthaar, bzw. ihrer Kopfhaut, die Füße des Mannes 'knetet', oder trocknet, möge einfach einmal hingenommen werden an dieser Stelle, im Vertrauen darauf, dass Alles schon seine Tiefe in sich trägt. Im Verlaufe der bisherigen Ausführungen sind immerhin ja auch schon viele der Elemente in diesem mythischen Bild mit ein wenig Aufklärung(sversuchen) erhellt worden (wie etwa: Frau und Mann als Erscheinung und Verborgenes, Irdisches/Himmlisches; Füße als der [allgemeine] Wandel; das Haupt als die Eins gegenüber der Vierheit des Körpers/Körperlichen; Haut als Bewusstheit und gleichzeitig Blind-Sein; etc.)

dorthin ziehen?

Der G*ttliche Beistand antwortet: Hat nicht der Tag zwölf Stunden? Wer bei Tag umhergeht, der stößt sich nicht; denn er sieht das Licht dieser Ordnung. Wer aber bei (der Unbewusstheit der) Nacht[699] umhergeht, der stößt sich; denn es ist kein Licht in ihm. Das sagt er und danach spricht er zu ihnen: Der G*ttgepanzerte, unser Freund, schläft, aber ich gehe hin, ihn aufzuwecken.

Da sprechen die aus-ihm-Herauswachsenden: Bewerkstelligendes, wenn er schläft, wird es besser mit ihm werden. Der G*ttesbeistand aber spricht von seinem Tode; sie meinen aber, er rede vom leiblichen Schlaf. Da sagt es ihnen der G*ttesbeistand frei heraus: Der G*ttgepanzerte ist gestorben; und ich bin froh um euretwillen, dass ich nicht da gewesen bin, auf dass ihr (zu) vertrauen (lernen) möget. Aber lasst uns zu ihm gehen!

Da spricht der ‚Heile‘[700], der auch Zwilling genannt wird, zu den (anderen) aus-dem-G*ttesbeistand-Herauswachsenden: Lasst uns mit ihm gehen, dass wir mit ihm sterben!

Als der G*ttesbeistand (an)kommt, findet er den G*ttgepanzerten schon den vierten Tag im Grabe

---

699 … 'Nacht', hebräisch 'Lajlah', ist auch mit dem Begriff des 'Würgens; Umschlingens' assoziiert; vgl. auch die Gestalt der 'Dämonenfürstin' namens 'Lilith' aus der jüdischen Überlieferung ('die andere/erste Frau des Adam'), deren Name von der selben Wurzel herleitbar ist

700 … wenn ‚Thomas‘ nicht als Hebräischer Name ‚Th'om‘, als der er eben ‚Zwilling‘ bedeutet, sondern stattdessen als Griechischer gedeutet wird

liegen. Das Haus des G\*tt-Gegebenen aber ist nahe dem Bewusstheitszustand des harmonischen Friedens, etwa fünfzehn[701] Festgesetzte (Streckenabschnitte) entfernt. Und viele G\*tteskundige sind zur Gebieterin und zur Erbitterten gekommen, sie zu trösten wegen ihres Bruders. Als die Gebieterin nun hört, dass der Beistand G\*ttes (her)kommt, geht sie ihm entgegen; die Erbitterte aber bleibt daheim sitzen. Da spricht die Gebieterin zum G\*ttlichen Beistand: Bewerkstelligendes, wärst du hier gewesen, mein Bruder wäre nicht gestorben. Aber auch jetzt weiß ich: Was du erbittest von G\*tt, das wird dir G\*tt geben.

Der G\*ttesbeistand spricht zu ihr: Dein Bruder wird auferstehen. Die Gebieterin spricht zu ihm: Ich weiß wohl, dass er auferstehen wird – bei der Auferstehung am Jüngsten Tage. Der G\*ttesbeistand spricht zu ihr: *Ich bin* **die Auferstehung und das Leben. Wer auf mich vertraut, der wird lebendig sein, auch wenn er stirbt; und wer da lebt und vertraut auf mich, der wird nimmermehr sterben.** Glaubst du das? Sie spricht zu ihm: Ja, Bewerkstelligendes, ich glaube, dass du das (zur Herrschaft über alles) Gesalbte bist, das vollkommene Abbild des lebendigen G\*ttes, das in diese Ordnung hinein gekommen ist.

Und als sie das gesagt hat, geht sie hin und ruft ihre Schwester, die Erbitterte, heimlich und spricht zu ihr: Das Bewerkstelligende ist da und ruft nach dir. Als die Erbitterte das hört, steht sie eilend auf und

---

701 ... = die Zahl der ersten Hälfte des unaussprechlichen G\*ttesnamens Jod-He(-Waw-He)

gelangt zu ihm. Der G*ttesbeistand aber ist noch nicht in das Gehege gekommen, sondern ist noch dort, wo ihm die Gebieterin begegnet ist.

Als die G*tt-Preisenden, die bei ihr im Hause sind und sie trösten, sahen, dass die Erbitterte eilend aufsteht und hinausgeht, folgen sie ihr, weil sie denken: Sie geht zum Grab, um dort zu weinen. Als nun die Erbitterte dahin kommt, wo G*ttes Beistand existiert, und seiner gewahr wird, fällt sie ihm zu Füßen und spricht zu ihm: Bewerkstelligendes, wärst du hier gewesen, mein Bruder wäre nicht gestorben.

Als G*ttes Beistand sieht, wie sie weint und wie auch die G*tt-Preisenden weinen, die mit ihr gekommen sind, atmet er (tief) das Hauchende ein und wird aufgewühlt dadurch und spricht: Wo habt ihr ihn hingelegt? Sie antworten ihm: Bewerkstelligendes, komm und sieh es! Und der Beistand G*ttes lässt Tränen (fließen). Da sprechen die G*tt-Preisenden: Siehe, wie hat er ihn lieb (gehabt)! Einige aber unter ihnen sprechen: Er hat dem Blinden die Augen aufgetan; konnte er nicht auch machen, dass dieser nicht sterben musste? Da wird der Beistand G*ttes abermals aufgewühlt und kommt zum Grab. Es ist aber eine Höhle und ein Stein liegt davor.

Der G*ttesbeistand spricht: Hebt den Stein weg! Spricht zu ihm die Gebieterin, die Schwester des Verstorbenen: Bewerkstelligendes, er riecht schon; denn er liegt dort den vierten Tag.

Der G*ttesbeistand spricht zu ihr: Habe ich dir nicht gesagt: Wenn du glaubst, wirst du die Herrlichkeit (des lebendigen) G*ttes sehen? Da heben sie den Stein weg. Der Beistand G*ttes aber hebt seine

Augen[702] empor und lässt von sich her bedeutungsvoll erklingen: (Himmlischer) barmherziger Erzeuger (und Quelle allen Seins), ich danke dir, dass du mein Gebet in Verständnis vernommen hast. Ich weiß, dass du allezeit mein Rufen in Verständnis vernimmst; aber um des Volkes willen, das umhersteht, sage ich's, damit sie glauben, dass du selbst mich eingesetzt hast.

Als er das gesagt hat, ruft er mit lauter Stimme: G*ttgepanzerter, komm heraus!

Und der Verstorbene kommt heraus, gebunden mit Grabtüchern an Füßen und Händen, und sein Gesicht ist verhüllt mit einem Schweißtuch. Der G*ttesbeistand spricht zu ihnen: Löst ihm die Binden und lasst ihn gehen!

Viele nun von den G*tt-Preisenden, die zu der Verbitterten gekommen sind und sehen, was der Beistand G*ttes bewirkt, vertrauen auf ihn. Einige aber von ihnen gehen hin zu den Sich-Abspaltenden und sagen ihnen, was G*ttes Beistand bewirkt hat. Da versammeln die Höchstgeheiligten und die Sich-Abspaltenden das Zusammensitzen und sprechen: Was tun wir? Dieser Mensch bewirkt viele Zeichen. Lassen wir ihn so, dann werden sie alle auf es verrauen, und dann kommen die Starken und nehmen uns Land und Kultur.

Einer aber von ihnen, der Felsen, der in dem Jahr Höchstgeheiligter ist, spricht zu ihnen: Ihr wisst nichts; ihr bedenkt auch nicht: Es ist zusammenbringend für euch, wenn EIN Mensch

---

702 … im Hebräischen dasselbe Wort wie ‚Quellen'

stirbt über einer größeren Menge Menschen, als dass die ganze Kultur verderbe.

Das sagt er aber nicht von sich aus, sondern weil er in dem Jahr Höchstgeheiligter ist, weissagte er. Denn G*ttes Beistand *soll sterben* über dieser Kultur, und nicht über dieser Kultur allein, sondern auch, um die verstreuten (ihm Nachkommenden) Hervorrufungen G*ttes zusammenzubringen. Von dem Tage an ist es für sie beschlossen, dass sie ihn töten.

Der G*ttesbeistand aber bewegt sich nicht mehr offen unter den G*tt-Preisenden, sondern entschwindet von dort weg, in eine Region nahe der Einsamkeit [eines Gespräches mit dem Ewigen], in einen Bewusstheitszustand mit dem innersten Wesen der Üppigkeiten, und bleibt dort mit den aus-ihm-Herauswachsenden. Es ist aber nahe das Fest des [nur durch eine G*tt-gewährte Ausnahme von der kosmischen Gesetzmäßigkeit möglich gewordenen] Auszuges [aus der beidseitigen Bedrängnis druch die erstarrte Form der materiellen Welt[703]] der G*tt-aus-Freude-und-Dank-Lobpreisenden; und viele aus dieser Region gehen hinauf nach der Stadt des Friedens vor dem Fest, dass sie sich reinigen. Da fragen sie nach dem Beistand G*ttes und reden miteinander, als sie im Heiligtum stehen: Was meint ihr? Er wird doch nicht zum Fest kommen? Sowohl die Höchst-Geheiligten als auch die Sich-Abspaltenden haben nämlich das Gebot (aus)gegeben: Wenn jemand weiß, worauf (begründet) dieses [,Wahre Selbst der ganzen Menschheit, das in jedem einzelnen Menschen als

---

703 … = 'Mitzrajim', also das mythische 'Ägypten', von der Wurzel 'Tzar', Bedrängnis' ableitbar, mit der Dual-Endung -ajim

Potential verborgen liegt'] existiert, soll er es offenlegen, damit (auch) sie es begreifen können.

Sechs Tage vor dem Fest des Auszuges kommt der Beistand G*ttes ins Haus des G*tt-Gegebenen, wo der G*ttgepanzerte ist, den der G*ttesbeistand auferweckt hat aus dem Tot-Sein. Dort machen sie ihm ein Mahl und die Gebieterin dient ihm; der G*ttgepanzerte aber ist einer von denen, die mit ihm zu Tisch liegen. Da nimmt die Erbitterte ein Pfund Myrrhe von unverfälschter, kostbarer Narde und salbt die Füße des G*ttlichen Beistands und knetet mit ihrem eigenen Skalp seine Füße aus; das Haus aber wird ausgefüllt vom Duft der Myrrhe. Da spricht einer der aus-ihm-Herauswachsenden, der G*tteskundige aus dem (baulich) Zugerichteten, der ihn hernach überliefert: Warum ist diese Myrrhe nicht für dreihundert Silbergroschen verkauft worden und den Armen gegeben?

Das sagt er aber nicht, weil er nach den Armen fragt, sondern er ist ein Dieb, denn er hat das Kästchen und nimmt an sich, was gegeben ist. Da spricht G*ttes Beistand: Lass sie in Frieden! Es soll gelten für den Tag meines Begräbnisses. Denn Arme habt ihr allezeit bei euch; mich aber habt ihr nicht allezeit.

Da erfährt eine große Menge der G*tteskundigen, dass er dort ist, und sie kommen nicht allein um des Beistandes G*ttes willen, sondern um auch das G*ttgepanzerte zu sehen, das er aus dem Tot-Sein erweckt hat. Aber die Höchstgeheiligten beschließen, auch das G*ttgepanzerte zu töten; denn um dessen willen gehen viele G*tteskundige hin und vertrauen auf den Beistand G*ttes.

Als am nächsten Tag die große Menge, die aufs Fest gekommen ist, hört, dass der G\*ttesbeistand in den Bewusstheitszustand der vollkommenen Harmonie gelangen würde, nehmen sie Zweige des Phönix und gehen hinaus ihm entgegen und rufen: Oh, steh uns bei, errete uns! **Gelobt sei, der da kommt im Verständnis des innersten Wesens des Bewerkstelligenden, das alleinige Bestimmende über die Streiter für (den lebendigen) G\*tt!**

G\*ttes Beistand aber findet ein Eselein und setzt sich darauf, wie in die Schöpfung hinein gegraben zu lesen ist: »Fürchte dich nicht, du Tochter des Sich-Erhaben-Erhebenden (oberhalb der Stadt des Friedens)! Siehe, dein alleiniges Bestimmendes kommt und reitet auf einem Eselsfohlen.« Das verstehen die aus-ihm-Herauswachsenden zuerst nicht; doch als G\*ttes Beistand (dann) verherrlicht ist, da denken sie daran, dass dies über ihn hinein gegraben ist in die Schöpfung und sie (es tatsächlich genau) so mit ihm getan haben.

Das Volk aber, das bei ihm war, als er das G\*ttgepanzerte aus dem Grabe gerufen und aus dem Tot-Sein auferweckt hat, rühmt die Tat[, macht sie weit bekannt]. Darum geht ihm auch die Menge entgegen, weil sie hört, er habe dieses Zeichen getan. Die Sich-Abspaltenden aber sprechen untereinander: Ihr seht, dass ihr nichts ausrichtet; siehe, alle(s aus dieser) Ordnung gelangt zu ihm.

Es sind aber einige Zurückkehrende unter denen, die heraufgekommen sind, um sich (dem lebendigen) G\*tt anzunähern in ihrem Lebenswandel auf dem Feste. Die treten zu dem Pferdemögenden, der aus dem Hause des Fischens im Kreislaufe ist, und bitten ihn und sprechen: Bewerkstelligendes, wir wollen den G*ttlichen Beistand gerne sehen. Der Pferdemögende kommt und sagt es dem Mannhaften, und der Pferdemögende und der Mannhafte sagen es weiter an den G*ttesbeistand. Der G*ttesbeistand aber antwortet ihnen und spricht: Die Zeit ist gekommen, dass das vollkommene geistige Abbild des Erdenmenschen verherrlicht werde.

In G*tt ist es begründet […]: **Wenn das Weizenkorn nicht in die Erde fällt und erstirbt, bleibt es allein; wenn es aber erstirbt, bringt es viel Frucht.**

**Wer sein Leben lieb hat, der wird's verlieren; und wer sein Leben auf dieser Welt hasst, der wird's erhalten zum ewigen Lebendigsein. Wer mir dienen will, der folge mir nach; und wo ich bin, da soll mein Dienender auch sein. Und wer mir dienen wird, den wird mein direkter Erzeuger[, unser aller liebender Schöpfer,] ehren.** Jetzt ist meine Seele betrübt. Und was soll ich sagen? Ewige Quelle, hilf mir aus dieser Stunde? Doch darum bin ich in diese Stunde gekommen. Oh Quelle allen Seins, Vater, verherrliche dein innerstes Wesen! Da kommt etwas bedeutungsvoll Erklingendes aus dem Himmel: Ich habe mein innerstes Wesen verherrlicht und will es abermals verherrlichen.

Da spricht das Volk, das dabeisteht und zuhört: Es hat gedonnert. Die andern sprechen: Ein (himmlisches) Botenwesen hat zu ihm gesprochen. Der Beistand G*ttes antwortet und spricht: Diese Stimme ist nicht um meinetwillen geschehen, sondern um euretwillen.

Jetzt beginnt der Berichtigungsprozess über dieser

366

Ordnung; nun wird der Erste dieser Ordnung ausgestoßen werden. **Und ich, wenn ich erhöht werde von der Erde, so will ich alle zu mir ziehen.** Das sagt er aber, um anzuzeigen, welchen Todes er sterben würde.

Da antwortet ihm das Volk: Wir haben aus dem Trampelpfad (der g*ttlichen Weisung und Rechtleitung) verstehend vernommen, dass das Gesalbte in Ewigkeit bleibt; wieso sagst du dann: Das vollkommene geistige Abbild des Erdenmenschen muss erhöht werden? Wer (und Was) ist dieses vollkommene geistige Abbild des Erdenmenschen?

Da spricht der G*ttesbeistand zu ihnen: Es ist das Licht noch eine kleine Zeit bei euch. Wandelt, solange ihr das Licht habt, damit euch die Finsternis nicht überfalle. Wer in der Finsternis wandelt, der weiß nicht, wo er hingeht. **Vertraut auf das Licht und seid ihm treu, solange ihr's habt, damit ihr direkte Nachkommen, Erzeugnisse des Lichtes werdet.** Das redet G*ttes Beistand und verschwindet, sich vor ihnen verbergend.

Und obwohl er solche Zeichen vor ihren Augen bewirkt, vertrauen sie doch nicht auf ihn, damit erfüllt werde der Spruch des Sehenden, dessen innerstes Wesen ewiges Errettet-Sein ist, den er sagt: »Bewerkstelligendes, wer glaubt unserm Predigen? Und wem ist der Arm des Bewerkstelligenden offenbart?« Darum können sie nicht glauben, denn das ewige Errettet-Sein sagt wiederum: »Er hat ihre Augen verblendet und ihr Herz verstockt, damit sie nicht etwa mit den Augen sehen und mit dem Herzen verstehen und sich bekehren und ich ihnen helfe.« Das sagt das Ewige-Errettet-Sein, weil es Seine Herrlichkeit sieht und (es) redet von Ihm.

Doch auch von den Ältesten glauben viele an ihn; aber um der Sich-Abspaltenden willen bekennen sie es nicht, um nicht aus der Versammlungsstätte ausgestoßen zu werden. Denn sie haben lieber Ehre bei den Menschen als Ehre bei G\*tt.

G\*ttes Beistand aber ruft: Wer auf mich vertraut, der vertraut nicht auf mich, sondern auf den, der mich entlassen hat. Und wer mich sieht, der sieht den, der mich entlassen hat. **Ich bin in diese Ordnung hinein gekommen als ein Licht, damit, wer auf mich vertraut, nicht in der Finsternis bleibe.** Und wer meine Worte in Verständnis vernimmt und bewahrt sie nicht, den werde nicht *ich* berichtigen; denn ich bin nicht gekommen, dass ich diese Ordnung berichtige, sondern dass ich diese Ordnung auflöse. Wer mich verachtet und nimmt meine Worte nicht an, der hat schon seinen (Be-)Richt(ig)er: Das Wort, das ich geredet habe, das wird ihn berichtigen am Jüngsten Tage. Denn ich habe nicht aus mir selbst geredet, sondern der Schöpfer und direkte Erzeuger, der mich entlassen hat, der hat mir ein Gebot gegeben, was ich bewirken und reden *soll*. Und ich weiß: *sein Gebot ist gleichbedeutend mit dem ewigen Lebendigsein.* Darum: was ich auch rede, das rede ich so, wie es mir der Schöpfer gesagt hat, immer noch sagt und auch immerzu weiter am sagen sein wird[704].

---

704 … und nicht so, wie es irgendein Mitmensch oder gar eine abstrakte Institution es vermutlich gerne hätten …

\*\*\*

### Nachwort

Bis kurz vor den letzten Gang zum Kreuz - weiter führt dieses Büchlein nicht, wie sollte es auch?! Ist doch gerade der letzte, entscheidende Schritt stets der, den nur ein jeder für sich selbst tun kann.

Natürlich könnte man nun auch noch die restlichen Kapitel des Evangeliumberichtes nach Johannes auf ähnliche Art und Weise 'übersetzen', wie auf den letzten rund 100 Seiten mit den ersten 12 Kapiteln geschehen. Jedoch … auch schon bei diesen ersten Zwölf sollte deutlich genug geworden sein, dass man sich im Grunde doch nur in immer weitere Andeutungen verstricken kann, je präziser man versucht, Detail um Detail zu erfassen und von allen (oder doch wenigstens von möglichst vielen) Seiten zu beleuchten. So muss der Schritt in Richtung 'jenseits der Zwölf', der Durchbruch in die 'Dreizehn' hinein ... dem Himmel allein überlassen sein. Und zu Seiner Zeit wird dieser Durchbruch zweifellos geschehen - ach! Er IST doch längst geschehen.

Zum Schluss dieses Buches sei daher ausdrücklich auf Eines noch hingewiesen: Die ganze Botschaft ist schon im Buch*titel* enthalten, sie wird im Laufe der drei Rubriken und all den Unterkapiteln nur noch immer weiter entfaltet. Und diese Botschaft möge dabei im Herzen - und vor allem aus den Herzen HERVOR-brechend - dann im LEBEN der geneigten Lesenden mehr und mehr aufleuchten, sich so immer weiter entfaltend ... bis dieses Leben für geneigte Lesende fürwahr ('nur noch', bzw. 'nur' noch ...) DURCHS WORT besteht, IM WORT, im 'Logos' erlebt wird. Und das wahre Leben ist eben nicht 'ein' konkretes Leben, irgendein Lebenslauf oder

Seelenpfad. Es ist vielmehr DAS Leben, das völlig Allgemeine, Alles Umfassende und Alles Durchdringende, das Lebendigsein überhaupt, das keinen Anfang und kein Ende hat, in sich selbst und aus sich selbst HERAUS Anfang und Ende IST.

Denn 'die (wirkliche) Bibel', das leibhaftige Wort Gottes, ist in der Tat[705] nicht 'ein' mystischer Lebensweg - es ist DER mystische Lebensweg. Und das, was Du von der 'Person' namens 'Jesus Christus' begreifst als die Essenz dieser ganzen 'Bibel', als zu Dir sprechendes Wesen aller 'Heiligen Schrift' überhaupt … das ist dieses göttliche 'Wort' selbst, 'fleisch- und botschaft-werdend' für Dich, in jedem Atemzug pulsierenden Lebens.


Das (dir erscheinende, sich dir zeigende) 'Du' in jeder Deiner Begegnungen (in Dir selbst, wie um Dich herum) IST der Christus. Und zuletzt ist dieses 'weibliche' Du, dieses 'Aleph-Taw'[706], der Christus in der immerwährenden Begegnung mit DIR SELBST. Da erkennst du Gott, den Vater, die Quelle aus der du am fließen bist, als den innersten Schatz, als die tönendste Stille, als das dunkelste Licht, der und die und das nur für dich allein[707] sein kann. Und dann - und nur DANN - sagst du *und* hörst du: DAS bist DU! Oder im Bilde der Hebräischen Überlieferung: 'Adam!', zu deutsch: 'Ich bin ein Gleichnis!'

---

705 … und hierbei sei die TAT betont, nicht die 'Theorie' und das Verstehen(-Wollen) all der einzelnen Zusammenhänge …

706 … oder 'Alpha und Omega' in der griechischen Umschreibung; wobei die Buchstabenkombination Aleph-Taw im Hebräischen nicht nur erstes und letztes Zeichen des Alphabeths darstellt, sondern zudem auch wirklich die Bedeutung des 'weiblichen DU' trägt, gesprochen als 'Ath'

707 … 'All-Ein'

Hallelu Jah

PS: ... und wer nun dieses ganze Büchlein (oder jeden beliebigen einzelnen Satz hieraus) missverstehen WILL - der wird das sehr leicht schaffen. G*tt behüte!

+